MW01171175

1

Entrevista Imaginaria

Luis Felipe Ortiz Reyes

eM Ediciones Manoluiche

ISBN: 9781980906117

Editado por eM Ediciones Manoluiche
Emedicionesmanoluiche@gmail.com
Caracas, Venezuela

Impreso en Amazon, USA
Columbia. SC, julio 2018
Sello: Independently published

Otras ediciones
Impreso en Colombia/Printed in Colombia
por Autoreseditores.com
Bogotá, Colombia, abril 2018
Editad por eM Ediciones Manoluiche
Emedicionesmanoluiche@gmail.com
Caracas, Venezuela

Fotografía de la cubierta y contracubierta titulada "Camino de
Bellavista", de Luis Ortiz.

Ilustración 1
Luis Felipe Ortiz Reyes

La principal dificultad que se me presenta a la hora de
escribir una autobiografía, es encontrar algo de importancia
que poner en ella.
Mi existencia ha sido tranquila, sin sobresaltos ni
relevancias, y puede, perfectamente, sonar espantosamente
plana e insípida a la hora de plasmarla.

H.P. Lovecraft

Para escribir esta obra, se parte de la objetivación; de una relación cuantitativa de la vida de una persona y la manera en que su vida ha sido observada y analizada, fundamentalmente desde el punto de vista intelectual. Por consiguiente, se da por hecho que se tratará de plasmar en este trabajo una parte importante del pensamiento, de lo que ha vivido, lo que ha leído, lo que ha escrito, lo que recuerda y lo que su imaginación le dicta.

Hable de lo que hable Luis Ortiz, escriba de lo que escriba, siempre nos toparemos con su faceta más seria y comprometida y no lo podemos ignorar si amamos las emociones fuertes, los contenidos de gran crudeza transmitidos de forma amable, los textos sólidos literariamente hablando, si aprecian el humanismo de quien nos habla a través de la ficción, un humanismo perfectamente identificable que recurre a la ironía, cambios de opinión según el dueño de los pensamientos que muestra, y otras muchas formas de manifestar su postura sin incomodar demasiado a los lectores.

Esta narración es una especie de metáfora de la vida, las entrañas de la introspección y el extrañamiento. Es como entrar en los rincones de finitud y rendición. Constata una realidad traspasada por sentimientos y creencias; una imagen caleidoscópica de una visión radical y romántica, mediante la cual indaga y se indaga. Sin hacer concesiones, habla, mediante un diálogo entre las emociones íntimas y el relato de las circunstancias que las condicionan, de la realidad transformada; una realidad autobiográfica y confesional.

En términos literarios, diríamos que un texto de este tipo, es un campo semánticamente unitario cuya lectura permite inferir el conjunto de fuerzas que han intervenido en una historia de vida y, las fuerzas que gravitan alrededor, comprueban y escamotean en beneficio de un género literario que ha venido madurando, de forma excepcional, en los últimos años, adaptando una línea confesional más explorada en la literatura europea y anglosajona y que en nuestros países parece representar aun una puerta abierta a la razón biográfica, capaz de emplazarnos como sujetos reflexivos y, a pesar de que muchos piensan que el pasado es una carta vieja que hay que archivar, algunos aún sentimos la necesidad que tenemos de entender y elaborar con mayor profundidad nuestro pasado reciente, muy necesitado todavía de reflexiones.

En las temáticas, análisis y cuestionamientos que hace Luis Ortiz, encontramos un marco claro y determinado que caracteriza su pensamiento y creencias, de lo que sabe y de lo que dice como autor de absorbentes obras.

Pocos autores son tan prolíficos como él, pues su capacidad de, y los temas que lo convierten en producir ensayos literarios y narrar historias, lo sitúa como a un autor de un corpus narrativo a quién, como lector, es difícil seguirle el ritmo, debido la gran cantidad de obras publicadas que comprende más de 20 títulos. Aun así, siempre hay que estar atentos a lo que escribe, pues su talento narrativo es el de un escritor muy interesante.

Se trata de un narrador culto y serio, cargado de elementos autobiográficos o autoriales, que se muestra discreto, reflexivo, paciente y directo; sin adornos, atento, relajado, sencillo, de respuestas amables, rápidas; un hombre de fino humor que sonríe con los ojos y habla con pasión; un defensor de su intimidad, que ha sabido mezclar la dosis perfecta de realidad, historia y ficción, porque para él, la ficción cuenta lo que la historia no te cuenta, y algunas veces, si exploramos, mediante la ficción, podemos conocer mejor, porque muchas ficciones son híbridas, a medio camino entre ensayo, monografía, narración, heterogeneidad literaria y obras inclasificables, cuyos universos propios no están reñidos con la posibilidad de probar con distintos ámbitos ni se salen de los esquemas de la gran familia de la literatura realista, aunque se adentran, sin salirse de lo probable, en el mundo de lo fantástico, de la ficción, porque por muy realista que sea, siempre será una ficción que termina construyendo una realidad diferente y cada vez más infiltrada en nuestra vida cotidiana.

Luis Ortiz, sabe utilizar sus narraciones como un vehículo, por lo general a modo de parábolas, consiguiendo explicar mucho más de lo que éstos narran en apariencia, describiendo aquello que conforma y le da contexto a la naturaleza propia de los seres humanos.

Y estos aspectos trabajan para la construcción de su narrativa que finalmente termina sometiéndonos a lo ineludible de mirar, de mantener alta la mirada hacia aquellas partes de nuestra sociedad y de nuestra realidad cotidiana en las que no quisiéramos jamás reconocernos; con la crisis más profunda que nos afecta, que no es tan solo de naturaleza económica, quizá, no del todo política, sino moral, y en ella ocupa un lugar muy destacado el hecho de que toda una concepción de la cultura, entendida como expresión del anhelo de alcanzar la justicia y la libertad, haya sido barrida de nuestras vidas, aniquilada por el signo de la corrupción y la ignorancia, con la que nos ha tocado convivir y competir.

Para Luis Ortiz, lo que importa es el conjunto que siempre muestra en el paisaje personalísimo, en una atmósfera que difumina sus ideas políticas y literarias, defendiéndolas con entereza mediante un estilo de gran objetividad, elegante, sereno, demorado, claro, inteligente, en el que destaca la sobriedad, el ritmo narrativo pausado, en el que la calma y la placidez de su narrativa son sus puntos fuertes, y una mesura que se refleja muy exactamente en una accesibilidad para todos los lectores, aunque sin apartarse ni un milímetro de la alta calidad propia del autor que utiliza la experiencia personal como pretexto para hablar de una gran variedad de asuntos de interés, en los que, en todos los casos, demuestra una versatilidad inusual para analizarlos desde una perspectiva original apelando al lenguaje sencillo, directo y claro, de experiencia personal, aunque riguroso, ofrecido como testimonio íntimo y vivo, en lugar de planteamientos netamente estructurados; de esa manera, introduce en sus ensayos literarios, diálogos para exponerlos como un género narrativo y hacerlos más amenos y de fácil lectura que ayudan a borrar fronteras y a suprimir distinciones.

Deseo dejar claro, que la intención, la escritura de Luis Ortiz, no está adornada de florituras, incluso diría que su estilo es sencillo en apariencia; tal es así, que encontramos a menudo referencias a los vinos y los platos que se sirven en una cena, o incluso centra una narración en torno a un amor imposible; también aparecen frecuentes referencias a la lectura y a los escritores, así como a los animales y las plantas, el clima, la lluvia, el silencio, la soledad, la familia y la amistad. Así, acercando su escritura al lector no acostumbrado a su estilo literario, sabe crear el ambiente para sorprender con sus narraciones, trazando un esbozo de realidades escondidas tras los hábitos de la cotidianidad donde parece que no pasa nada, pero pasa todo. Por eso, en realidad, su obra literaria no requiere de un gran esfuerzo para entenderla; en ella nos podemos sentir identificados y nos llega de manera natural toda una serie de referencias geográficas, geológicas, culturales, lingüísticas, políticas y económicas, que el lector asume y que, por lo tanto, no hay que explicar explícitamente.

Está claro que el estilo, la forma o el tono de una obra, no necesariamente representa el pensamiento de su autor, pero, aun así, es un indicio. Al leer su obra, nos lo podemos imaginar tal cual es cuando se le trata. Más que un escritor, es un autor con fuerte dosis de crítica social y un tono levemente irónico y humorístico; nunca cáustico, en los que la aparente ficción está fuertemente basada en la "no ficción" y da al lector muchas pistas que merece la pena explorar, porque la ficción, su ficción, desarrolla posibilidades con pocas probabilidades de llegar a producirse, aunque nunca se sabe...

Sus obras abarcan casi todos los géneros literarios y ha recibido varios reconocimientos. Al día de hoy continúa con nuevos registros y su bibliografía es tan extensa como valiosa y, algunas de sus obras se encuentran así mismo disponibles en inglés.

Se trata de un autor que no se limita a narrar superficialidades, sino que, con un pensamiento propio, con sencillez, y atento a su interlocutor tratando de ponerse a su nivel, lo alienta con cada una de sus narraciones y lo mete en profundidades, a través de la imaginación, la digresión o el recuerdo, disimulando los conocimientos que lo sitúan en primera línea.

Finalmente llegó la fecha acordada para vernos. Ese día, en una cafetería de la ciudad de Mérida, Venezuela, una ciudad que visita regularmente antes y después de pasar temporadas en las montañas de Los Pueblos del Sur. Nos sentamos a conversar sobre la coexistencia entre pasado, presente y futuro; de su pasión por la lectura, de su escritura; de esa vocación que permanece en él, tan atemporal, tan deliciosa y que poco a poco se convierte en un hábito, en un arte que requiere una práctica continua, un tesón admirable.

Trato de hacer mi mejor tarea para que cuente lo que tal vez no haya contado nunca a nadie o para que se muestre sin disfraces; por lo tanto, no hay grabadora que se interponga y contamine la conversación que se parece a una narración a dos manos. Comienzan a fluir sus ideas, las de un hombre muy crítico con el oficio, una persona sin matices ni posturas meditadas; alguien curioso, atento y relajado.

Son las diez de la mañana y nos encontramos para desayunar en la cafetería de uno de los hoteles a los que a él le gusta ir a desayunar o a cenar. El sol entra por un ventanal. Empezamos a charlar sobre sus narraciones, conceptos, inquietudes y la coexistencia entre pasado, presente y futuro; de su escritura; de esa vocación que permanece allí, tan atemporal, tan deliciosa, que es el interesante universo de la literatura, de su literatura que es una especie de herramienta con la que apresa la belleza del mundo y el espíritu de la propia época, un instrumento para la construcción de una identidad hecha de palabras e interrogantes; una literatura llena de significados inmediatos; una literatura de puntuación inmejorable, discreta, concentrada, sencilla, directa y muy desnuda, mediante la cual reflexiona y hace una investigación de la realidad deteniéndose a observarla y pensando que la historia, la política y la ciencia, pueden ser cuestionadas, así que, con una seguridad absoluta, genera metáforas sin explicitarlas y que se entienden mejor si se conoce con más extensión su obra; una narrativa que ve de una manera no convencional a las pequeñas y grandes cosas y pone particular oído para captar el habla, para construir desde la voz de sus personajes un retrato de la gente. Pero también, por su puesto, su narrativa es una confesión sobre el sentido de su escritura, sobre cómo ella va intrínsecamente ligada a los sentimientos y a sí mismo, como acto de existir y de sentir, algo inseparable lo uno de lo otro, con lo que va tejiendo una narración en torno a la imbricación entre el arte de escribir como apéndice, como extensión, al acto de sentir y de existir. Su obra está exenta de malabares en cuanto a técnica y lenguaje, en la que el valor de su escritura radica en la postura franca y el riesgo ante los asuntos que plantea en palabras sencillas pero de alto nivel literario, que van más allá del lenguaje; una entrelínea que nos hace pensar en que en sus escritos siempre hay algo que está más allá de la palabra que dice y que, a pesar del lenguaje sencillo, ese más allá no siempre fácil y asequible, tiene lectores crecientes y, sobre todo, muy entusiastas, muy fieles y con sentimiento de apego inquebrantable.

P. Con Luis Ortiz se puede hablar de todo, desde la crisis económica, pasando por los problemas de la convivencia en sociedad y también sobre política. En el campo intelectual usted es conocido como un pensador, pero además es ingeniero, abogado y literato. Esta cualidad suya marca la deriva de sus narraciones y en esa especie de diálogo con el lector, lo obliga a formularse preguntas, ante las dudas y dilemas que se le presentan al leerlo. ¿Será cierto que estamos condenados a elegir un camino entre múltiples opciones y que al escoger uno, los demás quedan rezagados en el vacío, en la nada y que esa única posibilidad es incierta?

LO. Me gustaría que la conversación que vamos a tener, se desarrollara, en lo posible, alrededor de la literatura, la economía política, la historia y la filosofía. Pero siéntate libre de preguntar.

Los humanos necesitamos descubrir o, al menos, interpretar, la naturaleza de las cosas. El mundo se presenta ante los ojos de cada persona como un misterio que debe ser desvelado, pero lo que no todas las personas llegan a descubrir es que la realidad de las cosas, si no la pensamos uno mismo y la descubrimos con el esfuerzo de nuestra reflexión, nos la contarán y la asumiremos axiomáticamente. Los seres humanos somos cambiantes, como sus épocas y sus circunstancias, y el mundo actual, cada vez nos exige múltiples conocimientos. Pro no me considero tantas cosas diferentes como las que acaba de mencionar, pero hay muchas inquietudes, es cierto, que se agolpan ante mis pensamientos porque estoy convencido de que la vasta dimensión del conocimiento está relacionada con una mezcla variada de disciplinas y se vuelve prácticamente imposible seguir lo que ocurre más allá de mi nicho de estudio; así que creo que cualquier área del conocimiento es una gran ayuda para una persona que no desea sustraerse de los asuntos de su tiempo. Y, me disculpo por parafrasear y algunas veces citar a un escritor. Ahora lo hago con Agatha Christie; estoy claro en que un pensamiento con referencias, es un pensamiento poco consistente, pero allá voy:

"El secreto de permanecer siempre vigente, es comenzar a cada momento".

P. Las personas que lo conocen lo consideran un literato, un escritor. ¿Qué opina?

LO. Nunca he sido realmente un literato o un verdadero autor; tal vez ni siquiera soy escritor, porque considero que esa no es una profesión. Escribir es una especie de oficio que requiere mucho trabajo creativo y práctica constante, pero sin exceso, porque por paradójico que parezca, no es bueno para la creación, como si lo es, por supuesto, la imaginación y la fantasía. No obstante, si escribir es vivir, estar y ser, tal vez sea un escritor.

Muchos, de alguna forma, escribimos, y cuando lo hacemos, revelamos fisuras e intersticios, para acceder a esa ventana que es la escritura y mirar el mundo de otra manera, para saber que la realidad es ambigua, porque la escritura no es un recreo ni un ejercicio inútil; ella constituye uno de los caminos intrincados mediante los cuales los escritores intentan descubrir su naturaleza, exponen, se muestran al mundo, desnudan las ideas, sentimientos y sensaciones.

P. Un escritor es un creador?

LO. Es una mezcla extraña entre investigador y creador. Cuando se está escribiendo empiezan a aparecer más ideas, imágenes y secuencias que deben ser analizadas y reflexionadas con serenidad e imaginación, pero que de alguna manera sorprendan al lector, aunque paradójicamente le de herramientas para que no acabe perdido.

Por otro lado, escribir también es un trabajo al cual es conveniente acudir a diario; por lo tanto, se sacrifica tiempo libre, horas de sueño, relaciones con amigos, familias y conocidos, para publicar y si es posible, llegar a tener la satisfacción de ser leídos.

P. ¿Por qué le gusta escribir?

LO. Lo que más me gusta de escribir, es darle forma, ver como el texto va teniendo sentido y personalidad. En mi oficio como escritor, no hay nada que no me haya gustado, pero por decir algo, tal vez, tener que deshacer algún nudo, el esfuerzo de repensar y darle vueltas a un texto, para desatascarlo y, a pesar de que publicar siempre te expone, de alguna manera, en un lugar de vulnerabilidad, en definitiva, es parte del proceso creativo, en mi caso, agravado como editor.

P. ¿El entusiasmo por escribir flaquea?

LO. Por supuesto, pero no por largos períodos de tiempo. Por ejemplo, en mi caso, después de dejar Bogotá, donde estudié, dejé un tiempo sin escribir y unos años después retomé la escritura.

P. ¿Cómo se inició en la escritura?

LO. Mi vocación como escritor se inició en mi hogar ya que mi padre se encargó de inculcarme que todas las fases de la vida y el pensamiento eran elegibles por igual como materias de estudio y creo que eso más tarde jugó un papel importante en mi obra, así como también la filosofía, y mi interés en las artes; por supuesto, también la ingeniería, el derecho y la edición, que son otras tantas áreas del conocimiento que me remiten a técnicas, figuras y conceptos, a deseos vagos y efímeros que van materializando y mejorando la manera en que observo las cosas, me permiten levantar puentes entre varias disciplinas y me llevan a investigar, contarme y contar, explicar y alimentar la realidad y las facetas de la creación en general; asuntos estos que forman parte del conocimiento, y por tanto, de la cultura general de una persona. Cada una de ellas es una explicación distinta, y con más o menos pretensiones de exactitud o de totalidad; pero a mí, lo que me interesa es dónde se encuentran todas esas explicaciones y, más que incidir en las partes desacordes, intento combatir la perplejidad, entendiendo el conocimiento como algo holístico en el que todo está relacionado, donde las ganas por entender el mundo se inician en uno mismo. Y esa ambigüedad es la riqueza de la vida, pero también la riqueza de la cultura y en especial de la literatura.

P. En general, ¿cuál sería un inicio de la narrativa?

LO. La narrativa la podemos ver como un territorio infinito que duplica la realidad con ficciones que pasan de una generación a otra, como un eco que nunca se extingue y nos ofrece un punto de partida para la construcción de nuevos tipos de relaciones y sueños con otros tiempos y otros mundos. Tenemos que remontarnos a las primeras expresiones artísticas, como las pinturas de las cavernas, que solían relatar escenas de la vida diaria. Pero, definitivamente, los humanos somos animales contadores de historias. Las narraciones surgieron cuando quienes habían participado en una cacería llegaban por las noches a relatar la aventura de su jornada lo cual promovía diálogos, preguntas, para emocionar, para fabular, para imaginar, y quienes relataban sentían una especie de necesidad de atestiguar, de dar cuenta de lo que había experimentado, satisfaciendo de ese modo al ser humano que desea saber, comprender y no se conforma con estar, sino que también necesita el arte y la música, aquello que nos humaniza y nos singulariza como especie, emancipándonos de la compulsión del instinto y nos saca de la inercia biológica, donde no hay creación, sino repetición; nos proporciona un origen, un fundamento y añade trascendencia y no permite que las sombras de las cavernas sean lo único real, sino que el fondo último del ser humano es creatividad, un latido que alumbra sin descanso formas, contrastes y simetrías, armónicas.

P. ¿Podemos afrontar los retos, buscar las soluciones, ponerlas en marcha y dejar un legado, tangible e intangible, para las generaciones futuras?

LO. Sí; por supuesto, claro, esto no es fácil debido a la realidad de confrontación, miedo, angustia, ansiedad, melancolía y frustración que estamos viviendo, pero no olvidemos que el precio que pagaríamos como sociedad si no nos hacemos cargo de los temas de nuestro tiempo sería inmensamente mayor al que se necesita para liderar colectivamente esos cambios.

P. Para usted, ¿cuál sería el valor de la literatura?

LO. El valor de la literatura es muy difícil de cuantificar; pero teniendo en cuenta que ella es fantasía, imaginación, ensueño, diversión, placer y consuelo, lo que uno logra con ella generalmente está por debajo de lo imaginado, porque lo imaginado siempre lo va a desbordar.

En todo caso, hay que considerar a la literatura como una extensión del lenguaje, una herramienta para registrar el tiempo, un trozo de historia y las circunstancias; una aventura; un testimonio de la existencia; de lo que hemos visto, lo que hemos padecido, lo que hemos experimentado y lo que hemos disfrutado; pero, también ella es un vehículo que nos transporta a mundos diferentes, capaz de promover viajes profundos hacia territorios más diversos y amplios, que nos brindan la oportunidad de conocernos más como seres humanos y cuestionar la sociedad.

Para concluir mi respuesta, quiero citarte a Angel Gustavo Infante y a Carlos Sandoval, cuando acotan en su obra *"Venezuela en la literatura"*, publicada por la Fundación Empresas Polar, que, "Aunque considerada en ocasiones como una actividad meramente recreativa, la literatura ha estado desde siempre ligada a los procesos de fundación y desarrollo de las comunidades humanas."

P. ¿Qué nos hace más humanos?

LO. Considero que el deber inherente de todo ser humano, por el simple hecho de pertenecer a la especie y que resume todos los demás deberes, es actuar conscientemente. Somos los humanos los únicos que tenemos deberes en esta tierra, ningún otro ser vivo que la habite ha desarrollado lenguaje simbólico complejo, consciencia y capacidad de distinguir entre el bien y el mal. Para poder ser considerado como tal, el ser humano debe ser un ser moral, pues la moral más allá de credos, cultos y religiones, es aquello por lo cual el hombre llegó a ser humano, a rechazar la apatía y la barbarie que lo amenazan, lo acompañan y lo tientan, o nos recuerdan, a fuerza de tragedias y dolor, nuestra condición animal.

P. ¿La literatura juega un rol importante en esa humanización?

LO. En la creación literaria cabe todo y cabemos todos, y desde la imaginación es posible derribar muros y crear de la nada otros mundos, otros tiempos y otros espacios. Así es, el poder creador de las palabras; su accionar, es el instrumento privilegiado para abrir puertas, nombrar, comunicar, juntar, concertar, multiplicar las individualidades y generar un mundo al momento de enunciarlas y el compromiso, el vínculo con la forma de ser y estar. Y, por supuesto, sólo cuando se comparte el significado, adquiere sentido aquello que designamos y, quien ignore el sentido de una palabra, está condenado a no poder ejercer el sentido de la acción que se pretende definir.

P. En corto. ¿Qué es la literatura?

LO. La literatura es un viaje que culmina en el lector y que ha salido desde la cabeza del autor que desborda la realidad hacia la imaginación, sin ataduras y sin estrangulamientos, sin sentirse bajo una subyugación ideológica y política que limiten su acto de soberanía y libertad. Cada vez que alguien escribe y cada vez que alguien lee, estamos tendiendo puentes y buscando ser el otro, ser todos los demás, fundir la ilusión de la espiritualidad, de las emociones vivas, sin la cual los seres humanos nos sentimos desamparados. De manera que toda obra literaria tiene un plano moral, un plano ideológico y otro artístico, pero en todo caso, lo increíble requiere un estado de emoción previa.

P. Pero, ¿qué refleja la literatura?

LO. La literatura refleja, en primer lugar, ambientes, costumbres, modos de ser. Pero también, un paisaje espiritual y un conjunto de creencias. Y, sobre todo, una personalidad creadora. Según la sagaz distinción de Henry James, la literatura aspira a reflejar la realidad profundamente, no exactamente. Así pues, es evidente que dependerá, ante todo, del concepto que el escritor tenga de la vida. Por eso, no cabe prescindir, al hacer crítica literaria, de la visión del mundo que poseen los autores. Y es así como cada obra da testimonio de su autor y de la época en que fue escrita. A la vez, la obra literaria puede influir sobre la sociedad, contribuyendo, de alguna forma, a modificarla. De hecho, así sucede muchas veces. De este modo, el escritor y la sociedad se influyen mutuamente.

En general creo que siempre es necesario buscar un qué y, aunque no estemos seguros de haberlo encontrado, y por supuesto, no lo encontremos nunca, hay que seguir buscando y si creemos que al fin lo logramos un poco, perduraremos, trascenderemos en la memoria de nuestros lectores.

P. En el fondo, ¿qué significa la literatura?

LO. Para el lector, puede desempeñar un papel de evasión, en sus diversas formas. Para el creador, muchas veces, va unida a la lucha contra el tiempo: por detrás, intenta recuperar el "tiempo perdido"; hacia delante, prolongar el eco de una voz. El escritor, como tú sabes, no se dirige sólo a sus contemporáneos. En 1835, Stendhal afirmó que escribir era igual a comprar un billete de lotería cuyo único premio es ser leído. Por eso sueña con que "los ojos que leerán esto mañana, hoy apenas se abren a la luz, pues supongo que mis futuros lectores tendrán ahora diez o doce años", o, simplemente, no habían nacido.

Así, el creador sueña con derrotar al tiempo, con vencer al olvido. Flaubert formula la ley general: "Escribo no sólo para el lector de hoy, sino para todos los lectores que puedan presentarse mientras la lengua exista. Si vuestra obra es buena, si es verdadera, sincera, íntegra, alcanzará su lugar, tendrá su eco en seis meses, seis años o después de vuestra muerte". Para mí, la literatura, en especial la escritura, toma vida entre dos personas: el que escribe y el que lee.

P. ¿Por qué escribe?

LO. Como sabes muy bien, hoy ya no se concibe que algo se haga por amor al arte, especialmente, el arte. A pesar de que esto es una especie de maratón hacia ninguna parte, siempre he querido contar historias y supongo que hay cosas que nunca cambian, porque con la escritura siempre parece que hay hacer algo más y no es suficiente por ella misma, porque parece que necesitamos contarnos una historia sobre la vida, la existencia y cuanto sucede a nuestro alrededor. Y como no tolero bien la incertidumbre, invento soluciones, muchas veces sin fundamento lógico, para rellenar los huecos narrativos que le faltan a nuestra realidad.

P. ¿Cómo empezamos en la literatura?

LO. Primero leemos desde los cuentos infantiles que todo niño disfruta, incluso antes de aprenderse el alfabeto, cuando han tenido la suerte de tener padres y/o abuelos que les narran con cariño, relatos, fábulas, leyendas y moralejas, hasta las grandes narraciones que elegimos en la adultez y que reflejan nuestros gustos más profundos, como las de Antón Chéjov, Edgar Alan Poe o Jorge Luis Borges, por citar unos. Pero luego escribimos; algunos, pocos, como vocación plena, seguimos escribiendo y la inmensa mayoría sin ambiciones; tal vez para sacar algo que tiene que salir para ayudar a los demás a entender, asimilar o superar y, aunque tal vez no conecte hoy, siempre habrá alguien en alguna parte esperando la historia correcta.

P. ¿Quién transmite; el hombre o el escritor?

LO. Quien escribe no es un hombre común; es el escritor. La existencia es una cosa y la escritura otra, porque la escritura es un arquetipo al que nos asomamos y en el que aparece un personaje que no tiene el rostro del escritor, pero que sabemos que existe, pero con otro rostro, en otro cuerpo.

La escritura descubre aspectos oscuros y desconocidos en las personas y que solo por medio de la escritura llegamos a conocer. Por ello el personaje que aparece en los textos no es necesariamente el que se refleja en el espejo., porque la escritura no es una biografía como tal y por ello contiene asuntos que no aparecen. Y creo estar de acuerdo con la escritora española Rosa Montero, quien dice: "(...) Tú tienes que salirte de ti mismo. Por otro lado, la escritura nace de tu inconsciente, de lo más profundo tuyo y no pasaporta tu conciencia. Te tienes que salir de tu anécdota, de tu pequeña vida cotidiana. Como decía Julio Ramón Ribeyro, la escritura de un libro maduro requiere de la muerte metafórica del yo. Y si algo roza tu vida tienes que sentir que eso está tan lejos como tus personajes. El sentido de la novela es la búsqueda del sentido de la vida. Y no puedes empezar ese viaje con las respuestas hechas. Y no puedes usar eso para justificar tu vida".

P. ¿Pero, cual es el poder de la escritura?

LO. Las palabras tienen el poder de ser un vehículo, un canal a través del cual no solamente podemos expresar sensaciones, sino también nos permiten utilizarlas como herramientas para luchar contra lo inhóspito del mundo, o incluso contra uno mismo.

En fin, a pesar de que no es fácil responder con exactitud tu pregunta, completo la anterior para tratar de responder esta última, diciéndote que mi escritura tiene intencionalidad, es cierto; por un lado, suple mi memoria porque lo que escribo, de algún modo lo siento inalienable, duradero; es algo que trasciende en el tiempo; una especie de seguridad material; tal vez para algunos vacía de cualquier interioridad, pero para mí, escribir forma parte integrante de mi ser, deseo de transmitir y tal vez trascender, al tratar de reconectar la literatura con la cultura y las tradiciones de los pueblos y sus gentes. En definitiva, conectar la literatura con la historia, a pesar de que el pasado se reducía a unos recuerdos a los que había que traer de vez en cuando y luego dejarlos, antes que los utilicen para modificar también ese pasado de los pueblos que para bien o para mal, ese pasado determinó nuestro presente; de manera que tratar de entender o conocer las motivaciones de los que anduvieron por aquí antes que nosotros, siempre ayuda a "leer" la actualidad. Tal vez, también ambiciono que mi obra fuese recordada, al menos por algunos de mis familiares y amigos, por lo que he hecho, pensado y escrito.

P. Ya que tocas aspectos del pasado, ¿Es bueno aferrarse a él?

LO. Ya iremos hablando de esto; por ahora me gustaría citarte una frase de Hermann Hesse que se encuentra en su obra *"Demian"*, la cual reverbera en mis pensamientos, cuando pienso mucho en el pasado: "(…) Y hay también muchos que se embarrancan para siempre en estos escollos y permanecen toda su vida dolorosamente adheridos a un pasado sin retorno, al sueño del paraíso perdido, el peor y el más asesino de los sueños".

P. ¿Entonces, la escritura y la lectura ayudan a vivir?

LO. Fundamentalmente la escritura ayuda a vivir a quien la hace, pero también a los lectores, quienes a través de ella pueden profundizar en el conocimiento de la existencia, educar su sensibilidad, alcanzar un placer estético y también un conocimiento ético del mundo. La escritura es una antena especial de la humanidad, capaz de reflejar lo que está oculto y de recuperar parte de lo vivido o lo que crees que se ha vivido, de preservar la esencia de lo que podamos mantener en la memoria con la que se reconstruyen los hechos que encienden la llama de la imaginación que suple lo vivido y el deseo de haberlo vivido cuando se ha olvidado, pero que podremos hallar, también en nuestras cuevas del recuerdo, en aquellos rincones donde dejamos abandonados, pequeños pero nunca plenamente olvidados, recuerdos de nuestro yo, de nuestros sueños que nunca crecieron por el poco espacio que tenían para imaginar y expandirse, para inundar una vida que por lo general está repleta de olvidos y renuncias mal digeridas que alimentan una neblina que todo lo cubre y que se expande a través del espacio viciado, cargado y repleto de costumbres y hábitos irrenunciables, llevando así, con él, el regusto amargo que viene de muy dentro de nosotros, y sube, a través de una garganta que ya no puede pronunciar los nombres, ni tan solo un grito de auxilio, y que ahoga y apaga las palabras que tanto necesitamos decir y ya no encontramos, todo lo cual potencia la capacidad para dar sentido a nuestro entorno, para aprender, actuar y pensar.

P. ¿Visto de esa manera, la escritura sirve para vivir mejor?

LO. En efecto, la escritura hace mejor la vida como te he dicho antes; mejora nuestros sentimientos y nuestro espíritu crítico, nos enseña a mirar el mundo, a entender el dolor y la soledad del hombre. Hoy, la educación y el dinero no sirven para vivir, la escritura sí, ella nos hace más plenos, más felices, más conscientes, más intensos...

Como lector, la literatura me ha ayudado a vivir mejor y, si uno escribe algo o sobre algo, es porque desea que lo escrito se cumpla en el lector, pero sobre todo en uno mismo. Escribir es sentir la emoción de una revelación, de un conocimiento sobre la vida, sobre el mundo.

P. ¿De manera qué se trataría de otra forma de la moral?

LO. La escritura y la literatura en general, nos permite acceder a ese otro que no somos, y de allí que implique una moral de la tolerancia. La verdadera literatura trasciende toda moral de contenidos. De ahí su eticidad. Cuando nos emocionamos con el otro, entonces aceptamos su verdad, por eso podemos emocionarnos con cualquier tipo de literatura sin que tengamos que compartir sus ideologías o posturas. La gran literatura nos acerca a lo mejor del hombre, a lo que podemos rescatar del hombre entre tantas miserias cotidianas e históricas.

P. ¿Cómo concibe sus narraciones?

LO. La literatura se convirtió en mí, como en un refugio de máxima libertad conquistada y ejercida lúdicamente, como miembro de toda una generación que crecía en un mundo culturalmente globalizado. La más temprana y clara expresión de todo esto lo constituye la lúdica extraterritorialidad de mi narrativa escrita conscientemente y en la cual manifiesto que el arte literario no es un juego ni un camino recto y plano, sino que se parece más a un viaje a través de la carretera trasandina en la que podemos apreciar esas montañas hermosas, pero despiadadas, que no perdonan errores, por la cual, osadamente he o hemos transitado. Pero yo no elijo los temas, los temas los pone la vida. No obstante, déjame tratar de explicarme. Por supuesto, invento argumentos y personajes, registro ideas y sentimientos empleando para ello diferentes maneras de mirar y explicar una realidad, esa que me rodea natural y socialmente, y tengo al alcance de mi percepción e imaginación que me permite, consciente e intencionalmente, su transformación de acuerdo a los fines que me propongo. Aunque esta solo sea racional y hasta lógica irracional con la que doto a los personajes para que den a conocer al lector, experiencias y terminen generando cultura y pensamientos que contribuyan a dar salida a interrogantes, dudas, afanes y obsesiones y, aunque todos partimos de las mismas ideas que son universales, son los detalles los que las diferencian a partir de nuestros encuentros con la realidad.

P. ¿Es difícil escribir?

LO. Pues sí, es difícil. Detrás de los libros que escribimos y de los que leemos, hay mucho trabajo, horas, e incluso personas involucradas que no se limitan solamente al autor o al editor, porque unos escriben el texto, otros lo editan y otros lo publican y lo ponen a disposición del público. De manera que esto de sacar un libro no es sencillo. En el caso de los escritores, algunos días se nos hace más difícil clasificar las ideas y darles vida. Estamos conscientes de que cuanto más específico sea el tema sobre el cual escribimos, a menos gente interesará. Pero no hay nada menos interesante que lo que pretende ser interesante para todos. En fin, eso de escribir se trata de una carrera de fondo para asomarse al mundo, o asomarse a uno mismo; algo que siempre es un estímulo del cual también vivimos. Cuando se escribe la tensión que se produce es real, nunca se sabe qué descubrimientos irán apareciendo por el camino; no se sabe dónde terminaremos, cómo nos irá o qué va a pasar. Parece increíble, pero sorprendentemente los personajes creados por ti, proporcionan modalidades en el lenguaje y frases determinadas que van definiendo el trayecto mientras vas pensando, porque escribir es eso, es pensar y, la buena escritura nace de la manera en la que el escritor ve y siente el mundo. Algo que observa o inventa pasa por su tamiz y genera una historia, o la chispa de la idea surge de una combinación de vivencias íntima e intransferible, así como de otros elementos inspiradores difíciles de explicar, sistematizar y transmitir. El molde y la buena escritura sale de haber encontrado la voz propia que te va impregnando y modelando con intentos fallidos de párrafos y horas de trabajo.

Y mientras que escribir no ficción suele ser específico y el escritor sabe para donde va el texto, en el género narrativo, en especial en la novela, la ficción es inevitable y uno mismo no sabe lo que vendrá; de manera que esa incertidumbre que te inspira y disfrutas; sobre todo en la novela, porque sabes cuándo empiezas y en ella esperas que se vaya develando el futuro de la obra, pero no sabes cuándo acabas; es algo que está vivo y ayuda al lector a participar de la creación.

De ahí que escribir sea para mí una actividad indispensable, un placentero esfuerzo intelectual que me permite pasar de lo vago a lo concreto; crear y dejar constancia de esa creación, frente a la etéreo de la palabra oral que termina yéndose y con frecuencia se deforma y, de alguna manera ese proceso de escribir me permite contribuir al despertar de un espíritu crítico, al progreso cívico, social y cultural y, hasta influir en la vida y la condición humana de un desconocido que nos lee. Permíteme leerte una opinión al respecto, de Paul Auster. Me disculpas que te la lea, porque no quiero tergiversarla:

"El acto de escribir empieza en el cuerpo, es música corporal,

y aunque las palabras pueden a veces tener
significado,
es en la música de las palabras donde
arrancan los significados.
Te sientas al escritorio con intención de
apuntalar las palabras, pero en tu cabeza
sigues andando, siempre andando, y lo que
escuchas es el ritmo de tu corazón, el latido
de tu corazón..."

Para mí, escribir es una actividad que
contempla una única confrontación posible: la
lectura con reflexión, avidez y recurrencia, es
una fuente de placer y conocimiento y a su vez
es, por su naturaleza, una actividad íntima que
nos mantiene cerca de las cosas que tenemos
lejos y nos estructura, en buena medida, lo que
escribimos. Por ello, algunas veces,
incorporamos líneas en una narración, sin
darnos cuenta de donde surgió esa idea que
nos trasladó desde el lenguaje, desde la ficción,
hacia la realidad y viceversa, permitiéndonos
unir esa idea, imágenes y palabras, en
significados coherentes que terminamos
objetivándolos, escribiéndolos para que no se
desvanezcan. Eso es lo grandioso de la
escritura; eso es lo maravilloso de la lectura,
porque nos permite soñar con nuevos mundos,

con otras historias y aporta cultura, formación, personalidad, pensamiento crítico y placer estético incluso en momentos de oscuridad, rutina y tristeza porque nos saca de la angustia y nos permite relajarnos. Es una conversación contigo mismo y diría que se parece mucho a la filosofía, en el sentido en que es una fiel aliada del acto de recordar y en convertirnos en seres más críticos y capaces de afrontar los problemas de la vida.

Cuando leemos, y si lo hacemos a menudo, tiende a tener una progresión habitual hacia este fenómeno, algo que uno de mis profesores de castellano y literatura al parecer no entendió, o simuló no entender, pero de eso no voy a hablar, pero te cuento que se puso como un energúmeno cuando le dije que estaba leyendo a Friedrich Nietzsche y me dijo que dejara de leer a ese diablo y me espetaba con su voz de radio que a ver cuándo me ponía con *"El Quijote"* y con *"La Biblia"*. Aún no me he puesto del todo con *"La Biblia"* y me cuesta enormemente leer a Cortázar, a Bolaños y a Saramago o a Julia Navarro, entre otros, y no creo que lo haga mientras tenga otros por leer, aunque la narrativa breve de Cortázar me gustó y creo que es en lo que ya parece que hay más consenso, y hasta se podría divagar un poco sobre por qué en la América de habla hispana y, de forma muy señalada en Argentina, ha gustado este género hasta producir algunos de las mejores narraciones breves jamás escritas, y naturalmente estoy pensando en Borges, aunque no solo en él, por supuesto; el caso es que es un hecho no demasiado extraño. El lector que ejerce a menudo, con el tiempo, va buscando libros que pudiéramos clasificar como serios, y que tal vez a los ojos de otros luzcan raros. En todo caso, a estos autores les he otorgado segundas oportunidades, aunque muchas veces me haya empujado el deseo de corroborar cierta impresión, y ha sido así, no cambio de opinión con respecto a ellos.

Me gusta cuando se asegura que todo el mundo quiere ser leído sin leer, que es una manera muy fina de hablar sin escuchar. En consecuencia, escuchar, hablar, leer y escribir es un buen camino a recorrer.

P. ¿Por qué cuesta tanto escribir?, le insisto.

LO. La escritura, realizada de manera habitual y sostenida, es un proceso arduo y costoso. Un buen párrafo o dos, son fáciles de lograr por cualquiera y no se necesita un gran trabajo para ello, pero mantener el nivel durante doscientas o más páginas, o durante las cuatro o cinco de una narración corta, créame, es complicado.

Ahora bien, cundo los escritores son esos que se denominan profesionales y viven de ello, hablan de cómo escriben ocho horas o más al día. Como una jornada de trabajo cualquiera, pero dedicada solamente a generar, como humanoides, páginas y páginas de historias, mientras que otros, probablemente, apenas podremos sumar unas dos o tres horas de trabajo creativo que tenga una calidad mínima. Lo creativo no es una cadena de montaje, no funciona igual que apretar tuercas o llenar de números las celdas de Excel. La buena escritura requiere un esfuerzo, un tiempo e ingenio.

P. ¿Ese trabajo de autómata también es creación?

LO. Es imposible escribir narrativa de valor en un contexto donde se exija que el trabajo creativo se desarrolle con las mismas maneras y tiempos que arar campos, introducir asientos contables o reponer estantes. Quien escribe de verdad sabe que, muchas veces, esa solución perfecta, ese giro o esa frase, han sido producto de mirar al techo durante días, de agonizar horas y horas ante el cursor y la hoja en blanco. A veces, cinco páginas son una hora y una frase son cinco días. Medir el tiempo de escritura como medimos cualquier otro trabajo es la receta para la frustración.

P. ¿Cuánto sería un tiempo promedio para sacar algo aceptable?

LO. Si estás descansado y es un buen día sin muchas distracciones, quizá puedas, optimistamente, emplear productivamente unas dos o tres horas de trabajo creativo. Claro, después siempre puedes repasar y reescribir, algo que exige menos esfuerzo, pero crear, encontrar la resolución perfecta para ese nudo de la historia, realizar arte, no podrás hacerlo de manera sostenida durante mucho tiempo.

P. Pero, ¿qué necesita una persona para escribir?

LO. Pienso que para escribir hay que estar atentos a los pequeños matices que son el alma de las narraciones; como, por ejemplo, la muerte de alguien, su desaparición, su pérdida, la pérdida del trabajo, un nuevo empleo, un nuevo amor... A todos nos ocurren esas cosas, lo que nos diferencia es cómo las vivimos y a algunos nos da por escribir sobre ellas desde los detalles, desde lo que hace particular a cada una de ellas.

Muchas de mis obras literarias han nacido de hechos, de frases, de imágenes recogidas en mis recorridos por rincones a donde muy pocos han tenido la oportunidad de llegar. Algunas veces me basta una conversación, oír una frase, recorrer un paraje o encontrar una frase en un blog de las redes sociales o en un libro que esté leyendo. De esa manera pienso en un cuento o en un relato, y algunos de ellos se convierten en novelas, cuando sus arquetipos, simbología y situaciones pueden ser integrados, adecuadamente, en el registro realista de la obra. Y, por mi formación, mis narraciones generalmente tienen una carga ensayística y de producción investigativa importante que se sobrepone, por ejemplo, con análisis económicos y reflexiones sobre la experiencia humana que me llevan, sin duda, a la crítica social.

De manera que estamos claros en que las historias no nos caen del cielo mientras estamos sentado en el sofá. El trabajo de un escritor es idearlas y escribirlas. Luego es cierto que, en esas historias, cuando le dedicas tiempo, aparecen asuntos inesperados, llamativos, interesantes, urgentes, que te hacen plantearte otros modos de trabajar que no tiene que ver con lo estético o lo feliz, ni con nada exterior, pero que están cerca del silencio, el bien común, la paciencia, la naturaleza, el gesto generoso y la voluntad de construir, conservar y de la posibilidad de trastocar la realidad, para contarla, y menear un poco los pensamientos y las ideas de los lectores.

P. ¿Mientras está escribiendo una obra, lee a otros escritores?

LO. Algunos narradores dicen que, cuando están escribiendo intensamente, evitan leer a otros autores por miedo a que se les pegue el estilo. Yo no tengo ese problema, porque creo que para que algo nos contagie tenemos que ser propensos al contagio y no voy a escribir como Vargas Llosa, García Márquez, Isabel Allende, Hemingway, Papini o Borges, o cualquier otro escritor, como Edgar Allan Poe, o Stephen King, por el solo hecho de leerlos. Pero confieso que no me gusta leer libros que me confirmen las ideas que tengo sobre lo que es una narración y cómo escribirla; para lo cual, al leer, busco, sobre todo en la narrativa, lo que el autor trata de decirnos entre líneas. En fin, prefiero leer libros que me sorprendan a cada nivel: el tema, la palabra, la frase, la forma, la trama, el ritmo y el género; libros que no los deje una vez terminados, libros que permanezcan dentro de mí, vivos y palpitantes y que aún hoy seguía pensando en su contenido, al cabo de tantos años y me ayudan a dar sentido al mundo, a mi mundo, que me recuerden que es en los pequeños detalles, que actúan como interconectores, que nos permiten encontrar el fluir de la realidad, los universos posibles, la vida y a nosotros mismos.

P. ¿Sobre qué escribe con más frecuencia?

LO. Escribo sobre varios temas, porque si solo te centras de un tema en particular, lo cual es muy usual entre los escritores, y por muy importante que pueda parecer un tema, se está dejando fuera muchos otros y se puede terminar con una visión muy estrecha y con poca consistencia.

Escribo sobre temas que me interesan; mi escritura trata, por lo general, del universo de lo cotidiano; de lo actual, pero también con la imaginación mezclada con los recuerdos de aquello que he vivido con intensidad. Sin embargo, me gusta el género fantástico, porque trata de lo casi imposible; es un recurso que permite ubicar la historia justo donde nos interesa y establecer desde allí un ejercicio de comparación entre épocas, entre costumbres y mentalidades. Pero también, y en buena medida, me agrada la ciencia ficción, porque es una proyección en el futuro; por esa razón también hay ficción en mis narraciones.

P. Entre el público lector, hay cierta creencia en que la ciencia ficción sirve para narrar escenarios, tiempos o mundos muy alejados de los nuestros.

LO. Si, hay mucho de eso, aunque hay casos en que solo ocurre en apariencia porque el trasfondo de las historias narradas tiene como base escenarios y paisajes que seleccionamos para crear y mantener el deseado estado de ánimo y dar vida a la ilusión que buscamos en nuestro mundo y sus amenazas, no únicamente externas, como se podría pensar, sino principalmente internas, originadas por nosotros mismos, por nuestra sociedad, ambiciones y miedos, incluyendo lo romántico, lo realista y lo imaginario, pero siempre tratando de narrar cualquier situación como si fuera a la vez imaginaria y posible o improbable y real.

P. ¿La actuación de los personajes puede diferir de lo que el autor ha previsto inicialmente?

LO. ¡Sí, claro! Lo imprevisto es una especie de soplo enigmático de azar que aparece en medio de nuestras dudas y nos enaltece, cuando los personajes de nuestra narración, de pronto comienzan a adquirir vida propia y avanzan por caminos que no habíamos imaginado.

P. ¿Busca la perfección en sus obras?

LO. No, de ninguna manera. No hace falta que tratemos de que la obra sea algo perfecto. Basta con hacerla; es la idea, es el concepto lo que vale y queda. Todo artista se pronuncia de acuerdo a lo que está pasando. La pintura, la escultura, la escritura y la música, son armas muy poderosas; por eso se les persigue.

En todas las artes, esto que te acabo de decir, es cierto, porque en el arte se vive lo que se siente, es el único terreno donde la honradez y la exigencia es decir lo pensamos. El arte es el único terreno donde la honradez y la exigencia reciben a veces su recompensa y nuestro papel es decirlo si lo pensamos; de esa forma podemos encontrar justicia en el arte, y, en el caso particular de la escritura, a mi particularmente no me importa el género literario, sino que me haga sentir, soñar y viajar. Así el lector no sepa nada sobre la literatura, como escritor, deseo que sienta, que disfrute, que sueñe, ría, llore, sienta amor, tristeza y rabia; que imagine los personajes y los lugares; que se deje ir y crear su propio imaginario; ese que está basado en su experiencia de vida y otros sentimientos y estados de ánimo.

P. ¿Es cauteloso en sus escritos?

LO. Escribió con poca cautela, aunque lo hago con un marco temporal bastante amplio que reverbera en un presente sin reglas, el cual, al irse cristalizando, va acompañando y dando forma a mis nuevas narraciones, en la medida en que voy reflexionando sobre los personajes y la trama, sin importar muchas veces que las historias sean o no verosímiles. Y, sin buscar agradar a nadie, comunico mis pensamientos y mis sentimientos, los cuales algunas veces sitúan al lector en contexto con lo histórico, con lo geográfico o con sus vivencias; en fin, con el mundo que conocen y que encuentran en ese abanico de situaciones y relaciones posibles, alguna identificación con mi escritura.

P. ¿Se siente cómodo cuando escribe?

LO. Sí, me siento cómodo escribiendo. No obstante, no me planteo el proceso en términos absolutos. Escribir es algo vivo que me mantiene en continuo aprendizaje. Al escribir todo es posible. Me concentro con facilidad; escribo en la computadora, en mi casa y hasta con música o televisión de fondo, pero sin escucharla; en fin, donde pueda. Anoto en libretas, en papelitos, en el teléfono y escribo de todas las maneras. Es como una respiración; incluso, muchas veces estoy escribiendo mientras converso con alguien. De cualquier manera, no me acuesto a dormir sin haber producido algo, aunque sólo sean unas frases que me permitan, al menos, expresar esas cosas que lo queman a uno por dentro.

P. Hábleme de sus hábitos de escritura. ¿Cuál es su rutina al escribir?, ¿tiene algún ritual de trabajo sin el cual le resulte difícil escribir?

LO. Aun cuando no tengo manías para leer o escribir, siempre necesito silencio y que nada me distraiga. Por lo general leo en mis bibliotecas y para escribir necesito una silla, una mesa y mi computadora. Escribo normalmente unas mil palabras diariamente por la mañana y no soy de los que esperan por una inspiración. Lo primero que hago, luego de leer las noticias por Internet, es leer lo que escribí el día anterior; lo corrijo si es necesario y comienzo mi trabajo del día procurando tener tiempo para estructurar los recuerdos y la imaginación, los cuales son ingredientes indispensables para una narración. Y es así como cada vez que escribo surge algo distinto, algo que reconstruyo a partir del olvido, como un ejercicio de libertad. Como soy poco observador, por lo general mis escritos son intelectuales o fantásticos, ya que invento lo que no conozco, aunque, por supuesto, de algún modo, también sueño, porque muchas veces recuerdo cosas que no sucedieron, lo que es una especie de sueño despierto.

P. ¿Entonces escribe todas las mañanas?

LO. No exactamente. Algunas mañanas, escribir no es lo primero que hago en las mañanas; tampoco, el contexto es siempre el más adecuado. Y tengo preocupaciones como el que más y mi relación con la escritura es agridulce como la de todos.

P. ¿Para escribir es necesario leer mucho?

LO. Si, uno escribe con lo que lee, con lo que imagina y con lo que ha vivido. Le presto atención a esa manera de descubrir el mundo a través de las mujeres, de la economía, la política, la amistad y de la lealtad y hay cosas que no se pueden inventar porque, si no las has vivido, no puedes imaginarlas.

De manera que no, no tengo ritos de escritura; llevo conmigo mis ideas durante mucho tiempo antes de escribirlas y soporto la espera para madurarlas, cambiar cosas, descartar otras y ensayarlas hasta que consiga la tenacidad que me parezca adecuada, me sienta satisfecho y logre ordenarlas de tal forma que me permitan crear una obra. Es lo que Kafka llamaba el "titubeo antes del nacimiento", porque, como afirman varios autores, a la musa no se la obliga, pero hay que prepararle el terreno y esperar.

P. ¿Se requiere el conocimiento continuo?

LO. La realidad posee una complejidad que cada vez exige mayores conocimientos al ser humano y, esto requiere un esfuerzo que no todos los individuos están predispuestos genéticamente a dedicar en el mismo grado ni con idéntica frecuencia. No podemos conocer cada cosa ni mediante el esfuerzo único de nuestro intelecto ni tampoco a través de la acumulación colectiva de conocimiento. La mente humana, aunque poderosa, tiene sus límites, y existen cuestiones que nunca van a ser resueltas porque ni siquiera vamos a llegar a plantearnos las preguntas necesarias. Por tanto, aprender a aceptar esta limitación del saber, es clave para dirigir nuestra voluntad hacia el pensamiento, el estudio y el aprendizaje constante, desde saberes trascendentes hasta las cuestiones más mundanas; sin embargo, es imprescindible analizar, reflexionar, discernir y producir genuino conocimiento cuestionando el grado de falsedad, más bien de especulación, que poseen los saberes que imaginamos que son ciertos.

P. ¿Su obra literaria va dirigida a un lector intelectualmente cultivado?

LO. Mis narraciones son marcadamente literarias y, sin embargo, no requieren de un lector especializado, competente, para su asimilación. Apelan más a un sentido decididamente paródico, a otros saberes, a la leve ironía, al sobreentendido y, además, tienden a mostrar el revés de la verdad, la moral y otros disfraces, temiendo, por supuesto, enfurecer a los más conservadores y puritanos y, sobre todo a los de los regímenes totalitarios, una ironía que, sin embargo, al mostrarse desde un ángulo atrevido del pensamiento, tal vez moleste a todo el aparato ideológico con el que algunos sentencian a la literatura.

P. ¿Qué aspira de un lector?

LO. En mis escritos trato de modelar, construir un lector, no sólo perspicaz, sino libre de todo prejuicio, incluso de aquellos pertinentes a cómo se concibe o debe concebirse una narración. Lo que no podemos percibir solos en la vida cotidiana, lo percibimos a través de símbolos, metáforas, parábolas..., a través del tipo de cosas que penetran en nuestro subconsciente. Por ello, cuando escribo narrativa, el mayor reto es hacer que los personajes sean verosímiles, que generen empatía y que a los lectores les importe lo que les pasa. Para ello, creo que el autor debe desdoblarse, que quien llene las páginas sea otra persona, así como decía Borges. Sin esa separación no se lograría hacerlo.

P. ¿Como describiría el lenguaje que usted normalmente utiliza en sus escritos?

LO. Al escribir me esfuerzo en alcanzar los sentimientos del lector y utilizar el castellano neutro, simple y preciso, el habla real de la gente, del lector de a pie, porque de lo contrario creo que mataría el estilo fluido sobrio y la ficción; la naturaleza musical del lenguaje, sus tonos y temblores íntimos, sus ruidos más sugerentes. Trato de que las palabras envuelvan los sentimientos y los hagan reconocibles y hasta cierto punto deseables. Que la narración no pierda fuerza ni se desvanezca; que el dominio del lenguaje sencillo sea acaparador, que no empalague por exceso, porque él es la expresión del mundo. Así que, en el empleo del lenguaje, me considero pragmático; ya que prefiero las cosas sencillas, tanto para mi vida personal como en el uso del lenguaje. De manera que, para mí, lo sencillo guarda una alta relación con lo útil y funcional y, cuanto más sencilla, menos compleja y más directa es una cosa y mejor funcionará.

Pero confieso que la fonética, algo que nunca he estudiado, me trae gazapos; sobre todo cuando adrede otorgo a las palabras un dominio más vasto y demorado que el que les atribuye el diccionario o los programas que vienen con cualquier procesador de textos, que, por cierto, pueden entrañar la insustituible búsqueda y sustitución de palabras y la cómoda autocorrección, cuyo uso negligente pueden llegar a ser tan desastrosas como útiles.

P. No obstante, en sus narraciones encontramos referencias literarias y hasta gastronómicas que no son del conocimiento general.

LO. Si, es cierto, creo que siempre es necesario dejar puertas abiertas para que el lector investigue y esas puertas están abiertas para todos los lectores.

P. ¿Se vive de la escritura en una sociedad que solo valora lo que se vende y deja una ganancia económica?

LO. No son siempre las mejores obras las que mejor se venden o tienen más influencia, pero las peores obras de una literatura sirven a veces de vehículo a lo bueno que hay en las más grandes. Hay obras que pasan desapercibidas entre la gran marea de publicaciones que continuamente inunda el mercado editorial, y hay autores que pasan totalmente inadvertidos en los "circuitos habituales" desde donde se realizan y se lanzan las promociones, porque, como tú sabes, una editorial pequeña puede tener grandes dificultades para conseguir colocar a un autor a los ojos del lector, para tentarlo, para atraer la atención de un libro de reciente aparición y, por el contrario, se imponen más fácilmente, debido a su poder y recursos mediáticos, las grandes editoriales.

Recuerdo un comentario que H. P. Lovecraft hizo al respecto y para muchos de los que escribimos tiene sentido y lo suscribimos:

"Escribiría aun cuando yo mismo fuese mi único y paciente lector, ya que lo que me mueve es tan solo el deseo de autoexpresión".

Y en otra oportunidad recalcaba sobre lo mismo al afirmar que:

"No me interesa la aprobación ni el interés del público y escribo tan solo para mi propia satisfacción. Si se escribe por cualquier otro motivo, no puede existir arte, y el autor profesional es la suprema antítesis del artista".

En concreto, los que escribimos no deberíamos esperar recompensa por eso, pero la realidad es que cuando alguien reconoce lo que hacemos y se ha identificado en lo que ha leído, sientes que tu escritura ha alcanzado su verdadero sentido. Así que cuando un lector te dice que lo que has escrito le parece bueno, sientes que todo ha merecido la pena, te dan ganas de seguir escribiendo, vuelve una especie de renovada inspiración y sientes que no es en vano. Esto no tiene nada que ver con el ego y ese reconocimiento no tiene nada que ver con ser rico o famoso. Hablo de que expresas lo que tienes dentro y sientes que alguien escucha.

Estamos claros en que de la escritura prácticamente nadie vive; al menos no sólo con sus libros pueden llegar al fin del mes y tienen que trabajar en otras cosas para sobrevivir porque la bohemia no paga facturas y los sueños no se comen.

Recuerda, por ejemplo, a Agatha Christie, que trabajaba como enfermera, a Cervantes, empleado en una oficina de seguros, a Chéjov, de médico, a Faulkner, de guionista, a Hemingway y a García Márquez, como reporteros, a Jack London, de minero, a Kafka, empleado en un banco, y a Shakespeare, como recaudador de impuestos; incluso, a Roberto Bolaño como buhonero y a Borges como empleado de una biblioteca. Y eso fue y sigue siendo así, porque dedicarse a escribir no es un negocio, sino una forma de vida; un exquisito y puro placer. Por eso, la mayoría de quienes escribimos y publicamos, no lo hacemos por dinero. Es decir, escribimos durante el tiempo que para la mayoría debería ser de descanso o de recreación, pero que no lo es para nosotros.

P. ¿Por qué una persona se dedica a escribir, pintar, actuar o a cualquiera de las artes?

LO. Javier Marías, en su discurso al recibir el Premio de Novela Rómulo Gallegos, en 1995, dijo que quizás escribamos porque algunas cosas solo podemos pensarlas mientras las hacemos. En fin, unos hablan de vocación y muchos aseguran que, desde pequeños, siempre estaban con sus historias y sus dibujos y sus canciones, pero en verdad es que la respuesta es mucho más sencilla, y aunque algunos estamos comprometidos con la fantasía con la misma valentía y entusiasmo de la juventud, la probabilidad de acabar teniendo una carrera artística, básicamente, depende del dinero, la rutina y la disciplina de trabajo. No obstante, como te dije, hay que comer y pagar facturas, además se requiere una educación para las artes, o al menos una básica... y a lo largo de la historia, esas cosas han estado reservadas a los hijos de los adinerados. Dedicarse al arte siempre ha sido un privilegio y eso no ha cambiado mucho. Al final, la inmensa mayoría de los que pueden dedicarse a esto son quienes tienen una red de seguridad, porque es extremadamente difícil vivir de escribir.

P. ¿Cómo cree que está el panorama editorial?

LO. Complicado; bastante complicado para todos los escritores y para muchas editoriales. Se publican muchos libros, tantos que es muy difícil que el lector se fije en el tuyo, que te elija si no eres uno de los muy conocidos. Pero como te dije, la mayoría de los escritores, lo hacemos porque nos gusta, porque disfrutamos haciéndolo.

P. ¿Qué valora más una editorial?

LO. Tú sabes muy bien que existen editoriales, que, según se dice y cada vez resulta más creíble, valoran a la hora de seleccionar un manuscrito para su publicación, el número de seguidores que el autor acumula en las redes sociales. De manera que esta especie de democratización del acceso a la lectura ha convertido la creación literaria en una derivada de la propaganda del mercado y ha multiplicado la nómina de intermediarios restando relevancia a la obra literaria en sí misma, cada vez menos importante ante la potencia de los intereses de la industria editorial.

No obstante, de hecho, no tenemos que especular: hay escritores de valía que han encontrado en las redes sociales, un cauce de expresión y expansión; muchos son los más jóvenes, pero también algunos que se inician a edad avanzada.

P: ¿Qué se siente cuando terminas de leer un libro?

LO. Cuando terminas de leer un libro y te ha gustado, sientes que se marcha un pedazo que formaba parte de ti; por un rato te quedas mirando a la nada pensando en lo que has leído; incluso, las últimas palabras aún permanecen resonando como un eco.

P. ¿Y cuándo terminas de escribir un libro?

LO. Cuando escribes un libro abres una puerta que te lleva a otra dimensión, a caminos que habían quedado a medio recorrer, a sentimientos, sensaciones y experiencias, que por alguna razón han quedado sin aflorar y que por una acción de la imaginación les da identidad y vida; nos acercan a potenciales narraciones, porque una vez que el libro está editado, no se te escapa por completo y te queda una especie de deseo en ir siempre más allá sin saber, al final de la jornada, exactamente cuál es la razón última de tu esfuerzo creador que te deja un sentimiento de vacío completo porque aún no ha sido leído por otros; incluso no sé cómo ha quedado y me cuesta trabajo darlo por terminado.

P. Existen escritores que a pesar de que no han escrito grandes obras, han tenido mucho éxito.

LO. Por supuesto, solo me refería a los escritores que no fueron impulsados por el cine y la televisión. Este otro grupo que hoy son mundialmente famosos y representan una buena porción del mercado literario actual, no son una muestra significativa del estado de la literatura, sino que la televisión, el cine y hasta los *influencers*, han ayudado con creces a sus *best-sellers*, lo cual ha hecho que la palabra escrita no muera.

P. ¿Podría citar algunos?

LO. Claro, a algunos de los que han ganado el premio nobel, u otro importante, se han beneficiado con la remuneración y la promoción que viene detrás impulsando las ventas de sus obras, las conferencias y apariciones en los medios de comunicación, lo cual les permite un respiro económico y, además seguir escribiendo, porque recuerda que el escritor sigue siendo, a pesar de ser el origen de todo el negocio ligado a la literatura, el eslabón más débil y, paradójicamente, el más prescindible.

Así que algunos escritores han tenido la fortuna de que alguna de sus obras haya pasado al cine o la televisión, donde el que menos, percibe once veces el monto en dinero que aquel que otorga el nobel. A manera de ejemplo, te nombraré algunos siguiendo un orden de menor a mayor ingreso: Rick Riordan quien fue el creador de la saga de *"Percy Jackson y los dioses del Olimpo"* y de *"Los héroes del Olimpo"*. Él ha vendido más de 30 millones de copias de sus libros sólo en Estados Unidos y éstos han sido traducidos a más de 30 idiomas. Dan Brown, el autor de *best-sellers* más afamado de la década pasada, se ubica en el mismo lugar que George R.R. Martin, el escritor de *"Juego de tronos"*. Él está cerca de la escritora inglesa Paula Hawkins autora *de "La chica en el tren"*, a quien podríamos colocar en el mismo lugar del estadounidense John Green y Verónica Roth, autora del *best-sellers* erótico *"Cincuenta sombras"* y así la también estadounidense Nora Roberts, Danielle Steel,

Stephen King, John Grisham y no hablar de JK Rowling, Jeff Kinney y James Patterson, este último con un promedio de 11 libros publicados al año, durante los últimos 10 años, lo cual lo convierte en el escritor mejor pagado del 2016. Todos tienen en común, que sus obras han sido llevadas al cine. Eso, indudablemente, hace la diferencia.

P. ¿Cree que es necesario leer?

LO. Para hablar primero hay que pensar y para pensar adecuadamente, primero hay que leer; pero más allá de eso, leer es una experiencia cultural intensa y receptiva que requiere una formación sistemática y una práctica constante que te mantenga viviendo intensamente cada momento y que te siembre tanta satisfacción, que, aunque el mundo termine pareciéndote poco, quieras vivir más, encontrarte y alargar las fronteras de lo propio y trasladarte a otros mundos para encontrarte y redescubrirte, pero también, es una experiencia que nos transforma. Así que una vida sin leer es una vida aburrida, sin aventuras y sin alicientes.

Leer es algo mágico; es único e inaudito. Es un milagro que damos por sentado y dejamos pronto de maravillarnos. Pero, al leer, nos expandimos más allá del molde al que hemos aprendido a acomodarnos y un buen libro puede decirnos tanto acerca del amor o de la soledad, como un completo estudio sicológico, y una novela puede mostrarnos aspectos de una cultura, un pueblo o un momento histórico tan bien como el mejor estudio sociológico.

Vivimos en un tiempo y un contexto muy determinado y la vida personal, las experiencias propias de cada uno, son siempre muy limitadas; es por eso que la lectura nos abre horizontes y nos permite conocer a personajes y caracteres fascinantes y abrirnos a nuevas experiencias. Y, a pesar de que leer suele ser una actividad individual y bastante solitaria, se nos cruzan en el camino sueños y recuerdos, presente y pasado, retazos biográficos, circunstancias históricas y sentimientos, que nos obliga a tenerlos en cuenta, porque leer es una forma de disfrutar y vivir historias, compartirlas, conversar y hasta debatirlas.

Las historias, literalmente, hacen vivir al lector, lo que el escritor está narrando. El cuerpo del lector se activa y se comporta como si esas historias fueran reales. De manera que leer es un privilegio que, lamentablemente, la mayoría no aprovecha; pero no se trata de obligarse a leer, sino de conseguir disfrutar de ese momento y todos los beneficios que aporta.

P. ¿Se está leyendo menos?

LO. Lamentablemente en nuestras sociedades cada vez quedamos menos gente a la que nos gustan los libros; además, el factor socioeconómico, el estrato social, incide fuertemente en el hábito de la lectura y, así como ocurre en otras mediciones sobre calidad de vida, en lo que respecta a la lectura, las desigualdades sociales son claramente regresivas y persistentes entre los más pobres.

P. ¿Qué otro factor influye en la falta de lectura?

LO. Sin duda, la falta de textos impresos en los hogares impacta en el comportamiento lector, hasta el punto en que más de la mitad de los niños y jóvenes, no leen libros y, esta anomalía, ya se considera como un problema estructural. Pero también, la comprensión lectora, la cual, arranca desde los primeros años de vida, por la falta de estímulos y de contacto con los libros.

P. ¿Existe alguna diferenciación, en cuanto a la intensidad de la lectura, debido al género?

LO. Pues sí, el género, el hogar y otros factores influyen en el déficit de la tenencia de libros impresos y a tener comportamientos lectores, y es así como es mayor entre los niños y adolescentes varones, que entre las mujeres. Los varones tienen una menos propensión a la lectura y registran más dificultades.

P. ¿Por qué?

LO. A los varones les va mejor en matemáticas y a las mujeres, en lengua. Esto tiene que ver con factores socio-culturales. Los varones son más socializados en actividades físicas y deportivas, mientras que a las muchachas les gusta más los aspectos artísticos, culturales y parecer ser más sensibles al mundo de la palabra y lo teatral.

P. ¿Qué se podría hacer para mejorar el hábito de la lectura?

LO. Lamentablemente, el déficit de lectura ha llegado para quedarse y parece que es muy difícil revertirlo. Más que plantear todo lo malo que tiene la tecnología y las pantallas, tenemos que ver cómo a través de la comunicación virtual logramos aproximarnos a procesos de comprensión y estímulo a la lectura, que sean positivos y fortalezcan la importancia del libro. Existe una producción cultural desde el libro que tiene que ver con la imaginación, la creatividad y lo cultural que, si es suficientemente fortalecido en el espacio escolar, puede repercutir favorablemente en el hogar.

P. ¿Qué son para usted los libros?

LO. Los libros no son sólo la suma arbitraria de nuestros sueños y de nuestra memoria, sino que también nos ofrecen el modelo de la propia trascendencia. Algunos creen que la lectura es sólo una manera de evadirse: una evasión de la realidad hacia la imaginación, al mundo de los libros. Los libros son mucho más; son una manera de ser del todo humano; no obstante, hoy son una especie en extinción y su muerte es la de la introspección.

Para mí, los libros son una buena compañía y nada se puede comparar con la lectura. Ellos, los libros, en mi caso y tal vez en el de la mayoría de lectores, brindan paz y emoción, reconfortan y consuelan cuando es necesario. Sin embargo, por encima de todo lo demás, lo que procura la lectura es un alivio puro y duro del caos existente que nos atrapa.

Un buen libro puede ser una experiencia increíblemente positiva que incluso ayuda a aquellos que sufren algún tipo de trastorno emocional; leer se podría considerar como una forma de meditación, ya que requiere de relajación y de plena concentración, porque leer no admite otro tipo de distracciones si lo que quieres es sumergirte en la historia.

Hay quienes leen para divertirse, otros para aprender; incluso para desaparecer o para encontrarse, pero, sobre todo para aquellos que también leemos no solo con el objeto de divertirnos, educarnos o investigar, sino también leemos analizando objetivamente los contenidos y el diseño. Esa es una práctica que he empleado desde hace muchos años; incluso, desde antes de haber hecho el posgrado en edición en la Escuela de Letras de la Universidad Central de Venezuela.

P. Pero en realidad ¿la lectura de literatura es de fundamental importancia?

LO. Por supuesto que sí. En todo caso, lo que, si hace la literatura por uno, es ayudarnos a salir de la incertidumbre intelectual; ayudándonos a comprender mejor el mundo e imaginar uno mejor; es un regalo infinito, una promesa que se cumple siempre. Y como asegura George R. R. Martin: "un lector vive mil vidas antes de morir. El que nunca lee solo vive una. ¡Y nosotros queremos vivirlas y revivirlas todas!".

De manera que la literatura, podríamos decir, posee una salida, es algo similar a la música, uno de los placeres más disfrutados; es un descubrimiento, es un premio y una compañía a lo largo de la vida. Nos permite conocer otros lugares y culturas y provoca empatía hacia los demás, hace experimentar, como ninguna otra cosa, intensas y variadas sensaciones. La lectura es una especie de adicción feliz que, a mí hoy en día, particularmente me tranquiliza más que la escritura y hasta me detengo en muchas frases que, en los años tempranos quizá pasé por alto. Pero a los veinte años, cuando uno está afanado por cambiar el mundo, la lectura de literatura entusiasma incontenibly al incauto que se exponga a su influjo, porque no cabe duda de que suministrará el combustible suficiente para avivar la rebeldía en aquella edad en la que aún somos invulnerables.

P. ¿Uno debe leer para descubrirse de nuevo, más que para encontrarse como era antes de abrir el libro?

LO. Creo que la gente ha dejado de leer así. Y ahora muchos leen en busca del mundo que conoce, para verse reflejado en una historia que identifica como propia, para deleitarse con una copia exacta de sí mismo y no aprender nada nuevo, rechazando aquello que cae demasiado lejos de su entorno. No obstante, la mayoría de los grandes escritores han leído, en algún momento u otro de su vida, un libro que les ha inspirado y ayudado a tomar una decisión o un camino que los ha llevado hasta donde hoy se encuentran.

P. El estadounidense Harold Bloom, aseguró que "lo triste de la lectura, que se realiza por motivos profesionales, es que sólo raras veces revive uno el placer de leer aquello que sintió en su juventud". ¿Qué opina de esa afirmación?

LO. En efecto, como tú señalas, Bloom, con la característica sencillez de su tertulia amistosa, se sacude de seudointelectualismos y explica "cómo leer y por qué". Pero, en todo caso, tanto para los más jóvenes, como para los que ya bien adultos, la lectura ayuda a desarrollar la imaginación, a mantener la mente activa y mejorar, entre otras capacidades, la expresión hablada y la escrita.

La lectura siempre nos trasladará, como te dije, a lugares desconocidos y otras veces, nos regresan al tiempo y sitios en los que una vez fuimos felices; nos protege de la incertidumbre, y fortalece la formación del pensamiento crítico, porque muchas veces percibimos más realidad en lo que leemos, que en lo que se escribe y se vive, porque indudablemente leer es una actividad sumamente enriquecedora. Pero los beneficios de la lectura no se quedan solo ahí, ya que también instruye y permite adquirir conocimientos que ayudan en los diferentes ámbitos de la vida.

Además, como sabes, cuando se lee, la seguridad nos invade, nos permite disfrutar mejor del mundo, a hacerlo cada vez más propio; nos protege y hasta nos brinda información precisa, siempre y cuando elijamos la lectura correctamente. Los libros son para leerlos a fondo y rastrear en ellos sus cuestiones medulares, que son también los problemas fundamentales de lo que existe. Ellos, o, mejor dicho, el amor a los libros y a las palabras adecuadamente escritas, cuando logran atraparnos, engancharnos y hasta seducirnos; nos arrastran y nos salvan de no tener que ser siempre el mismo, porque la lectura es una puerta hacia otra parte y no una encerrona, aunque cada lector es diferente y a cada uno le calza un autor mejor que otro. Pero cuando la historia nos atrapa y nos engancha, termina sumergiéndonos en un mundo de posibilidades, de sueños y reflexiones; tal vez, en un espacio onírico en el que el autor nos invita a pasar, a ser parte de su mundo, a hacernos partícipes de esas historias que imaginamos como posibles, aunque sea en una realidad que solo existe en nuestro interior.

P. Hermann Hesse decía, palabras más, palabras menos, que, para el buen lector, leer significaba aprender a conocer la manera de ser y pensar de una persona extraña, tratar de comprenderla y quizá ganarla como amigo. Y adicionalmente aseguraba que cuando leemos no conocemos solamente un pequeño círculo de personas y hechos, sino sobre todo al escritor, su manera de vivir y ver, su temperamento, su aspecto interior, sus recursos artísticos, el ritmo de sus pensamientos y de su lenguaje., y que el que queda cautivado un día por un libro, el que empieza a conocer y entender al autor, el que logró establecer una relación con él, para ése empieza a surtir verdaderamente efecto el libro. Por eso no se desprenderá de él, no lo olvidará, sino que lo conservará para leer y vivir en sus páginas cuando lo desee.

LO. Estoy de acuerdo con su opinión; incluso, completo lo que a su juicio significa un lector auténtico, y es que ese tipo de lector también es amigo de los libros. Porque según Hesse, el que sabe acoger y amar un libro, quiere que sea suyo, volver a leerlo, poseerlo y saber que siempre está cerca y a su alcance. Dice que tomar un libro prestado, leerlo y devolverlo, es una cosa sencilla y que en general lo que se ha leído así se olvida tan pronto como el libro desaparece de casa. Hay lectores que son capaces de devorar un libro cada día, y para éstos la biblioteca pública es la fuente adecuada, ya que de todos modos no quieren coleccionar tesoros, hacer amigos y enriquecer su vida, sino satisfacer un capricho.

P. También me gusta la opinión de Mario Vargas Llosa sobre los libros. Él dice que ellos nos educan haciéndonos soñar con un mundo mejor que el que tenemos. Ese conocimiento es absolutamente indispensable para tener una sociedad pujante, que no está contenta consigo misma y que aspira a una sociedad mejor. Por eso, la importancia de poemas, novelas y ensayos que contienen un ideal que no corresponde a la sociedad en la que vivimos, el secreto del progreso, que no es otra cosa que añorar aquello que no tenemos y que sin embargo podríamos tener.

LO. Si, una reflexión muy acertada, porque la lectura es un hábito que debemos practicar cada día, no importa si es en formato de papel o en digital y por supuesto, el que lee, eventualmente, tratará de seguir adquiriendo libros físicos, porque ellos son un objeto nostálgico, pero con la misma utilidad de siempre y, aunque adopte formas de entretenimiento variadas, las obras literarias seguirán existiendo.

De cualquier manera, la industria de libros físico ha ganado eficiencia; un libro de pasta blanda (*Paperback*) es económico y apenas es un poco más costoso que un digital. Yo agregaría que los libros sacian la curiosidad, encienden la imaginación y ayudan a construir mundos imaginarios. Ellos son el lugar en el que podemos habitar hasta el último día, nos trasladan a destinos nuevos o conocidos, nos enseñan lugares imaginarios y nos recuerdan o nos muestran cómo es la vida en aquellos lugares. Todas las historias se desarrollan en algún sitio que, a veces, nos sirve para evadirnos sin sentirnos solos, a reducir el estrés, debido a que el lector se abstiene de la realidad y se conecta con un mundo que está más allá que el libro como objeto.

P. ¿En verdad se necesitan los libros?

LO. Bueno, ya sabemos la opinión de Hermann Hesse y de Vargas Llosa y agregaría que a nuestra vida diaria le hacen falta colores y palabras y, los libros, como dicen que hacen los dioses, se mueven por caminos misteriosos. Hay autores que por sus letras hacen doblegar a cualquier persona a ser sujetos de la desnudez de la escritura y, sobre todo, hacen creer que los personajes más importantes solo están en un pueblo, en un cuento, en una novela o hasta en un solo tiempo narrativo. Por otro lado, hay otros que nos muestran que los personajes solo son representaciones de todos los hombres y que bajo la escritura se busca el pretexto para no ser ignorados en ningún momento; en todo caso, los autores son fundamentales en la educación y han hecho que la humanidad sea mucho mejor.

A veces creo que la lectura me infunde por sí solo valor para vivir, y lo ha hecho desde temprana edad y, como la mayoría de lectores, con frecuencia creo que nací leyendo, que nací en cuna de libros. No recuerdo época en que no haya tenido un libro en las manos y con la cabeza abstraída del mundo que me rodea, pero desde luego, la lectura me expande el mundo y enriquece mi vida. No obstante, soy deudor de la lectura, el estudio y la meditación de miles, posiblemente millones, de libros.

P. Tener libros no significa necesariamente que se es un lector, tampoco que han sido entendidos, o incluso, que se hayan disfrutado plenamente.

LO. En efecto, ser dueños de muchos libros no nos hace mejores; pero para algunos, el saberlos cerca y sentirse en su compañía, es una de las cosas fundamentales, una de las pocas que dotan de sentido la existencia. Los libros son ventanas perfectas a mundos e historias de todo tipo, en ellos podemos sumergirnos en cualquier época o dimensión. Con el paso de los años, algunas obras se hacen imprescindibles en nuestras bibliotecas, debido al valor y estructura que poseen para contar y revivir una historia, para tener la posibilidad de releerlos, de leerlos de otro modo, de reinterpretarlos y encontrarles otro sentido, con una mirada más crítica, con nuevos elementos de análisis, o de revivirnos a nosotros mismos y de recordar cómo, aquella trama, nos impactó tanto..., porque, sin duda, hay lecturas que nos marcan, y al volver a ellas, nos ofrecen nuevas revelaciones, las desciframos de una manera distinta a la de la lectura inicial. Hay libros que se recuerdan por las sensaciones y las emociones que provocaron en nosotros; por la forma en que están escritos y hoy lo hacen como un eco de algún suceso que vivimos y ya hemos olvidado o no logramos entender del todo en aquel momento y, en esa relectura, lo redescubrimos y lo reinterpretamos y vemos cómo nuestra perspectiva ha cambiado y comprobamos que nuestra simpatía ahora está con ese personaje que antes no nos parecía del todo claro.

Entonces al releer un libro, de pronto, mi memoria sobre esa narrativa queda cuestionada. Por lo visto, mis recuerdos son imprecisos y a pesar de que mi mundo es otro, sigo maravillándome porque si esto lo he recordado mal, incluso eso o aquello otro, sigo atrapado, aunque de otra manera.

Ahora bien, también tenemos que tener en cuenta que las relecturas pudieran ser decepcionantes, sobre todo, cuando se trata de libros que se tienen mitificados y más, si ese mito se forjó en la infancia.

Leer es tal vez la única actividad realmente transformadora, y muy a menudo, el placer de asomarse a la vida en los libros se acompaña de esa necesidad por adquirirlos y acumularlos sin preguntarnos realmente dónde los vamos a colocar, cuándo los vamos a leer o para qué. Algunos simplemente necesitan físicamente de los libros, no se pueden resistir, si se da la ocasión, a la posibilidad llena de promesas e interrogantes de llevar otro libro a casa.

P. ¿Qué requiere la escritura?

LO. Hábito, porque él es más poderoso que la fuerza de voluntad.

P. ¿Hace esquemas para desarrollar una narración?

LO. Trato de prestarle atención a las cosas con las cuales me cruzo y en ese período de atención de los tipos, costumbres, ambientes y lenguajes sociales, tomo lo que me sirve para pensar y formular una ficción metafórica para, de alguna manera, expresar la realidad velada, intentando llegar al momento práctico de la escritura y desarrollar ideas concretas e ir definiendo, en mi caso, sin un esquema minucioso, cómo deseo plasmarlas. Pero a medida que voy escribiendo, me voy familiarizando y cambiando la narración, porque se me abren nuevas y más atractivas posibilidades con los personajes, con los paisajes y, con las realidades, que voy fundiendo con las ficciones, porque voy tomando conciencia de ser dueño absoluto y con libertad para alterar mis escritos.

P. ¿Le gusta el pasado?

LO. No me disgusta, pero no me emociona. La nostalgia es tramposa y pertenece al recuerdo, así que es mejor que se quede allí, donde aún podemos refugiarnos sin que la realidad la toque.

P. ¿Cuáles serían los verdaderos recuerdos?

LO. Al contrario que las narraciones históricas, la memoria se fija en los detalles del pasado reciente y también de aquel más lejano que nunca se va porque contiene los recuerdos y los sueños; lo que has vivido intensamente y por eso es fácil traerlo al presente y hacer que ese pasado y esté presente, se mezclen, porque en realidad, la memoria es algo sumamente plástico y flexible.

P. ¿Es malo recordar?

LO. No, de ninguna manera, a no ser que nos pase como a "Funes el memorioso", en esa narración de Jorge Luis Borges, en *"Ficciones"*, 1986, tal vez sea un privilegio; no obstante, la memorización mecánica no es un verdadero aprendizaje del contenido.

P. ¿Qué sería aprender?

LO. Aprender es una aventura creadora, algo más que repetir de memoria. Aprender es construir, reconstruir, comprobar para cambiar. Por ello me gustan las diferentes dimensiones que caracterizan la esencia del conocimiento, lo que me puede hacer más seguro de mi propio desempeño.

P. ¿Nos podemos fiar de la memoria?

LO. No del todo, porque, por ejemplo, cada vez que contemos la misma historia, introducimos cambios; no somos capaces de evocar, con exactitud, el mismo acontecimiento del pasado y, en mi caso, no estoy seguro de que sea fiel a mis recuerdos, pues ellos en realidad son pequeñas hilachas de recuerdos antiguos que por lo general son vagos, como relámpagos o visiones fugaces e inconexas cargadas emocional y fantasiosamente, que mi memoria no ha archivado fidedignamente.

P. Sabemos que, durante el sueño, especialmente en la fase de sueño profundo, el cerebro no solo consolida los recuerdos, sino que también hace una especie de reinicio que permite el aprendizaje continuo.

LO. Así es; existen una serie de estudios que exploran cómo el sueño permite que el cerebro mantenga su capacidad de aprender y adaptarse, lo cual es fundamental para la supervivencia. Y, en ese reinicio al cual tú te refieres, entiendo que las neuronas se reconfiguran y se alistan para nuevos aprendizajes al día siguiente. A propósito de esto, investigadores de la Universidad de Cornell, han identificado que, durante el sueño, hay regiones del hipocampo, que están involucradas en el almacenamiento de recuerdos espaciales y temporales, que experimentan periodos de silencio o inactividad, y que ello no es simplemente una pausa, sino un proceso activo de reinicio que es esencial para liberar estas regiones para futuros aprendizajes.

P. Este hallazgo es bastante relevante porque muestra que el cerebro no solo refuerza lo aprendido durante el día, sino que también realiza una especie de limpieza que optimiza su funcionamiento para el futuro.

LO. Estamos claros en que La capacidad del cerebro para reconfigurarse y adaptarse continuamente es una de las razones por las que los seres humanos y otros animales, pueden seguir aprendiendo a lo largo de su vida. Sin este proceso de reinicio, el cerebro podría saturarse, lo que dificultaría o incluso impediría el aprendizaje continuo.

P. Es decir, el sueño no solo fija lo aprendido, sino que también prepara el terreno para futuras adquisiciones de conocimiento. Ahora, ¿cómo no repetirse?

LO. Siempre nos estamos repitiendo; pero si te refieres a no escribir lo que tú ya escribiste, u otro escribió o citó, en mi caso, escribí un libro titulado *"Literatura y escritura (banco de ideas y memoria)"*, el cual trata sobre frases sueltas captadas de mis escrituras, muchas de mi autoría, pero otras tantas de otros escritores, y tienen el propósito de servir de aceleradores de ideas y memoria , para que ayuden a pensar en situaciones y/o entornos parecidos.

P. Sabemos que la literatura no puede cambiar el mundo; ¿será cierto que somos los seres humanos quienes lo cambiamos?

LO. Así es, muchos quieren cambiar el mundo, pero lo primero que debemos hacer es cambiarnos a nosotros mismos. Es más fácil cambiarte a ti mismo que al resto del mundo;

pero si nos negamos a cambiar y sólo anhelamos los principios apasionados y no evolucionamos. Así que la literatura, y el escritor en concreto, no puede cambiar el mundo, pero ella te cambia a ti y de esa manera tú puedes contribuir en cambiar ese mundo; además, como testigo puedes dejar testimonio de los conflictos que vive, y eso es significativo porque como mínimo, la buena literatura te da la clave para mirar de otra manera y te conecta con todos aquellos que estuvieron en el mismo lugar que tú y, por su intrínseca capacidad de hacernos más empáticos. De manera que el principal objetivo de la literatura es ser una fuente de alegría y placer; un vivir más y mejor, ya que no sirven para cambiar el mundo ni hacer a las personas mejores.

Como te dije, los escritores podemos cambiar al lector y hasta salvarlo de él mismo, gracias a esa captura de horizonte más largo, que permite ir más allá, superándonos, sorprendiéndonos y tomando conciencia de que la vida produce sentido y belleza.

Leer es una actividad que nos llama dentro de nuestro ser más íntimo y nos hace mejores personas.

La literatura casi siempre señala lo decisivo, lo fundamental de lo que ocurre, y ofrece la certeza de que el mundo puede ser una bella verdad. Lo humano del hombre también tiene que ver con el sentir y es ahí donde interviene la literatura. La verdad se demuestra, pero también se siente, y la literatura contribuye en sentir la verdad de las cosas; no solo en demostrarla, hay que sentirla, lo cual es como vivirla, porque olvidamos más de lo que recordamos y la literatura nos ayuda a tener memoria, aunque ella, se haga más maleable y dependiente de nuestro estado de ánimo y hasta sea, algunas veces, inventada, construida a partir del intangible reino de los recuerdos y del lenguaje, de la escritura.

En conclusión, la mayoría de los libros no están hechos para resolver el día a día; no sirven para cosas prácticas, pero sin duda hacen la vida más placentera y nos salvan de la cotidianidad; de la rutina. De cualquier manera, la literatura no es suficiente, de acuerdo; pero está visto que ha hecho, y sigue haciendo mucho por la sociedad, a pesar de que es un oficio que te puede arrasar en cualquier momento, pero si no te atreves, nunca serás un buen escritor; en consecuencia, puede y debe usar la literatura para decir lo que desea.

P. ¿Eso significa que un escritor es un ser especial?

LO. De ninguna manera; y si alguno se lo cree debe quitarse esa carga porque, como ocurre con casi todo lo bienintencionado, resulta una noción destructiva y frustrante porque es una trampa que algunas veces es casi imposible evitar ya que todo a su alrededor, especialmente las personas bienintencionadas y las historias que nos cuentan, hablan de ser únicos, de estar destinados a algo, de usar esos talentos y que, un día, ocurrirán grandes cosas que lo cambiarán todo. Pero la realidad es que los escritores no son personas especiales, no están destinados a nada, no han venido al mundo a algo que sólo pueden hacerlos ellos. Quienes se aferren a historias de destino y grandeza es porque necesitan sentir que eso tiene algún sentido, por retorcido que sea, pero deben estar conscientes de que prácticamente todos estamos varados en la normalidad.

No es necesario crear la empresa que salvará al mundo, el libro que lo consolará, la pintura que lo arrebatará o la canción que lo hará moverse. No pasa nada por ser uno más o ser sólo un poquito, eso no es fracasar, es la vida. Está bien no cambiar el mundo. Está bien que miles de personas no estén pendientes de lo próximo que vas a escribir, componer o dibujar.

P. ¿Escribe a diario?

LO. Bueno, escribir todos los días no implica necesariamente páginas y páginas nuevas; de hecho, alguna de las mejores jornadas implica restar palabras en vez de sumarlas.

P. ¿Se fija un plazo para realizar una obra?

LO. No trabajo con plazos. Para escribir, se necesita un tiempo y una maduración en lo personal.

P. Según Henry James, la literatura aspira a reflejar la realidad profundamente, pero no exactamente.

LO. La literatura refleja, en primer lugar, ambientes, costumbres, modos de ser. Pero refleja también un paisaje espiritual, un conjunto de creencias. Y, sobre todo, una personalidad creadora. Así pues, es evidente que dependerá, ante todo, del concepto que el escritor tenga de la vida. Por eso, no cabe prescindir, al hacer crítica literaria, de la visión del mundo que poseen los autores. Por eso, como hemos dicho anteriormente, cada obra da testimonio de su autor y de la época en que fue escrita. A la vez, la obra literaria puede influir sobre la sociedad, contribuyendo a modificarla. De hecho, así sucede muchas veces. De este modo, el escritor y la sociedad se influyen mutuamente.

P. ¿Cómo se inició en la lectura?

LO. Nací y crecí rodeado de libros. Creo que fui un lector precoz y apasionado, así que, cuando aprendí a leer, ya existían muchos libros en la casa materna de mi papá, y en la mía; por supuesto, por la formación de mi padre, en su biblioteca existía muy poca literatura fantástica, de la cual, hoy, soy un convencido de que la buena fantasía es beneficiosa, porque acerca, tanto a niños, como adultos, a la verdad, la belleza y la bondad. Sin embargo, estoy consciente de que esta no es, ni ha sido siempre, una opinión compartida por todos. De hecho, a lo largo de la historia se han alzado voces discrepantes y hoy mismo a menudo se acusa a este tipo de literatura de escapista como forma encubierta de eludir la realidad.

A los siete años, solo porque me gustó la cubierta, saqué de la biblioteca una novela, que pienso fue el primer libro que leí completo, me sumergió en la experiencia más fascinante vivida hasta entonces y que me originó el anhelo y la necesidad de explorar y conocer; se trataba de "La vuelta al mundo en ochenta días", del autor francés Julio Verne; esta es una novela del género de aventuras sobre tres rusos y tres ingleses en el África austral, la cual todavía hoy considero una lectura extraordinaria y obligada para todas las edades.

Cuando mi padre se dio cuenta, me animó a seguir leyendo y me recomendó "Doña Bárbara", de Rómulo Gallegos. No había tenido nunca la ocasión de hablar de literatura con mi padre; claro, yo aún era muy joven, pero creo que a partir de esa lectura empezamos a descubrirnos, a conocernos y, hasta cierto punto, a reflejarnos el uno al otro, a pesar de que seguramente le faltaba tiempo y le sobraban las obligaciones.

Con exacta regularidad llegaban a mi casa las obras "Readers Digest" y lo primero que yo hacía era buscar en sus páginas "La risa, remedio infalible", me gustaba mucho y de paso leía uno que otro de sus artículos.

No tardé mucho tiempo en darme cuenta de hasta qué punto lo que aprendía de mi padre, marcaba mi vida y, aunque era un crítico implacable, alérgico a la pleitesía, también era alguien con el que podías contar y que te alentaba para buscar caminos no trillados. Él me ayudó a guiarme y motivarme; pero la responsabilidad de aprender me quedó a mí, y desde entonces nunca paré, mi vida cambió para siempre a raíz del descubrimiento temprano de esa amistad; de comprender que él, aunque no era un super héroe, me daba lo mejor que podía y fui creciendo en lecturas, pasiones y experiencias que me iban aportado una serenidad interior y un bienestar emocional e intelectual difícilmente alcanzable por otros medios.

Hoy pienso que se fue muy pronto, y no solo porque las expectativas de longevidad hayan aumentado, sino porque ha permanecido siempre de algún modo vivo en mis pensamientos. Nunca ha dejado de estar presente, en mis lecturas, en mi escritura, en mi vida. Pocos he conocido en esa línea que pone siempre el conocimiento como la gran noticia de la jornada, la única a la que deberíamos prestar atención si queremos ser duraderos y destacarnos en una época con sobredosis de palabras, y en la que hasta los analfabetos se sienten con derecho a opinar y hasta corregir.

P. ¿Cómo lee?

LO. Cuando leo me pasa algo parecido a cuando veo una máquina, un instrumento o una herramienta; también cuando visito una fábrica, una ciudad o un edificio, porque soy ingeniero, luego observo como usuario, etc. Algo parecido me pasa como abogado. Ahora, respondiéndote concretamente sobre la lectura, ella también tiene que ver con mi formación y experiencia, lo cual me ayuda a entender a los autores y a mantener viva las ganas de comprender, elemento esencial para mí, como a cualquier otro escritor y editor que se aboca a diario a una diversidad de temas de su interés. A ver, mi primera vista y lectura la hago como editor y en ese momento, con ese rol de editor, y lees a otros, no puedes evitar ir más allá del telón de la obra; de manera que de entrada reviso el diseño de la cubierta, lomo y contracubierta; luego abro, reviso los créditos, diseño, tipo de letra, distribución de capítulos, jerarquización y congruencia de ideas, conceptos, argumentos y planos narrativos, ritmos y trama. En este caso, el comportamiento es inevitable que mires más allá de las frases y pienses en cómo lo habrías hecho tú, en cómo ese párrafo es demasiado largo o corto, cómo se podría haber hecho, tal vez mejor, cómo habrías resuelto tú la trama o construido ese personaje.

En fin, el disfrute de la lectura no se logra cuando se actúa como editor, y muere un poco cuando escribes. Al menos yo, no puedo evitar leer, a veces, una frase como creo que debería haber sido escrita, en lugar de la forma en que está en la página. No es fácil, porque es difícil analizar y, a la vez, leer.

P. ¿Cuánto lee?

LO. No lo suficiente, pero creo que soy un lector generoso, un enamorado de la literatura, aunque tal vez ella no enseña mucho y hasta requiere de una serie de conocimientos previos para entenderla, pero, por supuesto, la lectura y la literatura pueden ser asuntos diferentes y la una no tiene necesariamente nada que ver con la otra; no obstante, estamos conscientes de que la lectura es una herramienta de comprensión y cambio social y la escritura un compromiso con el tiempo y las circunstancias, y mientras más leemos, logramos ideas menos estrechas del mundo y nos hacemos menos vulnerables a ser gobernados.

Cuando era joven y leía sin parar, leía en la Biblioteca de mi padre, en la de la Universidad y en las bibliotecas públicas, leía en las cafeterías. Siempre andaba mirando libros y me pasaba largos ratos en las librerías de usados.

Me hice una buena colección de libros, y cuando salí de mi primera universidad, dejé mi biblioteca. No todos valían la pena; es verdad, pero pocas veces me equivoqué siempre andaba con papelitos en los bolsillos con los libros que quería leer y no encontraba. La nueva lectura que inicié en la Universidad, me había cambiado mi forma de pensar, volando en pedazos mis postulados sobre el mundo y lanzándolos a un terreno nuevo donde todo parecía diferente, donde todo seguiría siendo distinto mientras continuara viviendo en el tiempo y ocupara un espacio en el universo.

De manera que toda mi vida he estado rodeado por libros y fui adquiriendo el hábito de la lectura y, a medida que avanzo en mis estudios y en la lectura, voy ordenando mis ideas. Pero lo que más me gusta es captar el mensaje que quiere darnos el autor, lo cual me permite unir, con sentido, mis pensamientos, conocimientos, capacidades críticas, maneras de manejar el lenguaje y ampliar el vocabulario, aspectos estos que de alguna manera me ayudan a expresar mejor mis emociones y sentimientos.

Hoy puedo asegurar que, para mí, la lectura es un placer, un espacio para el descanso, la evasión y la recreación intelectual. Esta perspectiva de la lectura me ha permitido vivir más y más intensamente; ella es una necesidad individual y social que fortalece mi sensibilidad, estimula mi imaginación y me da una visión diferente de la realidad, aspectos estos que, sin duda alguna, para todos nosotros tiene un gran poder de permanente transformación.

P. ¿Revisa la parte gramatical de lo que lee?

LO. No, no me meto con la parte gramatical ni con la ortotipografía o la eficacia del texto y menos con la corrección de estilo, con el contenido, lo cual es muy propio de cada autor, pero no dejo de pensar y hasta de obrar como editor, de manera que interrogo cada palabra, cada frase sin pretender de ninguna manera cambiar su obra, sino tratando de entender qué está haciendo esa frase justo ahí; ¿es esta la palabra más conveniente? ¿cuáles otras palabras podrían funcionar mejor? Y ¿cuáles son todas las resonancias que tienen esas ideas? También trato de sentir la música y el ritmo de sus palabras y sus silencios. Luego y casi paralelamente, voy leyendo como cualquier lector: disfruto y me dejo llevar, tan inocentemente como sea posible, por la trama sin prestar atención a la técnica, pero como escritor, analizo la técnica y retórica del autor; esta forma de leer es la que más disfruto, porque trato de percibir el mensaje que el autor desea transmitir. Finalmente, al terminar de leer una obra, con alguna regularidad escribo, generalmente para mí, una reseña, más que una crítica, sin destrozar o promocionar al escritor, a la obra o al editor, pero siempre tratando de descubrir un horizonte nuevo para la lectura.

P. ¿Pero entonces siempre que lee lo hace como un profesional de la edición?

LO. No, eso es algo diferente y ni siquiera hago una revisión de lectura, porque eso sería un trabajo y no es el momento adecuado para hacerlo, porque tendría que leer y releer, analizar, corregir y corregir, tachar repetidas veces, volver a leer y hasta pensar si el autor lo ha hecho bien o mal.

P. El afán de muchos progenitores por llevar a sus hijos lo más lejos posible en la vida, aunque eso implique someterlos a retos excesivos para su edad, desemboca en una exigencia que acaba por romperlos emocionalmente y generando una frustración insalvable. ¿Su padre lo obligaba a leer?

LO. No, mi padre nunca me obligó a leer, pero me animaba a hacerlo. Él consideraba que la lectura era, ante todo un placer contagioso que no debía imponerse. Y cuando yo leía, en una especie de charla, nos referíamos a lo leído, aclaraba mis dudas, emitía sus opiniones y me recomendaba nuevas lecturas y autores, que a su vez se convertían en puentes hacia otros libros y autores.

En fin, para mi padre, educar era guiar la reflexión, crear las condiciones para que uno sintiera atraído por la lectura; indicar, pero nunca imponer. Para él, era crucial que reflexionáramos y aprendiéramos a hacer las cosas que queríamos hacer; que leyéramos y soñáramos con un futuro diferente, y no lo hacía para ser correcto, sino porque estaba convencido de que a largo plazo el mundo sería cada vez más exigente, pero no estaba seguro si sería cada vez mejor. "Por supuesto que habrá altos y bajos, como siempre los ha habido. No se acabarán las guerras ni los desastres naturales, pero la tendencia general será hacia el progreso de la Humanidad. Lo que se verá a mediano y largo plazo será una continuación del progreso humano que hemos visto desde que vivíamos en las cavernas", me dijo.

Entiendo que muchos muchachos son impulsados por sus padres a superar retos excesivos para su edad, bien sea en el ámbito deportivo, el de las artes o el intelectual. Eso nunca fue mi caso.

Su guía intelectual se concretaba en la confianza y en el respeto tolerante a mi crecimiento personal.

P. ¿Por qué la literatura?

LO. Vivimos en una sociedad tecnológica que necesita tener trabajadores y consumidores bien educados en esos terrenos; por consiguiente la curiosidad de las personas y sobre todo de los ingenieros, muchas veces nos lleva a eludir la ficción y trabajar con la realidad, y si a eso le sumo el derecho, nos encajonamos más en esa construcción mental en la que habitamos, porque hay muchísimas cosas, sobre todo en la ciencia y la tecnología que nos muestran un camino por descubrir y aprender; un sendero que no está en la literatura; o que están en un ámbito de la expresión escrita más lineal, que no se considera literatura, aunque el placer estético que deparan sea, en muchas ocasiones, superior al de una gran parte de lo que se considera literario, porque no despiertan dudas, sino certezas, a diferencia de la literatura, que se involucra más en lo social y genera una reflexión diferente para explorar el mundo y descubrir o revelar algo, relacionar, combinar, y extrapolar.

No obstante, considero que la educación no está en la escuela; está en la casa. En la escuela hay información, hay muchas cosas positivas, claro, pero la educación es la casa. El gusto por la lectura es algo que surge gracias al ambiente en que uno crece, lo que, en mi caso, la lectura se tradujo en un temprano compromiso y hoy estoy consciente de que al final he sido vencido por la literatura y soy un lector generoso, un enamorado de la literatura, aunque ella no parece tener una obvia utilidad, quizá no enseña mucho y hasta requiere de una serie de conocimientos previos para entenderla, pero la ciencia ha demostrado que la tiene. Leer literatura, una actividad que muchos consideran ociosa o inútil, posee un valor social invaluable, porque nos hace más empáticos, más dispuestos a escuchar y entender a los otros. Las ficciones nos enseñan a nombrar nuestras angustias y también cómo enfrentar y compartir nuestros problemas cotidianos. La lectura es una herramienta de comprensión y cambio social.

La literatura desde siempre refleja la sabiduría de las naciones. Pero hoy en día los sociólogos, sicólogos y los historiadores, podrían preguntarse para qué la literatura. Yo creo que la literatura permite al autor y al lector introducirse en la intimidad de otras personas, lo cual, en ninguna otra circunstancia, se puede obtener. Usted me habla, yo le hablo, pero no sé lo que piensa o siente; ignoro cuáles son sus sentimientos al hablarme. Pero el autor, incluso el escritor, nos permite introducirnos en la intimidad más profunda de sus personajes y entonces nos hace descubrir la pluralidad interior de lo humano. Por lo tanto, hasta cierto punto, la literatura es lectura, y es, o podría ser también, una vía de conocimiento de la realidad; una vía distinta a la tecnología y la ciencia, que simplemente se basa en los hechos y, por tanto, siempre les falta la ficción que es tan esencial en nuestra construcción, porque nos permite entablar una relación más compleja y ambigua con el mundo; y por esa razón, la juventud tiene interés en ella y se han venido adaptando a diversas formas de discurso narrativo, como las novelas, series, cómics, cine y videojuegos; en fin, más allá de cuanto cambien en el futuro los soportes, las tendencias y las modas, a cualquier edad se seguirá buscando historias que, a través de la palabra, consigan emocionarnos, porque nuestras mentes son superiores a cualquier humanoide que formemos.

De ahí que la esencia de la literatura, y del escritor, sea comunicar una visión particular del mundo que, gracias a la lectura, se vuelve universal.

Entonces, estamos claros en que la literatura depende de las palabras y, que, por el contrario, la imagen, como en la televisión y el cine, tiene muchas veces una fuerza emotiva mucho más grande; pero la literatura, nos permite analizar mejor cada experiencia humana. La imagen se fija en el instante en el que la vemos y los sentimientos son los que tenemos en ese momento. Aunque pocas veces lo hago, me agrada ver una película que me comunique con una emoción, pero sí quiero ir más allá de esa experiencia, la literatura me lo permite mejor; es una prioridad que se debe ver como una inversión para desarrollar a un ciudadano bueno y capaz de pensar en la humanidad.

P. ¿Dejaría de leer?

LO. Leer te amplía los horizontes geográficos, y los mentales. También te hace ser irreverente. Cuando leemos ficciones llenamos vacíos y nos hacemos ilusiones, que tienen un campo de operación en la realidad que nos ayuda a entender mejor esa misma realidad, porque nos invita a la reflexión, a la empatía y a la comprensión; amplía, aviva y ejercita la meditación; te invita a la tranquilidad y te da cierta felicidad.

Así que de ninguna manera podría vivir sin literatura; no es una frase mía, pero la asimilo. Para mí, leer es una disciplina cultural, más que una forma de divertirme; es una puerta que se me abre al mundo desde otra perspectiva y hace que ese mundo interior sea un lugar más próspero. La literatura despierta emociones, va al interior de los seres humanos, por lo tanto, una sociedad sin literatura está más expuesta a tragar entero, ella brinda opciones para resolver las diferencias, porque nos enseña que las cosas tienen matices y de esa manera se logra formar un pensamiento más flexible.

P. ¿Definitivamente, ¿hay que leer?

LO. Somos libres de leer o no, pudiéramos escribir o no, pero en realidad, la lectura de literatura, como las novelas, los relatos o los cuentos; la narrativa en general, no nos ayuda mucho en la vida cotidiana, pero nos da claves útiles; una base para que cuestionemos lo que se nos cuenta o lo que se nos trata de inculcar. La lectura nos da muchas informaciones y opiniones que nos hacen pensar, reflexionar, formar criterio y soñar, pero también vivir más y más intensamente y, tal vez encontrar posibles vías que nos conduzcan a algunas puertas que se abran y nos den entrada a un mundo de posibilidades y recuerdos.

De modo que sí, insisto, debemos leer porque, repito, los libros pueden hacer mucho por nosotros; ella es útil, terapéutica; puede hacernos felices y nos provee de los recursos para hacer frente a la adversidad, beneficia tanto al cuerpo como el espíritu y sus efectos pueden equipararse a los de la meditación y la medicina. Los lectores duermen mejor, mantienen niveles más bajos de estrés y depresión y más altos de autoestima que los no lectores. Leer prolonga la vida y nos cambia de una forma esencial.

P. ¿Se lee cada vez menos?

LO. Ese parece ser un discurso permanente y a veces me lo creo y lo digo, pero tengo mis dudas y hasta no concuerdo con esa opinión, sino que me gustaría pensar que, por el contrario, tal vez nunca se ha leído tanto como ahora, nunca se han publicado tantos libros como ahora y nunca ha sido tan fácil el acceso a la lectura como en este momento, y eso es motivo de optimismo. Pero no nos engañemos, porque sabemos que el 86% de libros que se venden (el 30% de libros en stock no lo hacen) despachan menos de cincuenta ejemplares al año, lo cual es poco, pero, por otro lado, me contenta que algunos encuentran un destinatario apropiado y son de alto valor.

Hay un dicho: "no hay nada más viejo que el diario de ayer". Una afirmación para indicar la urgencia de la actualización.

Igual hoy esto se diría de la web de un periódico si no actualiza su titular cada par de horas. El mundo de hoy es, y puede que éste no sea el lugar más adecuado para afirmarlo, un mundo my visual; un ente hiperinformado e hiperactualizado e hipercomunicado. Sabemos o tenemos la opción de saber sobre tantas cosas y en tantas versiones diferentes. Y la información ya no se procesa en binario en clave de derecha/izquierda. Ahora tiene todo tantos posibles sesgos como puntos de vista decidamos consultar, y puede decirse que solamente de la composición de esas diferentes perspectivas obtenemos algo asimilable a una visión objetiva. No obstante, creemos que la gente cada vez lee menos y es muy fácil demonizar las nuevas tecnologías y asegurar que internet no favorece la lectura pausada de textos largos, pero no podemos ignorar que el mundo avanza tecnológicamente y, con él los formatos en los que leemos y algunas editoriales corren el riesgo de quedarse rezagados si no comienzan a pensar en editar libros en forma digital.

Como hemos hablado, la lectura es de fundamental importancia y muchos vivimos inmersos en texto desde que nos levantamos hasta que nos acostamos. Y la lectura por placer continúa teniendo bastante fuerza, aunque quizás menos en las generaciones más jóvenes expuestas más palabrería, frases rotas y mal escritas, respuestas rápidas, navegaciones que dejan experiencias superfluas por las redes sociales que hoy se encuentran en la cúspide de la influencia y que, más que educar, distraen y dispersan; lecturas sin contenido; someras, sin relevancia alguna y hasta ridículas y, como asegura Pérez Reverte: "Las redes son formidables, pero están llenas de analfabetos, gente con ideología pero sin biblioteca, y pocos jerarquizan". Todas estas cosas inciden en que, en la pérdida de lectores habituales, no sólo por la mayor oferta en el empleo del tiempo de ocio, la gran oferta de entretenimiento cultural gratuita en las redes sociales para todos los gustos, todas las edades y todas las condiciones; el uso de los videojuegos y, lamentablemente también por la dejadez en la culturización.

Por eso, la lectura se vuelve una actividad para unos pocos, pues por placentera que sea, es un proceso que implica ciertas cualidades:

reposo, aplomo y disposición. Y de la nada, nunca viene nada, no todo lo que obtenemos con la lectura es exactamente lo que queremos. Quizá sólo un 5% de lo que leemos va a ser aprovechable, y esto es una realidad nada fácil de asimilar. Hay que hacer antes los deberes; los autores, escritores y los editores, deben dar calidad, sustancia y sentido a los lectores, para que forjen herramientas que faciliten más el entendimiento y el disfrute del mundo que nos está tocando vivir. En fin, los lectores nos estamos convirtiendo ya en una tribu casi invisible que aún se interesa por las cosas nuevas que se pueden hacer con las palabras; conversamos con otras vidas, con otras épocas, con otros contextos y nos permite ampliar nuestros horizontes, sin importar dónde o con quién estemos. Cuando entramos en el complejo universo de un libro, vivimos la vida de sus personajes, padecemos sus tristezas y celebramos sus alegrías. Leer es ponernos en el lugar de otro y ser testigos respetuosos de su visión del mundo, aunque no coincida exactamente con la nuestra. Para mí, la lectura y en especial la literatura, es una particular manera de ser, porque me permite enfrentarme a mis y lograr, mediante un acto volitivo, conocer el alma humana a profundidad y encontrar el sosiego que necesitamos para alcanzar la paz interior. La literatura es civilización, cultura y tolerancia, libertad, equidad y hasta justicia. Las emociones, las representaciones, los sentimientos, los valores clásicos de la cultura, los valores del progreso o las creencias, porque en su origen, todo viene de nosotros, de nuestro cuerpo, de nuestras creencias y nuestra mente. Históricamente la literatura ha servido a la modernización de los países. Quien lee libros, quien escribe un libro, apuesta por un sí al progreso y a la modernidad.

Cuando nos gusta un libro queremos indagar más, conocer más del autor, profundizar en su obra, acercarnos a su tiempo y a su contexto y a conectarnos con su propia conciencia.

P. ¿Qué hay de la cultura en general; estamos progresando?

LO. Si, se ha progresado. A pesar de que no comulgo del todo con el espíritu de la democracia, sino que soy partidario de la sofocracia, sin que ello signifique anular a los contradictores, a los rivales políticos o al disenso, la pluralidad y la diversidad, porque, es cierto que la democracia ha ayudado a que estos derechos bajen a estratos que antes carecían de ellos. Es necesario más y mejor educación, porque es la educación la única defensa que se tiene, es la única esperanza y, es por ello, que nos embarga la preocupación por el progreso de la humanidad en los órdenes político social y cultural; por tanto, no debemos desperdiciar las oportunidades para hacer llamadas al rescate de los valores humanos que pueden revertir tendencias anacrónicas, empezando por la educación y la cultura en general.

P. ¿Eso significa que la cultura está en problemas?

LO. En realidad, son las personas las que estamos en problemas, debido a las políticas de austeridad y/o porque a un determinado gobierno no le interese que sus ciudadanos se eduquen y piensen; por eso los políticos atacan a la cultura, porque es más difícil alienar y someter a un hombre culto y educado, porque los ciudadanos auténticos son capaces de pensar y más capaces de resistir y no dejarse engañar por la propaganda política que asegura que van a suceder cosas que ellos, los políticos, saben que en realidad nunca van a suceder; mientras que un Estado con visos progresistas, apoya la educación y la cultura; el progreso.

P. ¿Es difícil el momento que estamos viviendo o podemos quedarnos con algo positivo tanto en el ámbito cultural?

LO. En lo cultural, contamos con excelentes escritores, grandes artistas dentro de la música, el teatro y el cine, de la danza, de la pintura... Estamos en la sociedad del conocimiento y esto conlleva movimientos que impulsan cambios en relación a otros sectores de la sociedad.

P. ¿Y, en el plano político?

LO. Hay muchas cosas positivas, a pesar de que, en efecto, sea un momento difícil. El actual clima político, tan polarizado, nos está haciendo perder la capacidad para discutir de forma civilizada. El tejido cultural de nuestra sociedad se resquebraja, así como nuestra capacidad para tener desacuerdos y, pese a eso, seguir trabajando juntos.

P. ¿Hasta qué punto sería conveniente la modernización?

LO. Hay que tener cuidado con esto. La modernización se ha extendido sin freno por este mundo globalizado, y aquellas culturas que hasta cierto punto la han conseguido, pero que no dispusieron de un periodo de adaptación, la han asumido de la forma más dolorosa, o han desplegado un escudo protector bastante fuerte. Pero esa modernidad va dejando muchísimos rezagados por el camino; legiones de desempleados y excluidos del sistema, regiones enteras del planeta descolgadas del proceso, y un individualismo asfixiante que arropa la vida política y social desde todos los ángulos.

P. ¿Esa modernidad ha venido acompañada de progreso?

LO. No siempre y no en todas las sociedades ni con la misma intensidad, porque en los países subdesarrollados, en el mejor de los casos, lo que ha habido es un relativo "progreso", un proceso de supuesto progreso en el que el ciudadano debe cargar a cuestas las necesidades de educación o salud junto con otros servicios básicos colectivos, que el Estado ha dejado de atender al trasladarlos, sin control ni apoyo adecuado, a los particulares y a las organizaciones privadas, que a su paso van excluyendo a más y más ciudadanos en todas las esferas de la sociedad dando inicio al fin de algo, o tal vez al inicio de otra cosa que se venden como la apertura de una etapa de bienestar y estabilidad que aún no tenemos bien definida, pero cualquiera que sea, es necesario reflexionar sobre ella, interpretarla y asumir una posición, si se puede, la cual debe incluir necesariamente la educación que permitiría ver las cosas con una perspectiva distinta y que sin ella sería imposible la inclusión.

P. Se vislumbra peligro.

LO. Si, por supuesto, si los cambios se introducen bruscamente sin una razonable nivelación educativa y cultural, cada vez se generarán más tensiones intergeneracionales, se incrementa la desigualdad y la violencia y, por ende, se va generando una decadencia, e ineficiencia del Estado y van apareciendo los siniestros intereses agazapados tras las ideologías cada vez más polarizadas entre capitalismo y socialismo.

P. ¿Todo se trata de izquierdas y derechas?

LO. No, de ninguna manera, en realidad la cuestión va más allá de lo que denominamos izquierdas y derechas, porque se trata de diferenciar entre dictadura y lo que muchos entienden como bondades democráticas; no obstante, cualquiera de las dos corrientes puede producir profundas desigualdades que derivan en guerras y catástrofes.

El futuro próximo pudiera traer enmascarada una dictadura más reaccionaria, ya no del corte militar-socialistoide, impregnada de un fascismo obsoleto y violento, sino de un totalitarismo con visos de liberalidad, aparentemente blando y políticamente cuasi correcto, que neutralizará a sus opositores y los acostumbrará a una aparente anormalidad cotidiana controlada por el régimen, que muestra, sin grandes cataclismos, una aparente normalidad que se alimenta de la mediocridad y la ignorancia del ciudadano, para medio favorecer a sus ignorantes y ciegos seguidores, mientras vigila, censura y controla en directa relación con su omnipresencia intangible y progresiva, la destrucción del contacto humano directo, físico y real, sustituyéndolo por el uso controlado de las redes sociales, internet, la banca y el dinero electrónico, el teletrabajo, la telepresencia, los videojuegos de aventuras mesiánicas, las salas de cine virtuales, los actos sociales y culturales online.

P. ¿Cómo entiende la política actual de Venezuela?

LO. Es muy preocupante, porque tiene grandes visos de fascismo y, sin lugar a duda, refleja la falta de orientación, la pérdida de realidad y, sobre todo, el cinismo del régimen y de sus acólitos, que están principalmente preocupados por conservar sus posiciones privilegiadas dentro de la naturaleza del poder político. No obstante, en mis narraciones, trato de dejar un espacio para que el lector resuelva algunas dudas acerca del régimen y la deliberada estrategia de los militares, quienes en realidad son los que ahora ejercen el poder supremo en Venezuela y deciden, con su plena y gigantesca ignorancia e incapacidad, los destinos de la nación, que, en base a los indicadores de inflación, pobreza y empleo, proyecta a Venezuela como la segunda economía más miserable y destruida del mundo.

P. ¿La autocensura es una realidad?

LO. La libertad de expresión debe ser unilateral: las personas con las que no estamos de acuerdo tienen el mismo derecho que nosotros a expresarse, aunque lo que expresen nos perjudique directamente. En general, esa libertad de expresión está cada vez más limitada; y la censura previa condiciona y modera a educadores, escritores, editores, lectores y libreros, hasta el punto en que los hace demasiado precavidos y hasta los convierte en un puñado de miedosos agazapados que cuidan su lenguaje al extremo, para no ofender a nadie, y lo degradan hasta convertirlo en lo que consideran políticamente correcto y que termina domesticando y potenciando la decadencia de la educación, la literatura, el arte, el pensamiento y la libertad.

La censura convive en una democracia como un virus cuya virulencia puede agravarse hasta limitar completamente a la libertad de expresión convirtiendo al ser humano a la frivolidad, la timoratez, la sumisión y la autocensura correctiva y confortable.

P. ¿Estamos en presencia de nuevos inquisidores?

LO. Sí, claro y ellos son fanáticos fundamentalistas religiosos y socialistoides, que a pesar de pregonar el espíritu crítico cada vez más presente en la sociedad, notamos que esos, los nuevos inquisidores, son reaccionarios ideológicos que rechazan abierta e implacablemente la crítica y la libertad de expresión, intentado minimizar la importancia del estudio de las humanidades y de las ciencias sociales en muchas de las universidades, con el propósito de reprimir y silenciar las voces críticas a su supuesta ideología, en la cultura, la política, y los medios de comunicación.

P. Varias de sus narraciones tienen un trasfondo político importante. ¿Considera que la literatura debe ser política?

LO. La obra proviene del autor; su sentir literario necesariamente reacciona de acuerdo a los sucesos sociales, sus prejuicios, la moral, los sesgos y la concepción del mundo; y es por ello que toda expresión artística es política porque lo personal es político, así que la política nos atañe a todos porque son temas de vida que tocan la cotidianidad y la sobrevivencia.

Así, puede ser cierto que algunas de mis obras tengan un cariz político, eso lo dirán los lectores y algunos lo han dicho, como usted mismo, creo, pero lo que sí sé es que no soy un escritor social porque para mí eso tiene el inconveniente de que formularía algo ya sabido de antemano y no existe fuerza moral ni ética que me obligue a comprometerme con una doctrina que no sea, en el caso que nos ocupa, la de la escritura, y ella, la escritura, por antonomasia es libre, es subversiva y es amoral y yo la concibo como desvelamiento, como iluminación o, por lo menos, como revelación y una expresión libre de ideas.

De manera que la escritura social representa éticamente un movimiento de solidaridad, pero en mi caso, esta se da con respecto al hombre que ha existido y existirá. No digo que no se pueda hacer buena literatura política, ejemplos sobran, pero casi toda la que conozco tiene para mí escaso interés, a pesar de que me considero lector sin prejuicios. La literatura política o de intención política tiene muchos seguidores, pero creo que les interesa más la política que la literatura propiamente dicha.

Entonces, de alguna manera mis escritos van organizando lo que recuerdo, mi memoria, aunque sea una memoria un poco distorsionada por esas cosas que no acabamos de saber qué fueron, cómo fueron, que bullen en nuestra cabeza, pero cuyos detalles se nos escapan y, al contrario de *"Funes el memorioso"*, solo nos va quedando la memoria viva, esa que nos ayuda a entender que el pasado es irrecuperable; que ya no existe, que es tan sólo una dimensión del presente y, es por ello que en cada una de mis narraciones hago un balance que me obliga a ajustar lo que estoy escribiendo a mis maneras de estar, de ver las cosas, de posicionarme en el mundo y que ella, mi escritura, responda al interés por el tiempo que estábamos viviendo, caracterizado por una crisis social, económica, política e institucional intolerable; un tiempo en el que la población sale a manifestar y a reclamar una mejor calidad de vida y, los que escribimos, no nos podemos quedar callados observando sin opinar sobre las realidades, aun sin ser necesariamente activistas políticos, aunque muchos que presumen de rechazar la política, hacen, al mismo tiempo, declaraciones políticas.

P. ¿Y dejar de escribir?

LO. Aunque escribir es una forma de vida, podría vivir sin escribir, porque para mí es más fácil prescindir de aquello que aún no existe ni tiene forma, aunque una vez que has empezado a escribir, la pasión por crear no se acaba nunca. Los escritores no nos jubilamos y seguimos escribiendo hasta el final de nuestros días, hasta cierto punto, para dejar constancia del tiempo en que habitamos y de la sociedad en que vivimos, ya sea democrática o dictatorial, capitalista o socialista, proteccionista, experimental, mixta o de libre mercado, militar-socialistoide o sectaria.

Me haces recordar lo que en una oportunidad dijo Jorge Luis Borges sobre eso: "Mientras escribo me siento justificado; pienso: estoy cumpliendo con mi destino de escritor, más allá de lo que mi escritura pueda valer. Y si me dijeran que todo lo que yo escribo será olvidado, no creo que recibiera esa noticia con alegría, con satisfacción, pero seguiría escribiendo, ¿para quién?, para nadie, para mí mismo."

P. La literatura está aislada?

LO. No del todo, porque ella se relaciona íntimamente con la historia, con la política, con la filosofía, con las ciencias, con las artes, en fin, con el ser humano y su sociedad y encuentra rendijas por donde se cuelan preguntas, cuestionamientos y reflexiones; intersticios por los cuales indagamos en ese espacio de libertad. Así los escritores y lectores nos convertimos en observadores amplios y generosos del mundo, capaces de ver detrás de una situación, el complejo entramado que la hizo posible y va generando en nosotros un impulso de insatisfacción y una necesaria responsabilidad de tipo moral, social y político, enmarcada dentro del contexto social.

P. ¿Cree que la literatura desaparecerá?

LO. ¡No, por favor!; no desaparecerá. La literatura existe desde hace mucho más tiempo que las ciencias humanas, la historia, los ensayos, las monografías y los escritos técnicos. Por años, la literatura fue el único medio donde se expresaba el conocimiento del hombre y siempre, a través de sus tramas simbólicas, la literatura ha sido capaz de revelar las ausencias y las fragilidades del ser y generar, de una u otra forma, cambios sustanciales en la forma de sentir y pensar la existencia. Tampoco desaparecerán los libros, como ya hablamos. ¿No sé si recuerdas que Bill Gates, en una visita que le hizo Umberto Eco en su casa de Seattle, una mansión cuyo principal tesoro, según Eco, "consistía en una amplísima y espectacular biblioteca", le explicó a Eco que "los periódicos estaban condenados a desaparecer, pero los libros tenían valor por sí mismos no solo por su contenido, sino también como objetos, y perdurarían en el tiempo"? Yo suscribo esa afirmación de Bill Gates; ¿Y tú?

P. Por supuesto, yo también. Incluso, usted me hace recordar una conferencia de Eco en la Biblioteca Nazionale Baridense de Milán en 1991, en la que discernía entre los tres tipos de memoria sobre la que se construye el gran edificio de la cultura humana. En primer término, la memoria orgánica o animal que remite al relato de los ancianos junto al fuego y a la tradición oral. Le sigue una memoria mineral grabada en la piedra gracias al surgimiento de la arquitectura y en tablillas de arcilla con el nacimiento de la escritura. Y, por último, nace una memoria vegetal, mucho más profunda, silenciosa y revolucionaria, con el desarrollo del pergamino, el papel de trapo y fibras vegetales, hasta desembarcar en moderno papel de celulosa de madera, soporte universal del libro impreso. A propósito, ¿Crees que son costosos los libros?

LO. Para muchos, los costos de los libros resultan prohibitivos y otros, comparan su valor con el costo de una salida recreativa, como ir a comer a un restaurante, ir al cine o al teatro, a un concierto, etc., y ponderando eso, terminan convencidos de que los libros no son relativamente muy caros en comparación con esos eventos. El deseo de los que escribimos y publicamos, es que el placer de la lectura, en su acción de comprar libros para leerlos y conservarlos, no se convierta en otro lujo al alcance de pocos.

P. ¿Qué le gusta leer?

LO. Leo diferentes géneros. Me gusta el cuento, el relato, la novela y la narrativa en general y, como también escribo, leo ensayos, monografías e informes técnicos. Algunas biografías son de mi interés, así como lo es la historia y la geografía. Procuro estar al día en las cuestiones económicas y políticas, en ciencia y tecnología.

P. ¿Qué hay sobre la poesía?

LO. Con este género creo que jamás he podido; no se me da, porque, a pesar de estar consciente de que toda la ficción encuentra su asiento por vez primera en la poesía, no la entiendo y no la entiendo porque no la he estudiado aún, pero lo que si entiendo es que ella está casi en todos lados; en la música, en las canciones populares, en la forma de hablar; etc. La poesía tiene apertura y posibilidad de jugar y de llegar con profundidad al lenguaje, porque hace temblar las palabras que terminan arropándote en una red por donde se fuga el sentido que sostiene la historia. De manera que pienso que hay pocos géneros más adecuados para expresar emociones y sentimientos que la poesía, porque esta puede adoptar diferentes estilos, y temáticas a partir de la elección cuidada de cada palabra, prosa o verso, para que nos llegue y nos alcance como ningún otro registro literario.

P. ¿Cómo selecciona sus lecturas?

LO. Para los amantes de la lectura, quizás escoger un libro, para leer, sea una tarea sencilla y rápida. Conocemos nuestros gustos, sabemos qué temáticas y autores nos tocan la fibra y podemos, con solo echar un vistazo a nuestra biblioteca, saber qué libro queremos leer en ese día. De manera que casi nunca leemos un libro del que no sabemos nada. Si ha llegado a nuestras manos y hemos decidido dedicar una parte de nuestro tiempo a leerlo, debemos tener alguna razón: o conocemos a su autor, o nos interesa el tema, o hemos oído o leído opiniones de otros lectores, o nos ha seducido el argumento, o incluso, no a mí, pero a otros simplemente les ha gustado la cubierta o ella le ha sugerido alguna idea sobre el contenido. En muchos casos, cuando comenzamos a leer un libro sabemos a qué género o subgénero pertenece, y lo hemos elegido precisamente por ello. Con todos estos datos previos, a los que frecuentemente se suma la lectura de la contracubierta, solapas, prólogos, prefacios..., nos creamos expectativas, que luego el texto cumplirá o defraudará.

No obstante, algunas veces me pregunto de dónde he sacado la idea de leer un libro en específico, en qué estaba pensando para llevarlo a la lista, esa lista de pendientes tan abigarrada, que lleva tanto retraso y para entrarle se requieren momentos concretos.

Descubrir autores contemporáneos no es fácil y si no fuese por la conveniencia algo mañosa de estar al día, me limitaría a los clásicos y a autores reconocidos. Pero, como bien sabes, todo tiene sus grietas, y por alguna de ellas se cuelan buenos y malos. Así las cosas, cuando uno se plantea la lectura, con frecuencia recurre a una referencia que nos permite tantear un poco a qué se enfrentará. En todo caso, es recomendable seguir las noticias y los portales que se refieren a libros, por ejemplo, a "Goodreads" y, aquellos a los que les gusta leer literatura, que no dejen de leer mi libro *Los Iniciados*, el cual les recomendará qué leer y a quién leer.

P. ¿Le gusta leer fantasía, misterio y terror?

LO. ¡Claro que sí! La fantasía viene a sustituir algo mágico y misterioso que alimentamos dentro de nosotros, así no nos demos cuenta de ello, porque ella forma parte de nuestra naturaleza, por eso los géneros de misterio, terror o suspenso nos gustan y no van a pasar nunca de moda.

P. ¿Algunos autores?

LO. ¡Claro! No podemos dejar por fuera a H. P. Lovecraft, Edgar A. Poe o a Stephen King, por ejemplo.

P. ¿Cree en lo inmaterial?

LO. Da igual que creamos o no en algo inmaterial. Aunque nos consideremos escépticos, los espíritus sobrevolaron nuestra existencia desde que éramos niños, nos hacían temblar y disfrutar, porque los acontecimientos extraordinarios, nos gustaran o no, siempre estaban en nuestra mente. Por eso, lo mejor será encontrarles forma artística, como han hecho tantos escritores haciéndonos pasar tan buenos ratos.

P. ¿Recuerda los libros que lee?

LO. No, no es fácil, pero a vuelo de mi declinante memoria, creo que las lecturas más productivas a menudo provenían de los clásicos como Dumas, Víctor Hugo, Flaubert, Balzac, los cuentos de Boccaccio, Charles Perrault, los hermanos Grimm, Hans Christian Andersen, Guy de Maupassant a quien la locura le iba ganando terreno, Juan José Arreola, Juan Rulfo, Antón Chejov, Fiódor

Dostoievski, Edgar Allan Poe, H.P. Lovecraft y los de Henry James, así como las novelas de Miguel de Cervantes, que, como don Quijote, me hacían reír, Shakespeare y Dostoievski; este último un tanto tedioso, pero de diálogos filosóficos.

No obstante, mi padre adicionalmente logró que yo hiciera contacto, leyera y discutiera con él "La Metamorfosis", de Franz Kafka, a Adolfo Bécquer, Jorge Luis Borges, García Lorca, José de Espronceda, Rómulo Gallegos, Miguel Otero, José Eustoquio Rivera, Jorge Isaacs, Mario Vargas Llosa, Homero, Giovanni Papini, Máximo Gorki, Gógol, Dostoievski y León Tolstoi, para llorar un poco con su Ana Karenina, entre otros; pero aún retumban en mí las palabras de "Así Hablaba Zaratustra" de Friedrich Nietzsche, una referencia desde mis primeras lecturas y que me dejó una huella imborrable y un sentimiento hacia él, de verdadera admiración literaria y hasta filosófica, disfrutando con cada una de sus narraciones; así fue y probablemente así seguirá siendo porque él ha tenido una honda influencia en el pensamiento y la moral de la sociedad contemporánea, en temas como la tragedia, la historia, la música, el arte y en general los asuntos esenciales de la existencia humana.

Por supuesto, no podía dejar de lado a Pedro Emilio Coll, por aquello de *"El diente roto"* y *"El Cantar de Mío Cid"* con sus hazañas heroicas inspiradas libremente en los últimos años de la vida del caballero castellano Rodrigo Díaz el Campeador. En fin, creo que, aunque la escritura de la mayoría de los autores es diferente, todos escriben con su propio estilo, y muchos de ellos son muy buenos, lo que significa que no hay una sola forma de escribir un buen libro.

La memoria es algo muy constitutivo de la persona humana. Somos muy memoria y alguien que la pierde, pierde también su identidad personal, como ocurre con los enfermos de Alzheimer que no pueden encontrarse a sí mismos. Y del mismo modo que existe una memoria personal de lo que hemos vivido, también existe una memoria cultural.

No todos somos buenos recordadores, pero de cierto modo cualquier persona se reescribe, se reinventa, se recuerda a voluntad; no obstante, pienso que nunca debemos fiarnos de la memoria porque, con frecuencia, y a la larga, solo recordamos dónde leímos una obra, o cómo era la cubierta. Pero por lo general nos cuesta recordar el argumento. En fin, el caso es que la memoria de aquellas lecturas es casi nula, aunque guarden una cierta sensación positiva, ese poso que queda de algo leído y totalmente olvidado pero que todavía guarda el resto de un aroma o los lugares en los que se ha leído; sin embargo, cuesta mucho más recordar qué libro se leyó en qué lugar, quién era el autor, o el argumento. Aunque a veces se recuerda que tenía la cubierta de determinado color o que era una edición de pasta dura. Es decir, conservamos recuerdos de la sensación física de leer, pero poco de aquello que se ha leído.

Al respecto vale recordar una frase de Friedrich Nietzsche:

"La ventaja de la mala memoria es que se disfruta de varias ocasiones de las mismas cosas como si fuera la primera vez."

Hay afortunados que son capaces de recordar libros, pero para la mayoría no; incluso, la fiabilidad de la memoria es casi (o sin casi) nula o inexistente y hay algunas razones científicas para explicar esto, y tienen que ver con lo que se llama "curva del olvido", que es la velocidad con la que olvidamos, y que es más intensa durante las primeras 24 horas después de haber aprendido algo, a no ser que se repase. Eso explicaría que los libros que se leen de un tirón se olviden más fácilmente porque no se ha hecho trabajar a la memoria de recuperación sino la memoria de trabajo y, de esa manera, no hay repaso. En parte siempre ha sido así; pero esa memoria que llamamos de recuperación, es ahora menos necesaria, ya que, gracias a Internet, la memoria de reconocimiento es más importante. La posibilidad de tener el acceso a la información hace que no haga falta memorizarla. La "curva del olvido" es la velocidad con que olvidamos, y como aseguraba Jorge Luis Borges en *"Funes el memorioso"*, "la memoria infalible es una carga pesada. Como un castigo" y en su cuento *"La memoria de Shakespeare"* recalcó que "los recuerdos ajenos invaden nuestra memoria y desplazan nuestros propios recuerdos".

En todo caso, las historias que relatamos sobre nosotros mismos sólo pueden narrarse en pasado. El pasado se remonta hacia atrás desde donde ahora nos encontramos, y ya no somos actores de la historia sino espectadores que se han decidido a hablar.

P. ¿Pero es realmente importante la memoria?

LO. ¡Claro!, tanto para los humanos como para las sociedades, la memoria es fundamental. ¿Cómo olvidar el pasado si estamos hechos de él? Por eso la memoria histórica es tan importante. El pasado de todos nosotros es nuestro mito personal mediante el cual retrocedemos en el tiempo y lo reconstruimos con recuerdos sesgados, interesados incluso, y olvidos que nos permiten existir porque hay cosas que se olvidan, a pesar de que con ellas construimos lo que somos. Es un mito. Nuestro pasado y nosotros mismos somos mitos que nos contemplamos frente al espejo todos los días.

La memoria es algo frágil, voluble, delicado; algo que "aparentemente" no tiene fondo y de donde se sacan cosas que constituyen, en este caso, la literatura. La memoria es como una sinfonía, con frases, con tonos y, a pesar de que la mayoría de los que escribimos no somos músicos; todos escribimos; en primer lugar, para nosotros mismos, para crear una posibilidad de seguir leyendo lo que se repite mientras cambia. Por supuesto, terminamos influyendo en la vida de los lectores; excavando túneles entre las personas y, en mi caso particular, teniendo en cuenta que todas las obras escritas reflejan la memoria del acontecer histórico, social y cultural.

P. De manera que todo depende de interacciones ágiles y constantes entre la percepción y la memoria, entre lo vivido, pensado, viajado, leído y escrito.

LO. Así es; de cualquier manera, los recuerdos, siempre alterados por esa memoria débil y porosa, nos hace evocar el pasado y sentirnos identificados con él pues sigue presente en quienes somos ahora y en lo que seremos en el futuro, aunque a veces se convierte en una especie de continua sorpresa porque, en ese pasado, nos encontramos a nosotros mismos y nos descubrimos en medio de este presente continuo en el que vivimos. Ese ahora siempre inaprensible, siempre en movimiento, que está lleno de interés, pero a la vez, inevitablemente siempre lleno de recuerdos, aunque algunos, es cierto, ficcionados.

P. ¿En ese sentido, es importante la historia?

LO. La historia es importante en la literatura; de ella viene la información que se interpreta para nuestras narraciones. Pero sabemos que los vencedores suelen ser los dueños del relato y, por lo tanto, quienes tienen el poder de eliminar o difuminar los matices en lo que luego aprendemos como la verdad absoluta. De cualquier manera, puede que no nos guste esa información relatada, pero debemos conocerla de todos modos.

P. En la prosa de todos los escritores existen fuertes rasgos autobiográficos. Entiendo que la suya está impregnada de una magia contagiosa igualmente perceptible en sus obras de ficción y no ficción.

LO. Por lo general, con este tipo de ejercicios, los escritores no buscan narrar la verdad sobre sus familias ni escribir una biografía familiar, sino aprender a ficcionar usando verdades y elementos que ya se poseen e inventar las historias que nunca se podrán saber, y hasta mentiras que son verdades y verdades desdibujadas por mentiras. Así que eso es lo que hacen muchos escritores que tratan temas familiares: intentar comprender, intentar imaginar, construirse una historia que quizás no sea exactamente la real.

Pero si, escribir, como te dije, también es memorizar, porque todo el tiempo estamos haciendo memoria y hasta cierto punto nos convertimos en autobiográficos en crecimiento, tal vez con menos ingredientes de ficción, porque nuestro pasado va ensanchándose y hasta podría acabar sucumbiendo al poder de la ficción, y solo nos va quedando el continuo suceder de instantes presentes, como las enseñanzas que encontramos en Proust en su obra *"En busca del tiempo perdido"*.

P. ¿Es la autobiografía una herramienta que el escritor emplea para recordar?

LO. Yendo más allá de la memoria sobre lo que leemos, muchos creen que el hombre es aquello que recuerda y, de ser cierto, también es lo que fue; y como se ha vivido en los momentos en los que la literatura ha estado estrechamente vinculada a lo personal. Por ello, están surgiendo nuevas palabras como autoficción para designar algo que, aunque ha existido siempre en la literatura, como es lo autobiográfico, hoy es una corriente literaria que pesa de forma especial y prácticamente todos los escritores la emplean.

De manera que la autoficción se ha convertido en un fenómeno literario internacional que ha pasado a engrosar las listas de publicaciones y paralelamente, ha generado un encendido debate crítico- literario y parte de la crítica literaria se ha ocupado a teorizarla o a controvertirla. Convertido ya en etiqueta, el término es perfectamente reconocible por el lector avezado, aunque sus contornos parecen no estar todavía bien definidos, o sea, carece de una definición estable y por ello han proliferado otros conceptos similares como autoficción, autobiografía, novela autobiográfica, biografía de ficción; incluso hasta algo que denominan "escrituras del yo", la cual no es necesariamente factual que reconoce el carácter esquivo de la subjetividad y ubicar al sujeto en un permanente cuestionamiento.

P. En varias de sus obras; digamos *"Alucinando"* y *"La virgen vendida"*, narra situaciones como si fuera a la vez imaginaria y posible o improbable y real. ¿Con qué nos quedamos?

LO. En efecto, en ellas se emplea la hibridación, de pertenencia genérica ambigua donde el juego entre veracidad y verosimilitud genera narraciones que subrayan las inconsistencias de cualquier relato del yo y serializan algunas estrategias narrativas muy sugerentes. En mi caso, como ingeniero, es un tema al cual recurro porque con alguna frecuencia desafío el proyecto realista en favor del dispositivo ficcional.

P. ¿Relee sus escritos?

LO. Releer lo escrito es hacer un recorrido por esa especie de cosmología intelectual y literaria en la que nos sumergimos más temprano, pero que en realidad, muta con nosotros como un espejo anclado en una época tal vez convulsa y brillante, que fue capaz de emanciparse de su tiempo para mostrarnos una dimensión del presente, sin dejar de permitirnos volver a algo que, con el paso de los años, ya se había nublado en nuestra memoria y que muchas veces no deseamos revisitarlo para que no se rompa el encanto de un tiempo pasado que seguramente se quedó allí y tal vez hoy estemos más lejos de él, aunque todavía comprometidos con la eterna búsqueda.

La mayoría de autores y escritores se releen, se sorprenden, se critican, se corrigen, se copian, y, eliminan frases, oraciones y capítulos, alterando y alternando las palabras ya escritas, inventando sentimientos y vinculándolos a narraciones inéditas posteriores, lo cual no quiere decir que no es original solo por el hecho de proponer reescrituras de lo ya escrito y fundar mundos desde la modestia programática.

De modo que es en la segunda lectura cuando nos damos cuenta de verdad de cómo está estructurada la obra. Escribir y al cabo de unos meses o de años volver a leer las narraciones, es un viaje agridulce a la memoria que se tenía de ese escrito porque, por una parte, nos enfrentamos a nosotros mismos, a nuestros fantasmas, a un texto que quizá no nos guste tanto; un texto, que, aunque consideremos que lo escribimos bien, ahora le podemos encontrar imprecisiones y gazapos y hasta podríamos llegar a pensar que hoy lo escribiríamos mejor; incluso, como decía Fernando Del Paso: "cada vez es más difícil hacer literatura original", pues le da la impresión de que todo está dado, de que queda muy poco por hacer. En realidad, normalmente me gusta reencontrarme con mis viejas narraciones, como ocurre con mi vida, encuentro diferencias y similitudes y aún soy capaz de identificar, en ese libro, lo que me llevó a escribirlo, y al recordar la construcción de una narración siento que en algunos aspectos he evolucionado y que estoy más preparado para escribir que en ese entonces, pero que en otros hay cosas que perdí.

P. ¿Relee lo escrito por otros?

LO. Con frecuencia releo a autores que considero poseedores de diverso talento y mucho oficio; por ejemplo, la literatura antigua con obras como *"Edipo Rey"*, *"Antígona"*, *"La Ilíada"* y *"La Odisea",* son textos que hoy aún nos entregan lecciones sobre las pasiones humanas, sobre las relaciones de los hombres, sobre la vida en sociedad. De manera que pienso que, aunque vivimos en el siglo XXI, todavía estamos escribiendo como en el XIX y el XX. La literatura parece no avanzar mucho ya que, aunque vivimos en el presente, renunciamos, en cuanto a literatura, a arriesgar nuevas hipótesis literarias y es por ello que lo que escribimos hoy es muy parecido a lo que se hacía entonces.

Después de haber ingresado a mi primera universidad fue cuando empecé a releer y en lo sucesivo regresaría una y otra vez a esos libros que se habían convertido en mis íntimos compañeros, y no solo por el placer de la historia en sí, sino también para comprender aquello por lo que estaba pasando en ese momento.

Así me vi leyendo de forma distinta. Conseguí muchos libros que había leído y volví a leerlos, y me di cuenta de que, independientemente de la historia, del estilo o la época, el drama central de una obra literaria casi siempre radica en la naturaleza interna del ser humano: el miedo y la ignorancia que genera, el misterio con el que nos envuelve. También comprendí que lo que hace que un libro nos conmueva es una figuración de la existencia humana, con la escisión superada, las partes reunidas, el ansia por conectar funcionando a pleno rendimiento; de manera que, y terminé creyendo que la literatura no es un recuerdo del logro de la plenitud del ser, sino del esfuerzo que hacemos por conseguirla.

P. ¿Cada vez que se relee un libro se encuentra diferente?

LO. La relación de un libro con el lector depende del momento y, también, de otras casualidades; eso forma parte de nuestro poder creativo y, aunque el libro no cambia, a algunos de ellos le damos el raro privilegio de la relectura, porque piensas que él te amplió tus horizontes o porque nos produjo, en su momento, un efecto medicinal, contrapesando instantes de dolor, soledad, amargura o desasosiego; quizá entusiasmo o tranquilidad. La mayor parte de las veces esas pequeñas historias pasan al olvido por intrascendentes, pero como lectores, queramos o no, algunos de esos libros no serán nunca solamente aquello que nos contaba su autor, sino ese mismo texto enredado para siempre con un trozo de nuestra vida, el objeto y la lectura que nos acompañó justamente en aquel momento y es por ello que cada lectura es diferente y depende mucho de nuestro estado anímico, nuestra edad, la época en la que vivimos, nuestras circunstancias de vida.

P. ¿Entonces, le gusta releer?

LO. Siempre podremos regresar a los autores que formaron parte de nuestra educación. Soy poco aficionado a las relecturas, pero hay libros que merecen una segunda vuelta, apartar sin miramientos las novedades y la lista de pendientes, y dedicarle tiempo a una obra que ya había leído, una de esos que me dejaron huella. Repito, es cierto que a veces han pasado muchos años y las sensaciones no son las mismas y ahora las veo de otra forma.

Por ejemplo, el *Zaratustra* que leemos a los doce años no es el mismo que leemos cuando tenemos veinte, cuarenta o sesenta; además, vamos a estar claros en que hay que estar muy despierto y muy lúcido, bien concentrado, para leer a Friedrich Nietzsche y seguro que quedaremos maravillados con su prosa; lo mismo pasaría si releemos a Agatha Christie, Cervantes, Conan Doyle, Conrad, Homero, Montesquieu o a Virgilio, por citarte algunos clásicos.

Pero ya sabemos lo que sucede con las lecturas; uno olvida los detalles. Así que teníamos que comportarnos de acuerdo a la edad. No hay un solo lector ni un solo libro y hay un libro para cada edad, para cada estado anímico y no hay que pintarse canas. Tomando la frase de Heráclito, creo que "nunca bajamos dos veces al mismo libro"; somos nosotros los que cambiamos e incluso, es hasta conveniente que algunas obras las leamos cuando alcancemos el grado necesario de madurez, o a que encontremos un periodo de tranquilidad. Pero una obra que merezca ser leída ha de leerse al menos dos veces, y de ser posible sin pausa, para no dar tiempo a que actúe el olvido, y créame, existe una sensación de plenitud al terminar la segunda lectura. Por consiguiente, un libro que leímos no permanece unido para siempre solo a lo que existía en torno a nosotros; sino que incluso, sigue estándolo también a lo que nosotros éramos, y ya solo puede volver a tener sentido mediante la sensibilidad, mediante el pensamiento, por la persona que éramos. En fin, repito, releo porque no es lo mismo leer a Kafka, Erich Fromm, Hermann Hesse, o a Friedrich Nietzsche, a los veinte años, que a los setenta. A veces cuando releo, tengo la sensación de que estoy leyendo un libro distinto; y así es.

P. ¿Qué libros de literatura ha releído?

LO. ¡Uf! Muchos, por ejemplo, *"Así habló Zaratustra"*, *"Más allá del bien y del mal"*, *"El anticristo"*, *"La gaya ciencia o La genealogía de la moral"*, de Friedrich Nietzsche; *"El Lobo Estepario"* de Hermann Hesse, *"Gog"*, de Giovanni Papini, *"Doña Bárbara"*, de Rómulo Gallegos; *"¿Podrá sobrevivir el Hombre?"*, de Erich Fromm, *"El arte de Amar"*, también de Fromm, *"El Jinete del Bucentauro"*, de Gustavo

Iriarte y estoy por atreverme a releer el *"Ulises"* y unos cuantos de autores más recientes.

P. Entiendo que "La gaya ciencia", siempre ha sido muy cuestionada por los religiosos.

LO. Si, claro, porque en esa obra hace una crítica hacia la metafísica cristiana y señala que el cristianismo crea un ideal inexistente acerca del mundo y la vida que le habita y asevera que esta religión es una ideología para las personas débiles y de moral dudosa y vulgar. De manera que contrario a lo que plantea la religión, en *"La gaya ciencia"* declara que el cristianismo es el culpable de que los seres humanos no sean libres.

P. Pero Nietzsche, mediante ese texto, también deja sobre la mesa la muerte de una fuerza ordenadora del caos y el azar, la pérdida del eje central.

LO. Así es; incluso él también deja en evidencia la sicología que rige la figura del hombre y con esa obra pienso que cierra su periodo negativo y abre paso hacia su etapa alternativa en la cual intenta construir nuevos valores.

P. Ya que mencionó al *"Ulises"*, confieso que no he podido con esa obra. ¿Por qué quisiera usted releerlo?

LO. Es un atrevimiento, ¿verdad?, porque se le considera "El libro más peligroso", yo lo considero un libro difícil, pero lleno de humanidad y sencillez que exalta el ser de una persona común en un día corriente de esto que llamamos vida. Aunque lo cierto es que su simbolismo épico me pareció pesado, está basado en *"la Odisea"* de Homero y llega a tener tantos personajes, que se me hizo casi imposible seguirle el hilo sin una libreta de apuntes. Sin embargo, me dan ganas de releerla, porque es una obra de difícil lectura y comprensión y seguramente, como sucede en cada relectura de las buenas narraciones, encontraré algo que en las otras oportunidades pase por alto.

P. ¿Cómo clasificaría usted el *"Ulises"*?

LO. El *"Ulises"* es una obra inclasificable que, como *"El Quijote"*, es una gran comedia. El propio Joyce reconoció en una ocasión a Samuel Beckett que quizá se había equivocado en su empeño por sistematizar la novela con todos esos esquemas explicativos que suelen acompañarla y que a menudo, más que guiarlo, corren al lector. Pero sin duda, es una narración viva y llena de humor, irreverente, transgresora, excesiva, que en el fondo da testimonio de la experiencia del hombre con alegría e ingenuidad, pero indudablemente que también es un ladrillo bien pesado, difícil de seguir leyendo, pero brillante, llena de sorpresas y en que el lenguaje ya no es solo un instrumento, sino también quizá el protagonista.

P. Dentro de este universo disímil de los lectores hay dos escuelas que se diferencian con claridad: los que subrayan los libros y los que no. ¿A cuál pertenece usted?

LO. Existen muchos lectores que parecen tener muy buena memoria y se fían de ella y, gracias a su retentiva y a su capacidad de atención, consideran semibárbaros a quienes subrayan los libros.

Yo subrayo solamente los míos, y lo hago porque considero que dentro del conglomerado uniforme de letras que compone una página, una palabra o una frase me llama la atención; me saca de la cadencia de la lectura y, frase o palabra que me gusta o me parece sugestiva, la subrayo, porque dice algo mejor o diferente de lo que yo hubiera podido hacerlo y ella aparece como una nota discordante dentro del pentagrama uniforme, todo lo armónico que se quiera, que compone el texto.

Lo que termino subrayando constituye una ayuda de memoria para una relectura; es un recuerdo de ese que fuimos, que éramos, en el momento en el que leímos esas páginas, por eso cada nueva lectura puede suscitar nuevos pasajes señalados. De manera que subrayar es una manera de señalar lo que, en ese instante, interpeló nuestra sensibilidad o nuestra atención o nuestra imaginación. Es un esfuerzo por retener lo fugaz.

Es también una manera de señalar lo frágil que es el conocimiento; y es, por último, una señal secreta para evocar la importancia de la escritura y para justificar su creación, para regalarnos un porqué de este misterio casi inefable que constituye la escritura, sucedáneo sin par de la memoria.

P. ¿Lee uno a uno o varios libros a la vez?

LO. Varios a la vez, alternando la lectura entre dos, tres o más títulos y por lo general combino narrativa con ensayos, monografías y trabajos de investigación. Una por placer y los otros para mantenerme al día, debido a mi vena técnico-científica y, dentro del género narrativo, para mí es habitual pasarme de la novela al cuento o al relato; incluso entre subgéneros, dependiendo del momento y de dónde esté. Si pierdo la concentración, o estoy por abandonar la lectura de un libro en particular, porque no me está gustando y aún no me he decidido a dejarlo, me paso de un libro a otro, lo cual, por lo general me ayuda a terminar la mayoría gozosamente inevitable.

P. ¿Ha abandonado la lectura de algunos libros?

LO. Por supuesto. A veces basta una página, incluso un solo párrafo, para comprender que la historia que estás a punto de leer nunca va a conectar contigo. Y menos aún la forma de contarla.

En mi temprana juventud y aún hoy, con frecuencia me embarga una mezcla de culpa y alivio, de resignación y liberación, de negligencia y determinación, cuando abandono la lectura de un libro al tercio, con la sensación de que era una autentica tortura, forzado, empalagoso o demasiado largo, aburrido, complejo; su prosa me parecía árida o no entendía nada, no conseguía conectar con la historia ni con los personajes; en fin, no me gustaba, no me atrapaba, no me encajaba en lo que esperaba de ese obra, el tiempo pasa, pero en las páginas no gran cosa. Leía un par de líneas y me ponía a pensar en lo que fuese, avanzaba otro renglón y se me volvía a ir la cabeza, cualquier palabra servía para enganchar ideas que desviaban mi atención, hasta que decidía dejar esa lectura, a pesar de que, como sabrás, siempre queda la sensación de dudar si la opción elegida ha sido la adecuada, si tantas críticas positivas pueden ser contrarías a la propia y nos dejan algo reacios a abandonar lecturas y hasta podríamos sobreponernos y acabarla haciendo un esfuerzo ímprobo, no al disfrute, la intriga ni a ninguno de los elementos que sirven para fidelizar al lector; pero, sí, aun así, me reafirmo en mi decisión de abandonarlo, sobre todo cuando tenemos lecturas pendientes, tiempo disponible limitado y no somos lectores obligados.

P. ¿Puede darnos unos ejemplos de los libros que has abandonado o le ha costado mucho terminar de leer?

LO. Abandoné *"En busca del tiempo perdido"*, de Marcel Proust, pero eso no fue definitivo, porque considero que él fue uno de los escritores más importantes del siglo XX y que influyó decisivamente en la literatura universal. Un maestro del lenguaje cuyo uso de metáforas, simbolismos e imágenes dio una fuerza especial a escritores posteriores como Hemingway, Joyce, Eliot, Nabokov o Virgina Wolf y, a mí, particularmente, a temprana edad me permitió entender que el pasado solo continúa viviendo en un objeto, un sabor o un olor.

P. Si, por cierto, *"El Libro Guinness de los Récords"* le otorgó el reconocimiento a esa novela por ser tan larga. Entiendo que tiene más de un millón doscientas mil palabras en un poco más de tres mil páginas.

LO. Esa novela pasó mucho tiempo en mi biblioteca sin que terminara de leerla, aunque más tarde, cuando leí otras de sus obras, aprecie mucho su exploración de la realidad a través de la ficción y volví a tomar *"En busca del tiempo perdido"*, y esta vez la terminé y ello se debió, tal vez, porque encontré su ritmo, a pesar de que ella no tiene mucho argumento. Valió la pena, pero hay mucha gente que no debe ni intentarlo, sobre todo, aquellos que sienten la mínima satisfacción literaria por finiquitar libros y alardeen de ello, como si fuera un gran hito.

P. ¿Esto quiere decir que es un verdadero reto leerla?

LO. Sin duda es un reto para muchos. Desde luego, la gran mayoría nunca leerá las siete obras que requirieron muchos años de esfuerzo y una asombrosa capacidad de descripción, quizá rayana en lo patológico, sobre todo para describir lugares y personas, de aquel París decimonono, lleno de placeres y frivolidad, de modas y superficialidades, de encuentros y desencuentros, que hace, a veces difícil, seguir la trama que no es sencilla.

P. Mucha gente piensa que es el modelo de la pesadez y la lentitud estrafalaria.

LO. En mi opinión, una de las características que se desprenden, de la lectura de Proust, es su explicación minuciosa, detallada y rigurosa que celebra el desvío del origen, pero no el fin; también su manera de hibridar géneros, de alegrarse, tal vez con maldad, de un percance sufrido por alguien en el trágico encanto del desamor; de describir, de esconderse en la metaficción, de ocultar su homosexualismo. En fin, creo que la lectura de sus obras es divertida y requiere mucha paciencia; su obra es para pensarla, no es de espectáculo y efectismo y estoy convencido de que él es uno de los escritores más importantes del sufrimiento y que nos hace recordar a Nietzsche, al revelarnos que lo mejor suyo se lo debe a su enfermedad.

P. ¿Ha abandonado alguna otra?

LO. Hice muchos intentos por leer *"Finnegan's Wake"*, de Joyce, que tal vez por eso tardó 16 años en escribirla, así como la *"Odisea"*, cuyo vocabulario era para mí bastante desconocido y sus referencias, directas o indirectas a la Dublín de aquella época, eran difíciles de entender sin estar en los zapatos de Joyce. Algo similar me pasó con el mítico *"Don Quijote de la*

Mancha" de Miguel de Cervantes, que también abandoné muchas veces, porque igualmente me obligaba a consultar el diccionario con mucha frecuencia, ya que a cada momento me tropezaba con el español antiguo y ya en desuso; pero años después, finalmente disfruté de los giros y palabras de esas obras profundamente críticas de la sociedad y hoy hasta avanzo tratando de progresar con la lectura de la novela *"2666"* de Roberto Bolaño, tal vez porque algunos de los que difieren de mi opinión sobre esa novela, dicen por ejemplo que fue considerada como uno de los 10 mejores libros de ese año por el New York Times Book Review y por la New York Magazine, y como el número uno por la revista Time. Y, finalmente confieso que William Faulkner terminaba cansándome, especialmente *"El ruido y la furia"*. *"La Biblia"* y *"El Coram"* fueron muy pesados, pero aún hoy los consulto, pues tienen aspectos que quiero comprender mejor, ya que mis primeras lecturas se basaban en los relatos que me divertían, es el caso de Ruth. Y, para darte una opinión diferente a la mía sobre esto, recordemos lo que Jorge Luis Borges dijo en una de las entrevistas: "Si un libro les aburre, déjenlo, no lo lean porque es famoso, no lean un libro porque es moderno, no lean un libro porque es antiguo. Si un libro es tedioso para ustedes, déjenlo", Ese "permiso (...) lean mucho, no se dejen asustar por la reputación de los autores, lean buscando una felicidad personal, un goce personal. Ese es el único modo de leer".

P. ¡Bastantes!

LO. Pues sí, incluso podría agregarte a "*Paradiso*", de José Lezama Lima, la cual me pareció muy autobiográfica y "*La saga/ fuga*", de J. B. Gonzalo Torrente Ballester, aunque le encuentro un socarrón y buen humor, así como su capacidad para la parodia y la sátira y algo de realismo fantástico. Tengo que retomar la lectura de "*Yo confieso*", de Jaume Cabré, la cual me está pareciendo una conmovedora historia sobre la sombra del mal y la posibilidad de redención que recorre los episodios cruciales de la historia occidental.

Sin embargo, hay quienes, si se esfuerzan en terminar de leer los libros para después poder criticarlos. De cualquier manera, a algunos de los que escribimos se nos hace necesario leer ciertos autores y hasta nos sentimos casi obligados a seguir leyéndolos y llegar al final de sus libros, como que por lealtad y hasta algo de fe.

P. ¿Qué influencias ha tenido en sus escritos?

LO. No sé. Debo tener a muchos autores y escritores absorbidos, al menos por la inoculación. Es complejo rastrear fuentes fidedignas de influencias. Cuando uno empieza a pensar en los autores y obras que nos han influido, en general trata de acudir a las referencias más cercanas, a aquellas obras que últimamente le han gustado más, o más le han conmocionado. Pero ¿hasta qué punto un autor ha sido influenciado realmente por ese gusto más reciente que tiene que ver con la coyuntura personal de los últimos años? Quizá se esté más influenciado por obras leídas a temprana edad, pero estamos conscientes de que toda escritura lleva la marca de otras escrituras que se hacen presentes como el eco de una voz.

P. ¿Qué podría unificarlas?

LO. Los escritos se conectan entre sí y por lo general, cuando escribimos, coincidimos y reflexionamos con sensibilidad emocional sobre conceptos filosóficos, sociológicos, culturales, económicos y políticos, cada quien, con los suyos, en los recuerdos de las ciudades que habitamos, los amigos que recordamos y ya no vemos y las lecturas de esos textos que aceleran nuestro pulso y parecen hablarnos directamente y cualquiera de estos motivos provoca cierta querencia por ubicar las temáticas de las obras en entornos conocidos, ya sea por pretextos de revisión de orígenes o de evocación, más o menos obligada y narrada luego ficticia, o realísticamente, incluso hasta fantásticamente, por cuestiones creativas, de recuerdos pasados, algunos llenos de misterio, de aclaración de circunstancias familiares, cierre de heridas o indagaciones.

P. ¿Pero algún lugar común tiene que haber?

LO. Claro, que lo hay, porque así lo vemos en momentos reconocibles de cualquier género literario, porque todos se pueden volver repetitivos, y los escritores también, porque al tener algo que narrar, la historia puede, en algunos casos, encontrar la forma de hacerlo y escapar de lo convencional, sin que ello signifique rechazar el apoyo de quienes saben más que tú, que te nutren para dar paso a tus textos; porque detrás de cada autor, hay necesariamente un gran lector, un espíritu dedicado a las letras.

P. ¿Habría que romper la relación de influencia con otros autores?

LO. Hasta cierto punto, pero no podemos desconocerla y fingir que nunca la hubiéramos tenido. Claro, lo fundamental es buscar el propio carácter de autor y abrir paso, reconocer ideas más originales y potentes y para ello, una buena ayuda es la experiencia, la reflexión sobre la realidad.

Te voy a leer una frase de Jorge Luis Borges que va en línea con lo que estamos hablando: "La originalidad es imposible. Uno puede variar muy ligeramente el pasado, cada escritor puede tener una nueva entonación, un nuevo matiz, pero nada más. Quizá cada generación esté escribiendo el mismo poema, volviendo a contar el mismo cuento, pero con una pequeña y preciosa diferencia: de entonación, de voz y basta con eso".

P. ¿Es la literatura del pasado, algo superado?

LO. No acepto el encierro en una escritura cultural limitada al pasado, sino que guardo la esperanza de que otros textos y autores, como por ejemplo la Generación Z y Millennials, cumplirán su turno en el reemplazo del escenario cultural del presente en el que se combine, sintetice, presente y sustraiga perspectivas muy diferentes sobre sus crisis, su refinamiento y hasta con su violencia; un presente que, posiblemente, ya sea tiempo pasado que goza de una intacta eternidad retrospectiva, pero que no pretenda sistematizar la pluralidad de lo diferente.

P. En varias de sus obras, a la hora de resolver delitos, aparece la figura del comisario Colmenares Zambrano, siempre desde una especie de anonimato, en un pasar desapercibido que parece más bien involuntario, producto de una personalidad muy peculiar y que conocimos inicialmente en su novela *"Los extorsionadores"*. No me acaba de quedar claro, pero parece una persona más bien aburrida, poco dado a las ilusiones o a cualquier acción que tenga algo de espectacular, pero en el fondo pudiéramos considerarlo como su vehemente detective que nos recuerda, en cierta medida, a

Sherlock Holmes o los libros de Agatha Christie, Gaston Leroux y tantos otros. ¿Algún otro personaje es repetitivo?

LO. Si, el comisario Colmenares Zambrano es un personaje secundario que tipifico en *"Los Extorsionadores"*, en *"Alucinando"*, y en varios cuentos y relatos. También está presente en la novela *"La virgen vendida"*. El comisario Colmenares Zambrano es por lo general un policía noble, intelectual, sumamente sensible, introspectivo, solitario, caprichoso, con tenacidad de hierro y no se rinde. Él es un heterónimo creado por mí y representa un buen ejemplo, gracias a sus conocimientos y honestidad que aúnan la deducción y lo intuitivo.

De manera que el comisario Colmenares Zambrano es una especie de prisma que empleo para explorar el mundo; a él le puedo adjudicar mis opiniones, mis gustos… creo que cada lector puede leer como quiera mis narraciones donde aparece este comisario, las puede leer incluso desordenadas. Pero en orden, el lector puede ver el inicio de su personalidad y apariencia física en *"Los Extorsionadores"*. En el volumen 3 de *"Puro (s) cuento (s)"*, vuelvo al comisario Colmenares

Zambrano con entusiasmo nuevo y tratando de lograr un equilibrio entre misterio y tensión, con una prosa que permita una lectura fluida y el regreso a ese detective carente de compasión y empatía y que si, en el fondo también es como tus señalas: poco dado a las ilusiones o a cualquier acción que tenga algo de espectacular.

Para que tengas una idea más exacta sobre el comisario Colmenares, te recomiendo un pequeño libro que titulé *"Casos del comisario"*.

P. ¿Tiene vigencia la narración detectivesca?

LO. La narración detectivesca siempre ha mirado a las personas sin poder. La ficción funciona a modo de denuncia de este sistema, o son herramientas supeditadas a la trama de la historia. La narrativa detectivesca, así como la negra, es la arena para explorar estos temas. Y debatirlos. Pero no desde un lugar que pretenda evangelizar a las personas, sino sugerirlo y que brote desde abajo. hay fundamentalmente un crimen, una investigación y una resolución.

P. También hace referencia a un personaje llamado Teodolindo Salpicado.

LO. Si, así es. Contrariamente al comisario Colmenares Zambrano, también aparece el comandante Teodolindo Salpicado, un mandatario caracterizado por su torpeza, agresividad y por ser la cabeza de un régimen que ha devastado, con sus decisiones políticas y económicas arbitrarias, a los habitantes de Bartoleé, un país tercermundista ficticio, que también he creado y aparece frecuentemente en mis narraciones.

P. ¿Cuál es su autor favorito?

LO. Es una pregunta muy difícil, pero la respuesta es que no tengo ningún favorito, aunque admiro a tantos que sería engorroso intentar enumerarlos. No obstante, confieso que me gustan menos los historiadores que los literatos, sin embargo, entre los venezolanos, disfruto mucho los escritos de Inés Quintero, los de Rafael Arráiz Lucca y también leí con interés la obra de Manuel Caballero y estoy consciente de que muchos historiadores han incorporado a su trabajo la narrativa, incluso, a menudo, los autores del género narrativo buscan inspiración en acontecimientos históricos.

Nunca me han atraído los escritores muy publicitados ni los confinados en una sola forma de cultura y escritura. Siempre he evitado pertenecer a alguna comunidad. Vuelto hacia otros horizontes, he intentado siempre saber qué sucede en todas partes. Esa es la ventaja de haber nacido y educado en un medio "cultural" privilegiado; de ahí esa sed de peregrinar a través de las literaturas y de las filosofías. Pero bueno, tratando de responder mejor tu pregunta, por lo general siempre encuentro, en mis lecturas, diferentes estructuras narrativas, algunas muy interesantes por la manera en que desarrollan una trama. Hay algunos autores con los que me he sentido muy afín, pero ya no recuerdo si es con su obra o con alguna de ellas, ni hasta qué punto; es una cosa de tiempo y confieso que en mi juventud me interesé por los discípulos de Schopenhauer y mi autor favorito fue Friedrich Nietzsche y lo reconozco como uno de mis maestros y tal vez mi mayor influencia temprana, porque me pareció profundo, desafiante y simbolizó para mí los valores irreductibles de la fusión entre vida, filosofía y literatura y hasta me jactaba de ser de los pocos que se interesaban por él, lo cual no tenía ningún mérito, dado que mis indagaciones debían conducirme inevitablemente a él. Si le cito este ejemplo es porque a partir de esa época me puse a reflexionar sobre la condición de Nietzsche, destinado, forzado a la universalidad, obligado a ejercitar su espíritu en todas las direcciones, aunque no fuese más que para escapar a la asfixia de su momento. Por otro lado, tanto Giovanni Papini, Hermann Hesse y Erich Fromm son autores interesantes desde el punto de vista filosófico y que dejaron huella en mí y los recuerdo más que a muchos de los discípulos. Pero en general, como te dije, en particular no tengo un autor favorito, pero me ha gustado leer a Paul Auster y a su mujer Siri Hustvedt, a Philip Roth y a Vargas Llosa, aunque Roth ya se fue y las últimas narraciones de Vargas Llosa han estado más que de costumbre plagadas de palabras y giros peruanos tan desconocidos como sorprendentes para los que no compartan origen con él y el argumento sea bastante simple, al menos en apariencia y no han llenado mis expectativas, a pesar de que este gran autor de altísima calidad técnica, poderosa y particular ambición literaria, es, además, un gran lector y crítico literario que cuenta con un premio Nobel y una gran cantidad de publicaciones, sigue activo y es uno de esos valores seguros con una producción constante y una temática reconocible.

P. ¿Se sigue a un escritor a lo largo de su carrera literaria, o se abandona en algún momento?

LO. Claro está que el éxito popular masivo también tiene sus inconvenientes, como, por ejemplo, un escritor ha alcanzado ya una cierta fama y posee un público lector amplio, que le sigue con fidelidad; de manera que, en ese caso, no es aventurado suponer que los lectores, en general, seguirán pidiéndole el mismo tipo de obra y si los defrauda, es fácil que sus ventas desciendan y que le acusen de haber traicionado su auténtica línea, de que ya está en decadencia... A la vez, cualquier escritor vivo sentirá la necesidad íntima de renovarse, de abrirse nuevos horizontes estéticos y vitales.

A veces, también es verdad, esa ilusión se desvanece y el gran escritor nos decepciona, porque se repite, porque esta vez no acertó o tal vez se ha dejado llevar por el éxito y se ha desorientado escribiendo como forzado en el peor sentido, con diálogos tontos, tramas de sencilla resolución, y situaciones y narraciones comunes para la mayoría de los lectores.

P. ¿Entonces, que recomendaría?

LO. Que mantenga el éxito pegado al fracaso: es lo que hará que un escritor este en equilibrio. Es así como esa cercanía con el fracaso lo mantendrá humilde, porque la humildad, otro componente esencial de las grandes transformaciones, nos hace tomar consciencia de la finitud, de la grandeza que hay en nuestros actos más mínimos, y de una persistente intención de acompañar a los demás, nutriéndonos mutuamente.

P. Hay lecturas complicadas que ameritan atenciones especiales.

LO. Claro, por ejemplo, como muchos, necesité hacer un árbol genealógico para no perderme en *"Cien años de soledad"* de Gabriel García Márquez.

P: ¿Qué otros autores le han gustado?

LO. Me agradaron las obras de Jorge Luis Borges, Ernesto Sábato, Alfredo Iriarte, Plinio

Apuleyo Mendoza, William Faulkner, y Rómulo Gallegos y disfruté enormemente las narraciones de Umberto Eco, como por ejemplo "*El nombre de la rosa*"; también a Alejo Carpentier, Isabel Allende y los de Gisela Kozak Rovero, Carlos Sandoval; incluso algunas de Laura Restrepo y Carlos Ruiz Zafón. Flaubert tal vez fue quien me inoculó las ganas de escribir, pero cuando me puse a escribir ya no fue lo mismo, dejé de admirar a muchos de ellos y a apreciar a otros. Muchos de los que me han gustado o me gustan, no los he mencionado; por supuesto, este listado es enunciativo y no quiero hacer, en este momento, un tratado sobre los autores y escritores que leo o he leído; para ello escribí "*Los Iniciados*".

P. Por cierto, al leer su libro "*Los iniciados*" noté que, a través de diferentes voces y miradas, usted construye un cuerpo de realidad, una obra coral que desborda los límites del relato convencional para enmarcarse en lo que se denomina una narración heterogenérica, una literatura a partir de fragmentos, que sólo podría ser entendida si se piensa como una máquina abstracta, invisible, que se apoya en una escritura breve para señalar algo que la excede, pero cuya realización es imposible.

LO. Pues sí, es una obra ambiciosa en su estructura y en su técnica narrativa; una mezcla de ensayo y narrativa realista que alterna voces y tiempos, en un territorio de ficción; un territorio híbrido para el que no tenemos fórmulas previas que no se encuentran fácilmente, lo cual, por supuesto, la prueba es que en este caso, valiéndose de ella, trato de dar un paseo por el mundo de las ideas y el de los hechos sin querer no querer, dejar mucho en el tintero, al menos poco de lo disfrutable y nada de lo recriminable.

P. Me pareció bastante fiel a su manera de escribir. Usted construyó esa historia a base de piezas sueltas, que según se articulan van mostrando un buen porcentaje del propio escritor. Vi que el humor y la ambigüedad están siempre presentes en esa obra y, por supuesto, son consustanciales a su identidad, y su fluidez.

LO. Creo que es una lectura obligada, incluso para el lector más exigente.

P. Sí, es una obra dinámica y entretenida al mismo tiempo; trufada por conceptos simbólicos y políticos, pero con una carga atractiva y exquisita, en la que el constante cambio de voces y puntos de vista, así como su brevedad, y el empleo de frases cortas y expresiones coloquiales, hacen que la narración sea ágil.

LO. Bueno, para el beneficio del lector, empleé los recursos narrativos de modo que no se tenga que lidiar con párrafos complicados ni saltos temporales confusos ni ninguna otra filigrana. Traté de emplear la sencillez como ariete de la escritura, a pesar de que es sabido que lo sencillo no es siempre lo fácil.

P. No obstante, me da la impresión de que es una narración cuyo formato limita las posibilidades de réplica y contrarréplica y que impide un mayor desarrollo teórico; pero bueno, en todo caso creo que los "no iniciados" nos sentimos cómodos con sus textos breves en los que prima la inmediatez y que no se devora, no pierde el ritmo del eje narrativo, a pesar de la multiplicidad de voces y de tratarse de una obra de género nada ortodoxo, llena de reflexiones sobre la escritura y en la que los epígrafes de numerosos autores juegan un papel determinante.

LO. Muchas de las referencias son un juego inventado que se manifiesta mediante la indeterminación o experimentación genéricas y la combinación de géneros de escritura, además de una escritura digresiva compuesta por mini historias prácticamente independientes, cada una con su propia trama y unidad espacio temporal y sólo tangencialmente relacionadas a través de alguno que otro personaje que reaparece en más de una oportunidad en el territorio de una ficticia tenida de inspiración primordialmente literaria y artística en general, en la que oblicuas conexiones no forman necesariamente una narración lineal y coherente, sino que subrayan, por un lado, la naturaleza casual y no causal de la narrativa, la importancia del azar en la configuración de las historias y la índole episódica de ese encuentro de escritores, sus obras, pensamiento y sus vidas; y, por otro, permiten vislumbrar una contingente interconexión latente.

P. Empezó a gustarme de verdad, pasadas unas pocas páginas iniciales, porque me costó cogerle el tono, porque *"Los Iniciados"* es un libro que no tiene una lectura lineal o cronológica, pero lo bueno es que ha sido construido con fragmentos de extensión variable, casi microrrelatos, ligados por unas coordenadas biográficas, espaciales donde usted trabaja con las teorías físicas actuales de los espacios temporales paralelos, pero sobre todo con coordenadas literarias que hacen gala de unas formas, de un estilo apabullante y deslumbrante, que hace avanzar la narración con líneas paralelas y saltos temporales, cambios de escenario y de actores; con lenguaje coloquial, con introspección, erotismo y humor. El entorno de sus épocas está perfectamente puesto en perspectiva, las obras escritas y la filosofía de los autores, las relaciones personales como elemento vertebrador en rara ocasión aparecen personas solas, las instantáneas suelen ser multitudinarias apareciendo reuniones, comidas, conversatorios y un sin número de etcéteras.

LO. Lo valoras muy bien.

P. Creo que su valor se eleva hacia lo enciclopédico y que su modo de empleo idóneo es mantenerlo en la biblioteca y acudir de vez en cuando a él en busca de algún elemento inspirador de nuevas lecturas. Relacionar los nombres de todos los personajes que pueblan estas páginas resultaría extenuante e injusto, pero ¡vaya una muestra a efectos exclusivos de la excitación lógica de la curiosidad de los lectores!

LO. Estoy consciente de que requiere leerlo muy despacio para internalizar la actualidad de los temas frente al soporte teórico de las opiniones de los múltiples personajes y fragmentos que aparecen y que he tratado que lo hagan con absoluto equilibrio, trenzando algunos de ellos con sutileza y cierta elegancia, sin dejar que el conjunto coja ritmo narrativo, dejando una constelación de fogonazos, algunos completamente anodinos, otros que amagan con formar una historia, que en vez de cuajarla, dejo que se bifurque, que genere unidades independientes donde algunas prosperan y otras quedan sin desarrollarse, enroscadas sobre sí mismas.

P. En fin, creo que, *"Los Iniciados"*, es una lectura interesante, pero no sencilla; es una novela que exige complicidad e intensidad lectora.

LO. Lo nuclear y más importante para mí es el enorme conocimiento que en esta Obra se muestra sobre importantes escritores.

P. Demuestra un alto conocimiento de los autores y de sus obras y, pienso que, para conjugar debidamente todos estos elementos, usted se desdobla en un narrador que con sabiduría y mano de artista va hilando adecuadamente las distintas piezas, que le permite realizar diálogos sabrosos que de otra manera habrían quedado en meros soliloquios y habrían dado al libro más el aspecto de un ensayo que el de un ameno libro literario. Y es que, efectivamente, pese al enorme cúmulo de información y conocimientos que se desprende de este deambular por las obras y la vida de esos escritores, encontramos un tono no pocas veces simpático, humorístico incluso, que hace muy digerible lo profundo contenido en algunas reflexiones.

LO. En fin...

P. Mario Vargas Llosa dice que él escribe relatos para librarse de sus "demonios", y Javier Marías, asegura que en ocasiones se comprende mejor el mundo o a nosotros mismos, a través de figuras fantasmales que recorren las novelas, o de esas reflexiones hechas por una voz que parece no pertenecer del todo al autor. ¿Qué conclusiones saca de esas palabras?

LO. En el fenómeno humano de la creación literaria y en el de cualquier trabajo creador, en general se conjugan elementos racionales, fácilmente explicables, con otros irracionales, misteriosos, que hunden sus raíces en el subconsciente y resulta muy difícil aclarar. Naturalmente, la proporción en que se combinan los elementos, varía según los casos concretos, en cada autor y en cada obra; pero en el fondo, no debe carecer de una mínima unidad de forma, argumento, personajes, acción o pensamiento.

De manera que no es infrecuente el caso de un escritor notable que, personalmente, resulta mucho menos interesante que sus libros; y que, desde luego, es perfectamente incapaz de explicar lo que ha hecho o intentado hacer en su labor creadora, tal como sucede con muchos músicos o artistas plásticos, pero incluso los creadores más conscientes como Vargas Llosa y Javier Marías, citados por ti, o los que son también grandes críticos, reconocen con facilidad que su creación sólo en parte obedece a estímulos racionales. Por eso no tiene nada de raro un fenómeno que suele desconcertar a algunos lectores.

P. ¡Significa que un crítico literario pudiera explicar o describir una obra mejor que su propio autor?

LO. No necesariamente, pero, aunque una obra literaria está abierta, por definición, a una pluralidad de lecturas, estoy seguro que por lo general no es capaz de crearla, pero estoy consciente de que él tiene la obligación profesional de "comprender" y dispone de un lenguaje adecuado para hacer explícito lo que está en la obra que está criticando. Pero si, puede darse el caso de que un crítico ilumine al propio autor sobre su obra, porque ésta fue realizada, en gran medida, de un modo intuitivo, irracional; y el crítico, si es certero, puede iluminarla, pero nunca sustituirla, pero goza de la ventaja y el inconveniente, a la vez, de una mayor distancia con relación a la obra.

Y, en cualquier caso, todos conocemos ya, a partir de Freud, el enorme papel que desempeña el inconsciente en toda creación artística.

Por último, esta ambivalencia razón — sinrazón de la creación estética, explica de sobra que las valoraciones y preferencias de los lectores, incluidos críticos, sean profundamente subjetivas. En definitiva, lo que cuenta a la hora de elegir nuestros autores favoritos, no son sublimidades estéticamente demostrables sino afinidades electivas, y es de esa manera como se produce siempre el diálogo silencioso que es la auténtica lectura.

P. Algún ejemplo de esas valoraciones subjetivas?

LO. Bien conocido es el ejemplo de "*El Quijote*", en el que sus contemporáneos vieron sólo un libro cómico, la sátira de las novelas de caballería. Después, el Romanticismo alemán, sobre todo, abrió el camino a las interpretaciones modernas que lo ven como libro serio, para pensar más que para reír. A partir de ahí, las interpretaciones se suceden: Herder lo consideró como la novela de la salud moral; Turgueniev lo contrapuso, como emblema de la fe, al Hamlet, héroe de la duda y el escepticismo; Unamuno se declara, quijotesco y no cervantista; para Ortega, encerró el problema de la cultura española y más recientemente, construyen a partir de él su teoría de la novela contemporánea; Lukács y Girard; Marthe Robert y Arias de la Canal le aplicaron la lente psicoanalítica; Ramiro Ledesma le dio una interpretación fascista; Ricardo Aguilera, la marxista; Gonzalo Torrente lo vio como un juego, etc. En todo caso, según las edades física y mental, a unos dará risa, a otros, motivo de meditación y a algunos, consuelo irónico.

Muy claro es también, a estos efectos, el caso del "*Lazarillo de Tormes*" que gira en torno a un niño ingenuo que, debido a las adversidades y complejidades que atraviesa, se convierte en un joven pícaro que lucha por sobrevivir. Es un relato en primera persona en el que Lázaro cuenta la historia de su vida desde su infancia. De esa obra, la mayoría tenemos la experiencia infantil, probablemente, de habernos reído con las burlas recíprocas que traman Lázaro y el ciego. En este nivel se quedarán siempre algunos lectores, que contribuyen a hacer de esta obra algo permanentemente popular, aunque resulta ser complejísima y de permanente actualidad, tanto desde el punto de vista de la evolución formal del género novela, como si vemos en ella un documento estremecedor sobre la religión y el honor en la España del Siglo de Oro.

Así, pues, la obra literaria pide, por definición, una pluralidad de lecturas, que correspondan a sus diversos niveles de significación. Además, eso se produce de acuerdo con los individuos; incluso, en el caso de una misma persona, según las épocas de su vida y los momentos. Como hablamos hace un rato, todos tenemos la experiencia de releer un libro, diez, veinte treinta y hasta más años después, y hallar en él cosas nuevas; por supuesto, el libro no ha cambiado, somos nosotros los que leemos con todo lo que han ido dejando todas nuestras experiencias vitales.

P. En cualquier caso, las referencias a los autores y escritores, que usted llama invitados a la tenida, no abruman, sino que, por el contrario, invitan a tratar de bucear en su literatura y hasta en sus vidas. Finalmente, el texto, por su extensión, puede parecer un ladrillo, pero aquí entran en juego sus habilidades literarias ofreciendo al lector una trama mínima, que vertebra y ameniza el contenido sin apartarnos de la línea expositiva y lo que queda es la sensación de que estamos ante una obra de plenitud y dominio del oficio, que como dije, tiene la particularidad de mezclar anécdotas con tramas y subtramas, presente con pasado, denuncia y acidez no exentas de preciosismo, personajes de potente personalidad que aparecen de manera breve pero intensa que irrumpen en la narración rompiendo su estructura para dejar constancia del torbellino de ideas que inundan la mente del lector en relación a la literatura y al mundo que la rodea.

¿Escogió La Grita por alguna razón particular?

LO. No, el núcleo de la historia la situé en La Grita, pero pude haber escogido cualquier otra ciudad, pero quise narrar algunas cuestiones históricas culturales de una ciudad de los andes tachirenses, en la que un conjunto de personajes se entrecruza, se encuentran y desencuentran en medio de una tenida. A partir de ese momento central, hice saltar la narrativa para mostrar cómo la vida de esas personas las llevó hasta ese momento, mediante la literatura, que es el hilo que los une.

P. ¿Y sobre lo largo de la obra?

LO. Hay una obsesión por la longitud de los folios de una narración, como si eso fuera importante. Escribir es un proceso interminable y siempre es muy difícil saber dónde se mueven las aguas finales de una narración. Mis procesos son largos, y a pesar de que soy duro conmigo mismo, me cuesta seguir la recomendación de algunos en que "menos es más".

P. Me encanta su estilo, todo espontaneidad y franqueza y colocando el sarcasmo exactamente en el lugar adecuado, y por encima de todo, completamente libre para contar lo que le da la gana, para irse adelante y atrás sin previo aviso, para dedicarse a una digresión genial interrumpiendo completamente el relato hasta que le apetece volver a él, intercambiando el punto de vista en una misma frase, asumiendo de pronto la voz de un personaje, interpelándole o dirigiéndose al lector.

LO. Pues sí, en efecto, en esa obra heterogenérica, pero sobre todo metaliteraria, cuyo fragmentarismo hace que la lectura sea más ligera, con saltos en el tiempo y en el espacio que la transforma en contemporánea y que, a pesar de su realismo casi absoluto, tiene mucho de ficción. Es una especie de GPS que permite orientar al lector en la producción cada vez más vasta y profusa de la literatura, haciéndole dar un viaje literario en el que la narración salta, a través de fragmentos parciales, de y sobre cada uno de los personajes, sus obras, sus pensamientos y su filosofía, dotando la narración, que en principio debería ser incongruente en cuanto a los tiempos, tratando de que la narración tenga una coherencia armonizada. En fin, busqué que mediante la reconstrucción de los mecanismos mentales de los autores, que entrelazan episodios literarios y culturales, muy alejados en el tiempo, los lectores pudieran descubrir detalles que les permitieran entender sus narrativas, las cuales expuse tratando de no cometer excesos interpretativos, que todo lo referido a ellos fuese real, o con muy poca ficción, y que la figura que surgiera de ello, fuese prácticamente creada por el lector y permitiera recrear obras de autores de alta originalidad, de esos que dejan huellas en la imaginación imposibles de olvidar. Por estas razones, quise escribir ese libro como una serie de múltiples y diversos mensajes y con la intención de provocar, en el lector, su visita a estantes de libros, bibliotecas y librerías de nuevos y usados.

P. Así es, me ha gustado su obra *"Los iniciados"*. Y es que hay que reconocer que uno de los grandes logros de esta narración es su capacidad para mostrar un estilo con una fuerte personalidad, pero que, a la vez, dispone de un aura geográficamente localista y le basta una pequeña ciudad andina, como La Grita, para disponer a sus personajes. En mi opinión, en ella, usted llevó a cabo la tarea de repasar la narrativa y hasta las vidas de centenares de autores que convergen en un lugar de cultura y vida, en el cual usted como narrador hace convivir una estética compleja entre el culturalismo y la experimentación imaginativa con un tono conversacional, y un pulso realista crítico, completamente verosímil y directo. Considero que esa obra que va y viene entre textos y opiniones a manera de ensayo novelado, es una narración cuyo género es difícil clasificar, nos permite entender el mundo de la literatura, que es tan infinito como las obras de todos los autores que cita. Sus páginas, sólo ordenadas a través de una tenida ficticia, pudieran ser leídas como una novela coral, aunque su estructura sea heterogenérica, pero, sin duda, tiene un hilo narrativo que guarda entre sí similitudes en cuanto a escenario, temática e incluso personajes, que terminan uniéndolo. En fin, se trata de una obra que se hace corta, porque uno quiere seguir leyendo anécdotas e historias de los autores más importantes de todos los tiempos que han construido el imaginario en el que aún vivimos.

LO. Te formaste una excelente idea sobre esa obra. Gracias. En efecto, los recuerdos vienen y van, lo hacen sin un aparente orden, sin estructura, en una aleatoria disposición ante la cual los lectores son los receptores finales y, es en este aspecto donde traté de que el libro encajara con lo pretendido: plasmar literariamente una realidad de aleatoria composición y alterabilidad en la mente del lector avezado en literatura.

Trato de que la obra en ningún momento confunda o desoriente al lector, y que los episodios narrados se hilvanen de forma natural en su mente que va recomponiendo el paisaje que se ha ido transmitiendo en piezas parcialmente completas de fácil encaje global. Así, el texto podría parecer desordenado en el orden de lectura, pero no en su conjunto, no en el resultado final. Al romper el esquema temporal habitual, sin una línea trazada que defina donde empieza la historia y donde acaba, traté de que esta narración se convirtiera en una visión circular con el foco en la literatura, el pensamiento de los escritores, su obra y su vida. Con una estructura de este tipo, pretendo que la historia narrada se acerque más a la historia de unas vidas basadas en hechos que propician tal reconstrucción, pues se arma a través de los escritos, y no siempre los comentarios míos, como narrador, son estos inalterables o precisos.

Este libro, *"Los iniciados"*, es un claro ejemplo de que, para reconstruir una vida solo necesitamos recuerdos puntuales de ella, en el orden que sea y de la manera que sea, porque finalmente será el conjunto, como en este caso, que nos permite recordar quienes han sido y el porqué, y reconstruir su pasado. Por ello, esta obra es un arriesgado ejercicio reflexivo acerca de la literatura, en la que su estructura fragmentada y aleatoria, no está exenta de conexión, pues se enlaza y entremezcla a medida que el lector penetra en la historia.

El ejercicio literario que planteo puede considerarse algo atrevido, pues somete al lector de manera continua a una cuestión que permanece de manera latente en la lectura: ¿leemos para llegar a un fin, a un resultado, o leemos simplemente por conocer? A los lectores que necesitan un argumento lineal o incluso un propósito evidente sobre el desarrollo de una historia hasta llegar a un fin, puede que no les convenza el libro, pues destaca más en su planteamiento y enfoque que en la propia historia narrada. Pero si el acercamiento al libro se produce desde la curiosidad, desde el deseo de conocer una historia, pero no desde el principio hacia su desenlace, sino a fragmentos, a recuerdos y a episodios con la posible inexactitud inherente a ellos, entonces el libro merece su lectura. Porque cierto es que estamos acostumbrados a leer "hacia adelante" o incluso en clave retrospectiva, pero manteniendo una linealidad. Recordamos los escritores por episodios puntuales, por sus obras, por situaciones coincidentes, o incluso por opiniones ajenas. Y, si es así, el libro cumple su cometido. Y hasta puede llegar a someter al lector a un cuestionamiento evidente de si necesita tanto orden en sus lecturas cuando sus recuerdos son justamente lo contrario.

P. *"Los Iniciados"* es, en efecto, una obra densa, y que no sigue la estructura de una trama narrativa tradicional.

LO. Si, aunque en un sentido muy vago sí tiene una cierta progresión cronológica. Yo diría que ella pertenece a otro tipo de historias más difíciles de contar, que por lo general empiezan y terminan en cada párrafo y que traté de escribirlas con pulso de miniaturista y necesitan ser leídas con pupilas miopes, atendiendo a cada punto. En esta narración lo que más importa son los detalles, la memoria asociativa que permitirá al lector establecer conexiones temáticas o emocionales a través del tiempo y el espacio.

P. Se comenta que quien no figure en su libro *"Los Iniciados"*, no existe como autor o escritor. ¿Qué opina sobre eso?

LO. Ja, ja, ja. Por favor. Para responder a tu pregunta, te citaré el párrafo con el que cerré esa obra: "La muerte literaria de varios autores y escritores influyó en la memoria de los organizadores; como consecuencia, muchos exponentes del pasado, algunas veces reciente, quedaron sin invitación; pero eso no significa que no serán invitados en el futuro. Lo importante y significativo de la tenida fue que se consiguió lo que nos propusimos desde el principio: relacionar la literatura cada vez más con la realidad y la sociedad". En fin, la literatura es bastante densa; lo sabemos, y ella está constituida por las aportaciones de miles de autores que no siempre disfrutan de un justo protagonismo.

P. Entiendo que es muy penoso mencionar autores que no nos han gustado; pero por favor. ¿Puede ejemplificar un poco?

LO. También entiendo lo mismo y es bastante difícil explicar por qué nos gustan o no, algunas obras, y a veces da la sensación de que se critican los libros por los temas que tratan, sin hacer caso de las cualidades literarias. Así que nos encontramos con obras abismales, otras nos parecen marginales, instigadores y hasta incómodas; pero en el fondo debemos estar conscientes de que el autor, sin lugar a dudas, le ha dedicado muchas horas de su vida a esa escritura, además de las que le ha llevado la lectura previa, la investigación y análisis. Pero, aunque en general disponemos de obras y autores excelentes; confieso que no me gustó el argentino-francés Julio Cortázar, quien por lo general tiene un argumento difuso, sin nudo y sin desenlace; es un autor que no suscita unanimidades, sobre todo cuando hablamos de la muy exaltada *"Rayuela"*, que no es una cosa de fácil digestión porque tiene un argumento difuso. Tampoco me gustó el chileno Roberto Bolaño, aunque muchos críticos literarios aseguran todo lo contrario a mi opinión, como es el caso del crítico literario chileno Camilo Marks, que opina que la obra de Bolaño inyectó vitalidad, originalidad, fuerza, un brío inusitado a la narrativa en lengua hispánica y que recuperó, hasta cierto punto, la gran tradición novelística latinoamericana que, después de ese terremoto literario y también, reconozcámoslo, fenómeno de *marketing,* una forma de hablar de un grupo pequeño de escritores, muy buenos, que dejó a muchos otros afuera, denominado el *Boom* y ocasionado por autores de origen latinoamericano coincidentes en varios escenarios europeos, sobre todo París y Barcelona, generaron una red de relaciones que se retroalimentaron en las décadas del 70 y el 80 y que hoy no puedan ser clasificados bajo ningunas características comunes como los de ese *Boom*, porque esta literatura, la de hoy, es más amplia y variada.

P. ¿No cree que el *boom* y el impacto de la llamada Revolución Cubana, fueron claves en este desarrollo?

LO. Tu pregunta es clave para introducirse en el libro de Michi Strausfeld, *"Mariposas amarillas y los señores dictadores"*, un recorrido de 500 años de historia y literatura latinoamericanas. Es una obra singular que ni es una historia de América al uso, ni una historia de la cultura o la literatura. Su subtítulo nos confirma su principal objetivo: ver cómo los latinoamericanos narraron su historia a través de la novela, y otros géneros literarios incluyendo el ensayo. Él describe el proceso y, cómo gracias a la gesta castrista, la atención mundial, especialmente en Europa y EE.UU., se volcó en una región olvidada. Una atención concentrada en la literatura gracias a la obra de Cortázar, García Márquez y Vargas Llosa, entre otros.

Personalmente pienso que tal vez sea cierto, pero en mi opinión, tanto Cortázar, como Bolaño, han sido sobrevalorados. Y el que definitivamente no tolero es al colombiano Fernando Vallejo, por citar a tres; pero ello no significa, de ninguna manera que sus escritos sean malos; cada uno tiene sus méritos, muy diferentes entre sí, pero no me interesan y prefiero no entrar en detalles. Algo parecido me ha sucedido con Haruki Murakami, que no creo que sea un buen autor y, con Kazuo Isiguro, cuyas narrativas, la de los dos, me parecen simple prosa superficial, trivial, banal y hasta estúpida. Me gusta más la literatura dura. Pero estoy consciente de que existen grandes autores y mucho talento literario que no hemos leído, no hemos entendido, o como te dije, no te han gustado, como aquellos a los cuales me referí, y ese juicio es muy personal y, en todo caso, no es bueno aplicar criterios externos a los libros, compararlos con aquello que para uno debería ser.

P. ¡Bien!; se muestra muy precavido de hablar al respecto. Comprendo. ¿Qué literatura recomendaría a los jóvenes?

LO. ¡Difícil; muy difícil! Siempre dependerá de la edad. Al principio hay que dejarlos disfrutar de los típicos libros de niño con dibujos y, superada esa fase, tal vez, puedan ir apuntalando maneras de lector voraz y entren en la narrativa propia de la edad preadolescente/adolescente, en la cual lean obras de mayor calado, porque en esas etapas de la vida se está empoderado, y las acciones, como el primer beso, el primer amor, la primera desobediencia, no se apoyan en experiencias previas; son puras. Las cosas nos afectan tan fuertemente a esa edad. Los desafíos son elevados. Nos estamos definiendo.

Todos sabemos que son los padres quienes eligen los libros que creen deben leer sus hijos. Los libros para niños deberían ser escritos por niños; la comunicación sería más efectiva, porque los adultos estamos sujetos a muchos prejuicios, y esto es especialmente importante para los que tenemos la responsabilidad de guiar, ya que tendemos a ver las cosas solo desde la perspectiva propia y es un reto difícil incentivar a los más jóvenes a iniciarse en la lectura, ya que él pudiera leer cualquier libro, conocer momentos y lugares e interpretar las complejidades que muchas veces no tiene que ver con su edad, sino con sus capacidades de interpretar un texto, pero siempre será bueno ayudarlos a soñar, a que conozcan el mundo a través de las historias que les contamos y siempre será un acierto darle una oportunidad al *"Harry Potter"* de la inglesa J.K. Rowling, los hobbits en los mundos del también ingles J. R. R. Tolkien, las narraciones de fantasía heroica del autor polaco Andrzej Sapkowski, sobre la Saga de Geralt de Rivia y, cuando estén más grandecitos, permitirles disfrutar de la fantasía y la ciencia ficción escrita por el novelista estadounidense George R. R. Martins, como por ejemplo, *"Juego de Tronos"*. Esas son unas opciones más que recomendables en este momento, porque de pronto, cuando estén preparados para leerlos, el tiempo lo necesitaran para cuestiones más importantes, como enamorarse, porque la juventud no es un ensayo, sino la mejor versión de la vida.

Por consiguiente, les vendría bien una lectura apasionante y ligera que, además, ponga a prueba su mente y evite abrumarlos con muchas atmósferas, personajes, simetrías, contrastes, historias, pero que esa lectura cree un ambiente de confianza que les permita sentirse bien en nuestra biblioteca, dejándolos hacer cualquier cosa que los divierta, que den rienda suelta a sus impulsos e intuiciones, sin nuestro control consciente, y con seguridad, con el tiempo, ellos irán desarrollando su capacidad para razonar, participar y enfocar su atención, que sería la fuerza detrás de su inteligencia, la que se convertirán en un manantial de ocurrencias y les abrirán nuevos mundos de oportunidad.

Pero la mejor literatura para ellos debe ser la que comentamos cuando estamos compartiendo en la mesa a la hora de las comidas. La mesa es un lugar para hablar de arte, economía, política, educación, salud y otros temas de actualidad y de importancia. Conversando, informándonos mutuamente, beneficiándonos los unos de los otros.

Su relación con la lectura está determinada por patrones que han sido arraigados en ti a través de la educación y, nosotros, los padres, somos sus primeros modelos a seguir cuando se trata de disfrutar de la literatura, porque ellos, los muchachos, desde una edad temprana, observan cómo nosotros, sus padres, empleamos nuestro tiempo, y eso les brindará herramientas para encontrar nuevos mundos, soñar, dar forma a sus patrones de pensamiento para unir palabras, ideas e imágenes con el propósito de comprender conocer o buscar soluciones y guiar su comportamiento cuando se trata de educación y cultura y en un santiamén estarán preparados para encontrar ese camino que es necesario emprender y que a su vez es una meta, si logramos comprender que el conocimiento depende de trabajar realmente duro, porque el conocimiento siempre requerirá más esfuerzo del que se espera, pero hay que ir lográndolo relajándose y disfrutando.

En todo caso, independientemente de la edad del lector, la trayectoria que seguimos en la lectura no la hace extensible al resto de los lectores, porque ella es personal e intransferible.

P. ¿Cómo escribe?

LO. Por lo general se escribe de dos formas: hay autores que dicen: "Voy a escribir sobre la cuarta arruga del codo", y escriben por unos días sobre eso, y hay otros que jugamos con el tiempo y creamos narraciones nutriéndonos a lo largo de los años de las referencias culturales o de las vivencias que nos han marcado y nos animan. Con ellas, vamos escribiendo y encontrando un tema, una música en común que termina otorgándole un título a aquello que viene de la conciencia, del reinvento de otros ámbitos donde lo ausente se hace presente, lo irreal, real y se encarna lo posible; esto es, en la realidad y la ficción, que terminan quedando al servicio de la creación y la imaginación.

P. ¿Existe una relación entre sus diferentes narraciones?

LO. Si; no hay duda, en mi narrativa predomina el imaginario, la búsqueda del hombre común que forma parte de los lugares y está inmerso en la cotidianidad, en la tradición; en la realidad económica-política del tiempo en que se está narrando, los cuales son hilos conductores necesarios para escribir historias y que considero intrínsecos en la vida del ser humano corriente; así pues, existen lazos entre mis diferentes narraciones; sin embargo, como sabes, toda obra literaria es un acto de negación, un apartamiento de la experiencia concreta de la realidad inmediata y por ello, en mis escritos, trazo fronteras bien definidas; fronteras que se notan entre ficción y realismo, entre la imaginación y los hechos; pero no me gustan los estereotipos, no describo de modo verosímil a personas y hechos, sino que me empeño en captar la confusión de las existencias, cómo se hacen y deshacen las creencias, cómo colisionan los pedazos de procedencia diversa en el mundo y en nuestras cabezas; por esas razones trato de no repetirme y que mis narraciones sean diferentes entre sí, que se enfoquen en nuevos temas y estilos.

P. Se que usted es un hombre sensible, cultivado y de mente abierta que en varias de sus obras hace una mirada cruda y despiadada sobre una realidad que conoce bien y por supuesto no es gratuita, sino que es una mirada de denuncia hacia una sociedad. Aun así no siempre es fácil asimilar historias tan provechosamente atareadas por la pasión de escudriñar en las entrañas más lastimosas de la sociedad, como las que se deparan en su obra *"Los extorsionadores"*, que para mí es un libro de ideas, que se lee como una ficción por la destreza y la imaginación con que está escrita, y la originalidad y la fuerza compulsiva de los caracteres que figuran en ella; incluso en *"El poder"*, en la cual se reflejan disposiciones éticas, políticas y literarias heterogéneas sobre los diversos temas y el ritmo que consigue imprimir a las narraciones. Todo está explicado de forma didáctica y entretenida, hasta el punto de que, alguien que no supiera absolutamente nada del tema, podría leer el texto y hallarlo perfectamente disfrutable. No hay una profusión de datos o de aspectos técnicos que abrumen; más importante son las motivaciones personales de los "implicados" en la obra y la imbricación de aquellas en el curso de la historia. Además, en ellas se refleja el deseo de desarrollar un arte literario en y con una sensibilidad contemporánea.

Muchos coinciden en que usted es un narrador que, con argumentación y análisis crítico, es capaz de manejar con maestría diversos estilos, un ensayista que arropa con sencillez e inusual moderación y equilibrio las cuestiones socioeconómicas con un claro clamor contra las injusticias. Estas dos obras se han publicado en un momento en el que la situación de Venezuela ya era insostenible, pero aún no era el peor momento. ¿Usted cree que en un corto plazo de tiempo será necesario sacar un nuevo volumen para denunciar nuevos casos?, ¿a la hora de escribir esas obras, se ha autocensurado?

LO. A cada nueva noticia tomo notas para en algún momento hacer una nueva edición con la intención de actualizar los contenidos; pero no, por lo general no me censuro, pero si he realizado intensos ejercicios de autocrítica para no hacerlo. Sin embargo, en oportunidades he pensado que, bajo un régimen totalitario, publicar es solo concebible con recortes que prácticamente dejarían el texto en un absoluto despropósito. A uno se le ocurre que prácticamente cualquier capítulo de una determinada obra es susceptible de ofender a los de un régimen cualquiera y no solo por las abiertas referencias a los actos físicos y/o de corrupción, sino también por la contundente crítica social que carga de forma opresiva una obra.

Se que ningún comentario tipo reseña teórica que yo haga, puede sustituir a la opinión que los lectores hagan de mi obra. Mis novelas, mis cuentos o relatos, por lo general, no parten, o no necesariamente toman un dato preciso de la realidad; algunas veces tampoco de la realidad empírica o la ciencia ficción y lo fantástico, de lo que todos participamos, sino que también, mientras escribo, mis pensamientos se deslizan, sin retorno, hacia ideas paralelas, algunas veces absurdas, delirantes o alocadas, que se van constituyendo en un núcleo de sentido más potente, productivo y revelador que aquellas características que les atribuyo a los protagonistas, a pesar de saber que hoy el lector se identifica más con lo oscuro, lo trágico y siniestro.

Tampoco lo es la clase de peripecias por las que atraviesan, sino las formas en que se representan en las diversas realidades y en las percepciones del mundo, así como el modo en que los mueven los deseos, las decepciones, el humor, la ironía, la fantasía, incluso la realidad, como sucedía con los primeros cuentos del Neolítico, cuando el hombre empezó dejar el nomadismo y a hacer de las cuevas su hogar; desde entonces, los cuentos han tenido el potencial de ser increíblemente poderosos y hasta reducir nuestros prejuicios y mejorar nuestras relaciones.

P. ¿Existe en sus obras una frontera entre la realidad y la ficción?

LO. Me hago eco de una afirmación de Robert Stevenson: "la aventura de la novela no es la materia sino la forma". Sin embargo, es innegable que los elementos de la realidad tienen un peso importante en toda ficción y que ésta a veces recrea con mayor exactitud la realidad. Ese pasaje de un plano a otro, no es fácil de percibir ni de explicar la manera y el momento en el que se realiza, y solemos olvidar que la realidad es una construcción de nuestra mente. Para contestar concretamente tu pregunta, te digo que cuando escribo, para mí no existe una frontera real, y definida entre lo real y lo imaginario. Como te he explicado, lo real circula continuamente con lo imaginario y viceversa, pero lo fantástico no es la evasión de lo real. Vivimos en un mundo complejo e intento reflejar esa complejidad teniendo en cuenta que la ficción y la realidad se pisan el terreno.

P. ¿Muchos países sufren una involución?

LO. La ciencia permite adelantarse, hasta cierto punto, a sus hitos futuros. Los avances en materia de nanotecnología, computación cuántica, fusión nuclear eficiente, realidad virtual, comunicaciones, redes sociales, redes neurales, internet de las cosas, metaversos y las herramientas de IA (inteligencia artificial), incluido los marcos para crear grandes modelos de lenguaje de IA generativa más populares, como el ChatGPT de OpenAI, Bard de Google Bing AI de Microsoft, el Ajax de Apple; incluso la xAI de Elon Musk, así como la alta medicina, la biología, la genética, las vacunas de ARN mensajero, la cirugía y neurociencia, por otra, cambian al mismo tiempo la realidad y la ficción, haciendo que la primera alcance, relativamente, a la segunda en las sociedades del primer mundo, por supuesto, porque en las otras aún se vive en la sociedad mecánica y eléctrica, incluso con limitaciones.

P. ¿Aparecerá una IA que pueda razonar?

LO. Entiendo que OpenAI está cada vez más cerca de lanzar un nuevo modelo de inteligencia artificial que, según se dice, puede realizar algunas tareas de razonamiento similares a las de los humanos . La IA con capacidad de razonamiento se considera un gran paso en el desarrollo de la tecnología, tanto por los defensores como por aquellos que la consideran una grave amenaza. En este caso, lo que significa es que las herramientas de OpenAI deberían poder resolver problemas de varios pasos, incluidas preguntas complicadas de matemáticas y codificación.

P. ¿Preocupa la IA?

LO. Hasta cierto punto, así es. En todo caso, no es posible crear una IA completamente libre de prejuicios, ya que incluso un sistema de aprendizaje solo puede progresar sobre la base del conocimiento y de experiencias existentes, que marcan las bases para las investigaciones posteriores. No obstante, es fundamental que las empresas y las personas se familiaricen con la inteligencia artificial, porque, de lo contrario, se arriesgan a perder oportunidades. Las nuevas tecnologías, transformaran el panorama corporativo y cambiarán cada trabajo, porque como tú dices, algunos se preocupan de que la IA pueda quitarles el trabajo, y están en lo cierto; alguien que sea experto en IA lo hará.

P. ¿Cuáles serían los grupos más vulnerables?

LO. Todos los sectores de la población, en especial las empresas y las personas desatendidas de sus derechos a la participación y a igualdad social, lo que podría verse agravado por la falta de transparencia en los procesos de IA.

P. ¿Qué mecanismos podríamos emplear para mitigar esas consecuencias?

LO. Se está trabajando en la creación de normas que proporcionen seguridad jurídica y comprensibilidad entre todos los sectores de la población. Ello podría ser suficiente para alcanzar una adecuada seguridad jurídica, siempre que las normas que se creen sean respetadas estrictamente por todos los actores.

P. ¿Se tendrá éxito?

LO. Hoy existe una generación más consciente que nunca de su problema de discriminación estructural y se siente frustrada por la lentitud de su superación. De manera que la perplejidad de diseñar algoritmos justos podría suponer un especial obstáculo de legitimación. Así que, en la medida en que los sujetos a regulación puedan predeterminarse, se conseguirá éxito. Sin embargo, debemos procurar que, al menos en las decisiones que afectan al destino del individuo, la autoridad de control última sea siempre la humana.

P. ¿Algún ejemplo vivido por usted?

LO. Para ilustrarte esto en forma doméstica y no en términos de IA, te cuento que en una visita a mi retinólogo, le comenté que estaba en vías de desarrollo un nanoscopio, que entre otras aplicaciones, se me ocurría que podría utilizarse para unir los desprendimientos de retina y agujeros maculares, debido a su tamaño, lo cual le permitiría entrar donde el microscopio electrónico no puede usarse debido a su tamaño y, le dije, que el uso de ese nanoscopio eliminaría las operaciones a pulso que actualmente se hacían, con resultados diversos, pero imprecisos e impredecibles y muchas veces alejados de los resultados deseados. Finalmente, el retinólogo me contestó que, en este país, todo eso es ficción. Y tenía razón, de manera que en muchos aspectos tardaremos décadas en recuperar el nivel de desarrollo y progreso que tenía Venezuela hace un par de décadas.

P. Perder este juego tecnológico parece fatal.

LO. Claro, porque en un mundo con recursos finitos, existe una competencia inevitable por ellos. De manera que no se pueden pasar por alto los desarrollos tecnológicos que, sin lugar a dudas, ofrecen enormes oportunidades a nuestra sociedad en el área de la salud, el aumento de la eficiencia o la reducción de costos. No obstante, estoy convencido de que hay áreas fundamentales de la existencia humana que deberían permanecer intactas y que garanticen el control de nuestras decisiones.

P. ¿El desarrollo de las tecnologías nos está generando problemas?

LO. De ninguna manera. La humanidad siempre ha dependido de la tecnología para impulsar el crecimiento y el desarrollo. Por ejemplo, con el surgimiento de la IA, se le pide a la sociedad que confíe en la tecnología para las economías, los medios de comunicación y la salud como nunca antes. No obstante, el problema de la tecnología es limitar su distribución para controlar las consecuencias no deseadas, que tienden a escalar en paralelo a sus capacidades; pero eso no es motivo para no desarrollarlas, porque constriñe radicalmente el campo de posibilidades, dificultando el acceso a lo nuevo, a lo que todavía no es; a captar lo posible y lo totalmente distinto.

P. ¿Podemos controlar los efectos de la tecnología?

LO. El reto inevitable de la tecnología es que los autores pierden muy deprisa el control del camino que toman sus inventos una vez introducidos. Ella, existe en un sistema complejo y dinámico y, lo en principio no parece tener defectos, puede desarrollarlos en la práctica. De manera que los investigadores y desarrolladores de tecnología, deben intentar comprender sus consecuencias involuntarias, predecir no solo los efectos directos, sino también, los indirectos; los defectos.

P. ¿Su narrativa es vinculante?

LO. Mi narrativa, como la de la mayoría de los autores, es vinculante y en ella se disecciona y figura como testigos de nuestro tiempo y nuestra vida, la sociedad y sus relaciones; como por ejemplo *"Los Extorsionadores"* o la historia novelada *"El poder"*, que son obras en las que realizo un análisis de la preocupante deriva del mundo en unos momentos determinados, sobre los órdenes político, social y cultural, introduciendo datos, nombres, conceptos y expresiones propias de aquellos lugares y tiempos, y reproduciendo los ambientes de épocas llenas de posibilidades, sueños y miedos, en una trama en la que procuro, con unidad y coherencia, atrapar al lector sin que la documentación y la ambientación opaque a la narrativa ni al conjunto de eventos y momentos históricos expuestos, sin que sean realmente libros de historia, sino una introducción a los hechos; una indagación en la memoria desasosegada para reconstruir algo a partir de las cenizas mezclando voces para construir una narración no unitaria, sino plural.

P. ¿Su narrativa es muy blanda?

LO. No, porque es conveniente sumergirnos en una historia ambientada en un determinado periodo histórico. De manera que en el fondo hago un llamado al rescate de los valores humanos que pueden revertir las situaciones históricamente perversas y vitales; una especie de collage ecléctico, no únicamente en los temas tratados, sino también, en estilo, para hablar de la sociedad, de la política y de las costumbres, en un ejercicio de denuncia hacia aspectos que nos incumbe a todos. De manera que una historia ejerce una resistencia al olvido y a la distorsión de la historia y, a los mecanismos que emplean los poderes políticos y sociales, para imponer su versión del pasado.

P. ¿Los escritores juegan un papel fundamental en dar a conocer la historia?

LO. Pues, si, los escritores podemos servir para hacer esa memoria histórica, esa memoria que llamamos colectiva que no siempre sabe ser expresada por la mayoría de la gente. De manera que los escritores, no solo retratamos la realidad, sino que mostramos cómo la escritura, la literatura y el lenguaje, puede dar testimonio de cosas que acontecen en la sociedad.

P. La crítica que usted hace en sus libros "¿Los extorsionadores" y en "El poder", ¿son ensayos incisivos?

LO. Sí, son incisivos, mordaces y cáusticos, que pese a su carácter no académico son más descriptivos que analíticos.

P. Son muchos los puntos que se tocan, la mayoría de ellos un tanto peliagudos en los que mete el dedo en la llaga y ataca por igual a la burocracia como a la falsa democracia alejada de la realidad física y palpable y por ello entiendo que la cuestiona abiertamente preguntando ¿Cuál es la realidad?, si la que nos cuentan de forma intencionada, eligiéndola o alterándola y sentenciando que la sociedad es aquello que creemos que sucede. Usted también critica la clase política afirmando que los que están en el poder solo se sirven a sí mismos, no tienen ni idea y no sienten ninguna responsabilidad para con la población que dicen representar. Así vemos que usted es incesante en su propósito crítico abre otro frente de denuncia y otro espacio de reclamaciones narrando una manifestación que crece sin que nadie pueda pararla, porque cuando uno cae otro u otros ocuparán su sitio, hasta que sean tantos que nada pueda hacerse para detenerlo.

Con consternación leí esas obras y reconozco que usted nos mete hasta el cuello en el tumultuoso ambiente de hoy y de ayer. Estamos allí, llevados de su mano e interactuando con los que ostentaron y ostentan el poder, con la gente de a pie, con los líderes, con los jerarcas o sus representantes, asistiendo a actos reivindicativos y manifestaciones violentas, Y nos hace vibrar con cada dato, imagen y testimonio, porque además de su impagable capacidad comunicativa, metáforas y descripciones, logra un efecto teletransportador, que se produce cuando la literatura va tan ligada de la historia.

LO. La literatura es un arma poderosa contra el olvido y la desmemoria, y algunas de mis obras traen al presente, memorias, aunque con algo de ficción bien intencionada. Seguimos necesitando que alguien nos cuente una historia en la que respire alguna verdad, una ficción con voz propia. Por eso creo que, sin lo solemne de la posteridad, pero sí con la sana ambición de que la literatura sea algo más que un entretenimiento efímero, no está demás escribir con un pie en el pasado y otro en el futuro, cuando sólo un puñado de libros nos sobreviva para decir quiénes éramos, cómo pasamos por el mundo y qué valdrá la pena recordar.

Claro, lo que no quiere decir que mi narrativa sea política, porque la estaría cercenando si eludiéramos el retrato de los regímenes totalitarios, con semblanzas que adelantan desgraciadas escenas de las dictaduras y las posturas militaristas y socialistoides.

P. ¿En *"El poder"* usted señala la acción coercitiva que han ejercido y ejercen los gobiernos sobre las acciones de los individuos o colectivos gobernados?

LO. Un individuo debe ser libre para que se pueda ejercer poder sobre su conducta, reacciones y comportamientos mediante la estructuración de su campo de acción. Pero si, esa acción coercitiva ha sido progresivamente asumida por los gobiernos, es decir, elaboradas, racionalizadas y centralizadas en la forma o bajo la caución de las instituciones estatales.

P. ¿Eso quiere decir que no se ejerce poder sobre un esclavo?

LO. Cuando una persona está sometida a la esclavitud es porque existe una coerción física que lo obliga a la servidumbre.

P. Entonces cuando se vive en sociedad ¿unos actúan sobre las acciones de otros?

LO. En efecto, en toda sociedad existen y deben existir y poner en práctica relaciones de poder que implican condiciones y efectos; de lo contrario sería una noción, un ejercicio de abstracción mental aislado de las cualidades propias del mundo real de una sociedad.

P. ¿Esas condiciones y efectos son estrategias que se emplean para lograr determinados objetivos?

LO. Claro, quien ostenta o intenta ejercer el poder, elige los medios y los pone en práctica para llegar a un fin.

P. ¿Las relaciones de poder son iguales para todos los individuos de una sociedad?

LO. Si y no, las formas, las circunstancias, las ocasiones y los lugares en que se ejerce el poder son múltiples en una sociedad y van desde las particulares hasta las generales, en los cuales el ajuste de las capacidades, las redes de comunicación y las relaciones de poder, constituyen sistemas reglados y concertados que se superponen, se entrecruzan, se limitan y se anulan a veces y se refuerzan en otros casos; y, es por ello que existen diferencias jurídicas o tradicionales de posición y de privilegio; diferencias económicas en la apropiación de las riquezas y de los bienes, diferencias de lugar en los procesos de producción, diferencias lingüísticas o culturales, diferencias en el saber hacer y en las competencias; en fin, existen diferentes objetivos, condiciones, privilegios, beneficios y efectos para cada sociedad y en parte para cada individuo, según la manera en que ese poder se ejerza, bien sea mediante hábitos, leyes, reglamentos, jerarquías, vigilancia, armas, palabras, distribución de parte de ese poder, sobornos, etc., algo que se diseña, se transforma, se organiza, se dota de procedimientos específicos que se consideran adecuados para esas relaciones de poder.

P. ¿Puede considerarse inadmisible la crítica que usted hace a los regímenes políticos?

LO. Considerar mi crítica únicamente como algo político, sería reducirla a una organización social de tiempo y lugar concretos. En mis obras también se plantean cuestiones de Religión, Filosofía, Sicología, Ciencia, Progreso, así como destino y condición humana. No obstante, poseen una crítica social, porque plantean un discurso crítico que ayuda a repensar lo que pasa en estos tiempos y valida, de alguna forma, el deterioro de la libertad.

P. La mayoría de los autores no se comprometen políticamente.

LO. Lamentablemente es cierto, pero en mi caso, ejerzo mi compromiso como ciudadano, exigiendo libertad en tiempos en los que es difícil exigirla. Podría ser que un autor de ficciones no se ocupe de los asuntos públicos, pero yo trato de pasar un mensaje que algunas veces se funde con las formas en mis artículos y opiniones, incomodando a quienes deben ser incomodados. Siempre estoy pendiente de lo que ocurre, porque me interesa la suerte, el futuro, la equidad social, la discriminación y la injusticia.

P. Es un tema delicado en algunos países.

LO. Por supuesto, pero hay momentos en que está prohibido callar; de manera que esos momentos también están en mis escritos de alguna manera reflejados y, ante cada nueva obra que emprendo, busco hasta encontrar un campo abierto y despejado para enfrentarlo, no solo con mayor conocimiento, sino con mayor libertad. En una oportunidad le preguntaron a Bertolt Brecht: "¿En los tiempos sombríos, se debe cantar?", y él respondió:

"Sobre los tiempos sombríos debemos cantar".

La precariedad y las circunstancias político-económicas son tan vastas, y el trauma social producto de condiciones laborales paupérrimas, de corrupción, de caduco idealismo y del incierto rol que cada uno ejerce en la sociedad y que en muchas oportunidades y países ha sido tan candente, que con mucha frecuencia hace inevitable que mis narraciones, sean ficticias o no, se nutran de ello.

P. La novela histórica o la historia novelada son importantes para un buen lector y/ o escritor. ¿Tiene algún favorito en ese género?

LO. Quizás no tengo favorito, pero me gustan menos los historiadores que los literatos, aunque, en el caso venezolano, disfruto mucho los escritos de Inés Quintero, los de Rafael Arráiz Lucca y también leí con interés la obra de Manuel Caballero y estoy consciente de que muchos historiadores han incorporado a su trabajo la narrativa.

P. ¿La literatura ha intentado comprender al hombre y sus relaciones con el entorno?

LO. Si, la literatura es también un modo de conocimiento. Pensemos en algunos grandes creadores, como por ejemplo Shakespeare, Cervantes, Rousseau, Dostoievski, Kafka... Evidentemente, cada uno de ellos ha logrado expresar con acierto una nueva concepción del hombre y de la vida. Por eso, la novela contemporánea no es sólo un divertimento, sino que, de hecho, influye sobre la ideología de los lectores. Puede pensarse que la gran masa aprende en las novelas, por ejemplo, filosofía (Nietzsche, Sartre), sicología (Proust), teología (Thomas Mann), crítica literaria (Clarín, Pérez de Ayala), ética (Camus), etc.

P. ¿Al ser traducidas las obras se corre el riesgo de que surjan dos obras distintas?

LO. Si; puede suceder; incluso con frecuencia pasa con las diferentes ediciones en un mismo idioma, en las cuales la versión que uno lee es distinta, dependiendo del editor y/o traductor, porque no siempre estas personas están dispuestas a tomarse el trabajo de buscar sinónimos y acepciones, porque ello requiere mucho tiempo que a veces no pueden dedicarle y es así como en algunas obras se pierde cosas y se ganan otras y de esa manera se compensa la obra editada o traducida y hasta se podría cambiar por completo lo que el escritor quiso transmitir.

No obstante, por lo general en las traducciones se procura que exista sintonía y para ello se trata de ser bastante literal al pasar de la lengua original a otra, porque al ser las lenguas relativamente diferentes en cuanto a historia, morfología y sintaxis, resultan traducciones difíciles para lograr el mismo significado y/o sentimiento. Así ha ocurrido con varios de mis narraciones, como *"Los Extorsionadores"* y *"Los Iniciados"*.

Hay letras, como la "ñ", que pronto se incorporará al francés, por ejemplo, y palabras que vienen muy bien en español, que son prácticamente imposibles de transmitir su significado en otro idioma; algo similar se presenta con varios signos diacríticos, gráficos, de puntuación, lo cual hace que fuerce la introducción de algunos, como las comillas españolas <<, >>, para indicar que es el pensamiento de un personaje o del autor introduciéndose en el diálogo de la narración.

Y, por supuesto, el traductor tiene que entender las intenciones, el sentido y el tono de la obra que desea el autor, lo cual es lo más difícil de lograr y por tanto debe ser un muy buen lector, un buen conocedor de la lengua que traduce, de la cultura y el momento histórico en el que apreció la obra.

P. En su novela *"El Poder"* se hace poca mención al poder español.

LO. No se trataba de novelar la historia de España, ni de sus provincias, pero los españoles estaban en su país, en lo que hoy es Venezuela y ellos luchaban por conservar su territorio, pero no me adentré mucho en ello, sino en su mentalidad, porque el conflicto del poder lo centré en el liderazgo y su influencia en el territorio venezolano presentado a través de una historia novelada en la que conviven realidad y ficción, destacando una visión de conjunto sobre Venezuela.

P. ¿Se planteó la escritura de la novela como un recordatorio de hacia dónde no debemos volver?

LO. El momento de regresión que estamos viviendo inevitablemente nos lleva a repasar la historia y sus heridas para reflexionar sobre lo que somos como colectividad y hacia qué realidad nos dirigimos.

P. Simón Bolívar aparece muy poco en esa novela, a pesar de que en esos primeros años él estaba allí. ¿Por qué?

LO. Bolívar se preocupaba por una nación más grande, que abarcaba un territorio que hoy representa varias naciones. Pero el objetivo de mi narración nunca fue centrarme en su figura, porque de él ya se ha escrito mucho, hasta el punto en que cualquiera en la calle sabe de él y sus hazañas. Me centré en novelar esa especie de ensayo y trabajo de investigación en la secuencia del poder hasta los años recientes y, aunque en parte, tanto las narraciones *"El Poder"*, y *"Los Extorsionadores"*, se apoyan en sobreentendidos, se precisa de la colaboración del lector para rellenar los huecos que deliberadamente voy dejando a lo largo de la mayoría de mis narraciones; algo del tipo que agradece cualquier conversación razonada y razonable y no necesariamente erudita. No hay duda en que debemos tomar consciencia de que toda realidad es alterada cuando no somos testigos directos de ella, y que no únicamente su exposición nos causa un impacto emocional, sino también la frecuencia a la que estamos expuestos a estas situaciones. No podemos impermeabilizarnos; debemos ser testigos y conscientes de su existencia, pero tampoco podemos estar constantemente expuestos a ellas, pues estaremos tentados a caer en la indiferencia.

P. ¿Fue un compromiso lo expuesto en esas narraciones?

LO. Escribirlas fue un reto complejo, y más en un mundo cada vez más mediatizado, con intereses que escapan a nuestro conocimiento, cincelan, a partir de una amalgama viscosa de realidades que se presentaron en esa obra como una tensa ficción, subjetividad, historia y política, para que el lector confronte las tormentas políticas y sociales y tal vez piense que un cambio es tangible y necesario.

P. ¿Es conveniente analizar nuestra historia?

LO. Así es, hoy, al igual que antaño, los partidarios de las ideas socialistas pregonan un paraíso sobre la tierra; una sociedad sin pobres ni ricos, donde un supuesto Estado generoso y recto distribuiría la riqueza, la cultura, la salud, el ocio y el trabajo a todo el mundo, según sus necesidades y su capacidad, y donde, por lo mismo, no habría injusticias ni desigualdades y los seres humanos vivirían disfrutando de las buenas cosas de la vida, empezando por la libertad.

Esa es una utopía comunista que nunca se ha materializado ni lo hará, pero estoy claro en que esa descabellada idea ha movilizado a millones de personas a lo largo de la historia, y produjo huelgas, asonadas y revoluciones, violencias y represiones indecibles, y, además, un puñado de personajes que trabajaron para hacerla realidad. No obstante, reconozco que gracias a las luchas que motivó, sirvió para corregir algunas injusticias de la vieja sociedad, y para que la clase obrera renovara la vida social y adquiriera derechos que antes se les negaban; pero hasta ahí.

P. Los hechos y los personajes a los cuales se hace referencia en estas dos obras oscilan entre momento histórico narrado, el presente y el recuerdo.

LO. Si, y agrego que trato de hacerlo con verosimilitud y sin ningún tipo de artificiosidad ni maniqueísmo, sino mediante una recreación con mucho rigor en personajes y localizaciones reales. De manera que diría que es un ensayo novelado, un género narrativo con hazañas reales o imaginarias sobre la evolución y las circunstancias del poder en Venezuela.

P. ¿Tiene fecha de vencimiento?

LO. No, no tienen fecha de vencimiento, porque las cosas, a pesar de que esta sociedad se desconoce a sí misma y se desintegra en capas que se ignoran entre ellas, los representantes de los regímenes gobernantes, con su gran estrechamiento mental, se desdibujan tras las nubes del populismo, militarismo, autoritarismo e intolerancia y de caducos socialismos, que son algunos de los mecanismos preferidos por los grupos políticos extremistas, partidarios del dogmatismo intransigente, incapaz de dialogar con quienes no piensan exactamente igual a ellos, para adormecer a las masas y enarbolar valores éticos absolutistas y justificar, en su nombre, el extremismo que rechaza la razón como vía fundamental para el discernimiento, apelando a subjetividades como la autopercepción, los sistemas de creencias (laicos o religiosos) y la opinión sesgada, que seducen al pueblo timorato que termina convertido en un populacho que acepta cualquier prebenda, aunque sea un mal mayor a largo plazo, como sería el deterioro o la pérdida de sus libertades.

P. ¿Preocupa que los políticos intenten deslegitimar a los medios de comunicación?

LO. Por supuesto, esta es una señal característica de la era postmediática iniciada con la revolución tecnológica y que desplaza a los medios de comunicación, que eran los intermediarios absolutos de la esfera pública. Este nuevo contexto hace que los políticos estén más empoderados para deslegitimar a los medios.

P. ¿El ataque a la prensa puede considerarse como una característica del populismo?

LO. El Reuters Institute for Study of Journalism ha llevado a cabo estudios sobre cómo la estrategia de acoso de los políticos a la prensa ha deslegitimado aún más a los medios de información y ha agudizado su crisis de credibilidad y de confianza en las democracias occidentales.

P. ¿Se superará a corto plazo?

LO. Estas cuestiones no cambian tan rápidamente, y algunas, aun cuando quisiéramos, no pierden vigencia, porque, sea cual sea la clase de ismo utilizado para enaltecer extremistas posturas políticas, de izquierda o derecha, la primera crítica se vierte sobre la razón y la gran virtud se señala sobre el sentimiento y la autopercepción desprovista de todo juicio, ya que las pasiones, en su pluralidad, han sido uno de los principales enemigos de los defensores de la razón y la libertad, la prudencia, la mesura; el progreso científico, filosófico, político y social y, por supuesto, un régimen político donde gobiernen los mejores, donde impere una sofocracia que sustente el Estado de Derecho, el debido proceso y la tutela judicial selectiva, en lugar de una amañada democracia que mal represente a los ciudadanos.

P. *"El poder"* y *"Los Extorsionadores"*, lucen como una descripción y una denuncia del funcionamiento del totalitarismo y sus efectos sobre la conciencia humana.

LO. Así es; traté de buscar, sin ficción, puntos de conexión en la diversidad inabarcable del país y en localizar lo que une y a la vez separa a las personas que han habitado, lucharon y continúan luchando en su tierra, lo cual debe servirnos para tomar conciencia de la parcialidad de nuestras verdades, que sin embargo imprimen en nosotros un sello casi inamovible a pesar de su comprobada subjetividad.

P. Me imagino que no debe ser sencillo escribir historias de esa naturaleza.

LO. En cualquier caso, buscaba una especie de fórmula para unir inquietudes sociales y científicas a la vez que manifestar mis críticas sobre las formas de hacer política y la evolución o involución del estado de la nación.

P. ¿Cuestiona la vigencia del Estado?

LO. Si, cuestiono sobre todo el Capitalismo de Estado, desconfío de la supuesta democracia y prefiero una forma de gobierno con un máximo de individuo educado y culto, y un mínimo de Estado. Eso, por supuesto, no debe tildarme de anarquista, porque en realidad soy un esperanzado de la abolición de los regímenes socialistoides que en realidad son dictaduras disfrazadas de democracia que oprimen al ciudadano, lo persiguen y le cercenan su libertad. Por eso prefiero una sofocracia y estoy en contra del fascismo, el socialismo y la falsa democracia que le da cabida en todas las instituciones del estado, y, sobre todo, en el gobierno, a una cuerda de mal educados incultos y aprovechados.

P. Sus obras son consideradas polémicas.

LO. Bueno, en realidad, por lo general, son una muestra de recursos administrados para tratar de conducir al lector, con sencillez y de manera grata, por los entresijos entre dos mundos, el real y el imaginado; entre dos planos, a veces indistinguibles, de una única realidad, que es justamente eso, la propia fantasía.

P. ¿Su prosa abre nuevos frentes en la historiografía política?

LO. De cualquier manera, y pese a que resulta tentador tratar de reducir la historia del país a unas pocas características comunes, intento definir una identidad común o insistir en que determinadas características, moldean la experiencia de los pobladores.

P. ¿Se requiere consultar numerosas fuentes para narrar historias noveladas?

LO. Ninguna fuente por sí sola debe considerarse cierta; es necesario consultar meticulosamente y cruzar varias sobre el mismo tema para luego reconstruir acontecimientos dependiendo de lo que deseamos narrar y cómo lo queremos hacer.

P. ¿Se requieren varios planos narrativos y puntos de vista políticos para ofrecer un retrato de la sociedad?

LO. Si; si se desea realizar un análisis crítico y reflejar una visión más técnica y analítica de una sociedad, las narraciones terminan cargadas de política y economía, que pudieran parecer pesadas de leer para algunos y hasta te pueden caer encima los que piensan políticamente diferente a ti; pero sin lugar a dudas, escribir reflexiones sobre política, economía y poder, genera una polémica que trata de intimidarte y desvirtuarte. Pero, a pesar de ello, en mi caso, escribo lo que considero la realidad que, por ser más fácil de observar que lo que siento y denuncio, finalmente termina siendo la fuente de la obra literaria que pretendo escribir.

P. ¿Existe un hueco para las obras históricas, especialmente si se trata de temas candentes?

LO. Por supuesto, varias obras nos descubren episodios poco conocidos y no faltan los libros de la historia más reciente, analizada desde todos los sectores y puntos de vista.

P. ¿Las obras histórico-políticas son objeto de interpretaciones contrapuestas?

LO. Así es; por eso es conveniente que el lector las analice en paralelo con sus propios conocimientos y vivencias.

P. ¿Los escritores forjar teorías y hechos?

LO. Muchos lectores extraen de las narraciones, admiración o desprecio hacia un régimen de gobierno o gobernante, devoción hacia un santo o un héroe; incluso, veneración o rechazo hacia una civilización pretérita.

En la novela histórica o la historia novelada, todo se subordina al deseo de conocer, incluso revivir un tiempo extinto, pero hoy, ese gusto por el pasado es más difuso debido a la lejanía. No obstante, supongo que, para los especialistas en la historia política-económica de un país, siempre habrá detalles e interpretaciones discutibles, pero que finalmente dejan, en el público lector, una sensación que agrada: la de que se ha aprendido algo con su lectura.

P. Que no es poco...

LO. ¿En fin, que más encontraste en Los Extorsionadores?

P. Justamente lo que yo esperaba: un reflejo de la situación sociopolítica del país, mostrada en una narración dinámica, atrevida y hasta jocosa, de una oralidad errática y sátira de tono desenfadado e irónico, de rabia que se disparara poco controlada hasta más allá de la crítica social sobre la cuestión política, para volver como un boomerang y propinar unos cuantos pescozones al colectivo. Y, aunque es posible que un conocimiento profundo de la sociedad latinoamericana haga aún más disfrutable esta lectura, sólo con captar las críticas, ya es suficiente para capturar ese espíritu transgresor que no deja descanso al lector.

LO. En efecto, es una obra que no es para leer con prisa. No la recomendaría a alguien que busque un libro para entretenerse. Sus páginas deben ser leídas poco a poco, reposando en la mente cada capítulo antes de pasar al siguiente.

P. Allí, usted expone los parámetros bajo los cuales funciona una sociedad latinoamericana.

LO. Traté de realizar una labor de documentación, hasta el punto en que si fuese una película, sería tremendamente lenta, pero al ser un libro, busqué que esa lentitud se perciba como un momento de desconexión y de pausa para recapacitar y disfrutar en soledad y hasta compartir ese panorama del orden político existente en un país latinoamericano, con sus problemáticas, desequilibrios, injusticias, ignorancia y corrupción, donde la opresión y el dominio es habitual, aspectos estos que ameritan, actuar de alguna forma sin esa pasividad autoimpuesta que no impulsa ningún cambio, porque no influye en los ciudadanos y, llega, incluso a destruir vínculos de amistad y familiares.

P. Aunque sé que no editó "Los extorsionadores" y "El poder", al mismo tiempo, ¿usted las escribió al mismo tiempo, o secuencialmente?

LO. Los escritores, cuando trabajamos sobre narrativa histórica, lo hacemos sobre los materiales del pasado más eminente para estimular determinados afectos. Así que cuando empecé a escribir "El poder", después de terminar "Los extorsionadores", me di cuenta de que no estaba completando nada, sino que era necesario una aclaración histórica, económica y, sobre todo, política, para profundizar la forma de concebir el país y la relación con él. Tal vez si hubiese escrito primero "El poder", "Los extorsionadores" hubiese consistido en una continuación de esa exploración, así como una ampliación temática de la cual no tenemos mucha ficción centrada en la historia o en esos años. Pero el caso es que en *"Los extorsionadores"* partí de una serie de afectos, memorias, impresiones relacionadas con lo que significaba vivir en el contexto presente, donde los hechos, o la problemática histórica, era por supuesto, importante, pero no era el objetivo de la narración. Es decir, en *"Los extorsionadores"* no buscaba desarrollar una tesis histórica a partir de los personajes, sino dejarles expresar sus puntos de vista sobre ese momento histórico que estaban viviendo.

P. ¿Hasta qué punto las historias noveladas sirven para darle un sentido a la historia colectiva?

LO. La historia, ya sea en su forma testimonial o ficcionada, es fundamental como herramienta para comprender el pasado, pero mediante la ficción, tenemos más libertad para llegar donde la historia no puede: al terreno de lo íntimo, de los afectos, de esas zonas ambiguas y tremendamente humanas en las que se gesta la historia y sus tragedias, la política y sus violencias.

P. ¿Sus historias noveladas se nutren de la memoria y/o indagan en el pasado individual y social?

LO. En algunos de mis escritos que tienen que ver con historias noveladas, hago un intento por asociar a la literatura con un objetivo histórico, con la no-ficción, pero sin agregarle mucho, ya que con frecuencia lo que conocemos como historia tiene más ficción que aquello que entendemos como ficción. Siendo así, en lo posible, me apego a apuntes derivados, exploratorios, búsquedas y confesiones a partir de un trabajo que fuerza mi pésima memoria, buscando metáforas que crean zonas grises que la literatura termina resolviendo y donde el componente imaginario y los mundos de fantasía casi desaparecen sin que la ficción deje de darse la mano con la realidad. Entonces sí, algunas de mis narraciones son fuertes, relevantes, críticas, reflexivas y denunciantes, dependiendo del momento y por ello, con frecuencia, domina el ambiente sobre temas de debate público, ya sean sociales o económico-políticos.

P. ¿Una historia novelada tiene obedece a un testimonio histórico?

LO. Trato de que, en mis obras, de la circunstancia, pueda llegar al fondo, a la esencia, a lo que tiene un valor documental cierto, indestructible. Me apoyo en lo objetivo, a veces en lo pintoresco y en la sátira, pero tratando de no afectar su calidad y su vigor. Por eso la literatura ha sido más abundante en los periodos de crisis, después de grandes movimientos sociales, de transformaciones que engendran acontecimientos variados. El hombre, en especial el creador, siempre ha buscado conocer, hasta los acontecimientos más insignificantes, su medio, incluso antes de conocerse a sí mismo.

P. ¿Sus obras invitan a un a cambio?

LO. Por lo general, mi literatura reconstruye el carácter de un pueblo y trato de ser, de alguna manera, lo más objetivo posible, de sacudir y de hacer reflexionar al lector, reflejando, en lo posible, la realidad política-económica, y me cuesta rozar una actitud favorable hacia la manera descabellada en que se gobierna un país.

P. En sus obras *"Los Extorsionadores"*, *"El Poder"* y *"Los Iniciados"*, se nota el estilo de la llamada metaliteratura, la escritura fragmentaria y la experimental.

LO. Si, así es. Estructuralmente hay saltos narrativos que emergen como comentarios y/o pensamientos fugaces y breves que permiten corroborar aquello que vamos aventurando al leerlo.

P. ¿La fragmentación y la metaliteratura de una obra como *"Los iniciados"*, o *"El poder"*, ¿no rompe texto?

LO. En algunas narraciones es lícito y necesario emplear tanto metaliteratura, como la escritura fragmentaria, lo cual, de ninguna manera, en el caso de la metaliteratura, puede considerarse como un tributo a la intromisión. Cuando en mis obras utilizo la metaliteratura, es para aclarar que algo sucede, que hay un giro hacia adentro, hacia la experiencia interior o para emitir un juicio explícitamente sobre el impacto de las circunstancias del medio que influyen en la subjetividad de los personajes. Así que, por lo general, en mis obras, existe una especie autorreferencial, hipótesis y declaración de principios que se hacen presentes; vuelven, aunque en ese momento no piense hacerlos partícipes de la obra que este escribiendo. De manera que, aunque utilizo textos que puedan parecer más largos, ellos introducen una densidad lo suficientemente fuerte para significar mejor lo que deseo transmitir al lector. De la misma manera, en el caso del estilo fragmentario, el significado más importante es el conjunto de textos que hacen de ese fragmento una coartada que permite apoyarse y construir una especie de mosaico de diálogos superpuestos, que buscan legibilidad y visibilidad, para tratar de explicar el significado de la narración como una totalidad que incluye diversos universos; y eso, por supuesto, también depende de lo que cada lector en particular capte, dentro de lo fragmentado, dentro de esos diálogos superpuestos, el proceso de la escritura y la totalidad de la narración.

P. ¿Es relevante la sátira en su narrativa?

LO. No es frecuente. Pero hay momentos en que es necesaria y por lo general, en la literatura es más frecuente que el homenaje, porque ella es una herramienta que se sirve, en tiempos difíciles, para destapar las verdades que la propaganda tergiversa sobre ciertos mitos y personajes; incluso, es un arma eficaz contra el poder desmedido, porque él, el poder opresor, ni siquiera tolera el humor.

P. ¿Para quién escribe?

LO. Escribo para todos y en todos los niveles, para todo tipo de lectores; para el iniciado y el ya formado, para aquel que es capaz de comprender las conexiones internas, las citas, y también para el llano, aquel al que no le gusta la lectura y se distrae o abandona el libro. Mi objetivo es conectar al lector con alguna emoción, ya sea la de él o la mía, y que le suscite la reflexión tras su lectura; que incite a seguir leyendo la obra.

P. ¿Es su novela *"Alucinando"* una narración sarcástica?

LO. No; no obstante, esa novela ha sido una experiencia curiosa, que tal vez guste por el morbo que despierta, a la par que traumatiza por algunas de las salvajadas que alberga; de manera que también estoy consciente de que tiene la virtud de pulverizar la indiferencia, de que su mensaje cale como llovizna y de conseguir que el lector se vea interpelado, empujado a posicionarse, a responder a la temática que introduzco en ella para narrar algo que deje concernido al lector; con frecuencia vapuleado, desasosegado y hasta incómodo.

P. ¿Qué trató de transmitir en la novela "Alucinando?

LO. Traté de que atrajera al lector, por la tensión narrativa y la estructura con la que la acción se va alternando entre varios momentos temporales para recorrer una genealogía de sentimientos apasionados que rozan la locura y la obsesión, no únicamente en lo tocante a los aspectos sentimentales, sino también en lo referente a la concepción de la vida y la sociología. De manera que, al margen de la trama y de contexto social, como autor intento encontrar recursos narrativos no explorados y que tengan gran violencia emocional que agite y sacuda la conciencia mientras explicito hechos para mostrar aquello que las personas albergan en su fuero interno, en su yo más íntimo, llevándolas a que traten de encontrar el núcleo de lo que conforma la sicología humana.

P. ¿Con confrontar la realidad busca que el lector tenga la sensación de perder el contacto con la realidad?

LO. Varios lectores se confunden y les cuesta trabajo reconocer, a ciencia cierta, si las alucinaciones de Gustavo, el protagonista, son un alargamiento deformado de la realidad o, la realidad es una construcción subjetiva, un apéndice de las alucinaciones, ya que las dos situaciones se solapan y conviven como dos realidades igual de tangibles, lo cual es algo, sin duda, que, en esta novela nada es, pero en realidad es, lo que pareciera o debería ser, un texto imaginativo que presenta una ficción que merece ser leída poco a poco y dejando reposar en la mente cada capítulo antes de pasar al siguiente, por más que los enigmas de la trama empujen a leerla casi de un tirón.

P. ¿Le recomendaría leer esta novela a alguien que pretenda entretenerse?

LO. Estructuralmente, hay aspectos que no son fáciles de ser analizados por un lector poco cultivado, porque su trama es enrevesada, se plantean muchas opciones temporales, el protagonista es complejo, las anécdotas se acumulan y la narración va ciñendo sus contornos entre la densidad de la historia que provocan algo de confusión al lector a pesar de mi intento de repetir varias veces, durante la narración, la línea entre la realidad y las alucinaciones.

P. ¿Fuerza la visión del lector entre la realidad y la alucinación?

LO. Es una obra algo ambiciosa, en la que trato de conseguir y mantener al lector forzado a ver una visión trágica, pero real, de la humanidad, formada por una sociedad donde las intenciones no siempre son tan nobles como parecen, donde los mundos, cuando son cerrados, limitan las posibilidades de conseguir algo mejor.

P. ¿Esta novela requiere un tipo de lector en específico?

LO. Creo que hay dos tipos de lectores potenciales para esta obra: el que sabe dónde se adentra y el inocente que llega a este paraje sin imaginar las consecuencias.

P. Yo pertenezco al segundo tipo. Bueno, en realidad, algo sabía de ella antes de empezar a leerla, pero cuando la lees todo es distinto a lo que podías esperar. Así que debes experimentarlo por ti mismo; de manera que confirmé que ya nunca podré acudir virgen a una obra suya.

LO. Me empeñé en hacer esa obra con latido mensajero y atención al detalle, tanto en las descripciones, como en el uso del léxico exacto para cada objeto, planta, animal o idea, o la construcción de tramas y personajes llamativos. En este caso, se une una ambición mayor en la estructura de la obra, en los juegos con los planos y voces narrativas, y por lo tanto en forzar la capacidad de comprensión del lector para diferenciar la realidad de la ficción, convertida en alucinación.

P. En definitiva, es una novela que entusiasma especialmente porque se sale de lo normal y, a mi juicio, vela el sentido y hasta la conciencia final del conflicto dramático en el que expone momentos entre las alucinaciones, la locura y la realidad, que avanzan en medio de arenas movedizas y obliga al lector a replantearse continuamente si lo que le está narrando en ese momento pertenece a la realidad o a la alucinación del protagonista.

LO. Traté de que, una vez finalizada su lectura, persista durante un tiempo en la cabeza del lector como una pastilla efervescente, invitándolo a la reflexión.

P. A mí me gustó. Percibí en ella que las sensaciones, las descripciones y los pensamientos se suceden y atropellan, se aceleran y fluyen en párrafos que conforman escenas repletas de referencias, giros costumbristas, donde la oralidad aparece en expresiones del habla popular y lugareña, así como referencias cultas y literarias, todo ello cargado de sorpresas, de transgresiones formales, contundentes y fascinantes.

LO. Bueno, tratándose de una temática tan perversa, comprendí que la necesaria ambigüedad del desenlace debía ir en línea con el surrealismo seguido a través de la obra, como finalmente ocurrió.

P. No puedo dejar de decirle que la atmósfera de esta novela resulta algo irreal.

LO. Es una narración que, aunque procede del realismo, es un poco distinta y estoy consciente de que despierta algunas reticencias y que algunos lectores se echan las manos a la cabeza, porque no todo el mundo quiere reconocerse en un ejercicio de sinceridad que no ha pedido y tal vez crea un aparente vacío de realidad. Por supuesto, las narraciones de este tipo tienen sus consecuencias, pero eso también forma parte de lo que se busca con la literatura. Las alucinaciones, en este caso, son ventanas al optimismo, espacios de liberación de los deseos reprimidos de Gustavo, el protagonista, para quien la realidad es opresiva, asfixiante y las alucinaciones le ofrecen una inabarcable cancha para la liberación.

P. ¿Es una narración metafórica?

LO. La novela parte de lo físico y si, trato de que alcance una dimensión metafórica que llene algunos espacios morales donde lo relevante, aunque permanezca semioculto bajo su aspecto de irrealidad, en el fondo, permita hablar de una cosa, fingiendo otra, narrada en

243

forma crepuscular, grotesca, como el universo y como la mente humana, a medio camino entre la lucidez y la perversidad, con analogías entre lo individual y lo total. También metafórica y que deje abierta multitud de preguntas y dudas, que, si se reflexionan, se entienda con relativa facilidad que en realidad habla de nosotros, de los humanos de hoy, de ayer y de siempre.

P. No faltan los lectores que consideran la novela *"Alucinando"*, algo voluptuosa. ¿Qué cree usted?

LO. Pienso que la temática sexual de esa novela, a decir verdad, no resulta tan explícita como para calificar el conjunto de erótico. Existe, desde luego, morbo, violencia soterrada, zozobra, desasosiego, obsesiones, dominación y, por supuesto, deseo sexual, erotismo y sensorialidad con total libertad, pero en el fondo, creo que describe el placer como algo natural.

P. En algunas de sus obras observo singularidades sobre las relaciones personales.

LO. En general, en varias de mis narraciones voy colocando algunas pequeñas digresiones, unas pocas líneas, describiendo relaciones algo alejadas de cualquier canon romántico, dominadas por razones de distintas perspectivas y sensaciones que actúan como motor de la atracción entre las personas; algo que se mueve entre lo físico y lo mental, algo que tiene que el ver el tacto, la presencia, el tono de voz o la forma de moverse, procesos químicos y reacciones que ni con los mismos protagonistas se pueden explicar. No siempre es una pulsión animal, no siempre un deslumbramiento ni una explosión, a veces solo una especie de sueño, de amistad, de admiración, de atracción, o de deseos reprimidos.

P. Por lo general, en sus narraciones prevalecen las relaciones heterosexuales.

LO. No del todo; por ejemplo, en la novela *"La virgen vendida"*, además de las relaciones heterosexuales, también se describen relaciones homosexuales. De cualquier manera, no es necesario esconder situaciones en las cuales se manifiestan las relaciones, algunas cambiantes y mezcladas en proporciones distintas, en función del momento, el ambiente y los personajes.

P. Existen numerosas editoriales que no desean levantar olas y solo publican a quienes no rozan la voluptuosidad, el erotismo, la pornografía, y tampoco aquello que molesta al poder establecido.

LO. Hoy nadie narra historias perfectas, sino situaciones que pueden ser, o llegar a ser realistas y, por qué no, vale la pena correr el riesgo de narrar algo de erotismo, como en la vida real y cotidiana, porque ese tema nunca se puede considerar gastado o pasado de moda, aunque ahora se escribe más de temas políticos-sociales y la literatura amorosa se ha quedado un poco encajonada. Entonces, que sí, que existen momentos de desinhibición; algo fuertes tal vez, pero que, de todos modos, no necesariamente tienen un condenable contenido moral, pero si una alerta sobre el abuso de las drogas, que, se narra en forma explícita en la novela *"Alucinando"*, como el proceso de empoderamiento de Gustavo, el personaje central, a quien le resulta imposible sentir lo mismo que entiende.

Pero algunos lectores más tradicionales que, como tú dices, pueden ver visos fantásticos y voluptuosos, lo cual me trae a colación la lucha que supuso para James Joyce conseguir que su obra *"Ulises"*, fuera publicada tal como la concibió, lucha que se hizo titánica a raíz de los sucesivos avances de sus capítulos en revistas cuyas publicaciones generaban escándalos y acusaciones por obscenidad de parte de instituciones que estaban más pendientes de una descripción del deseo sexual, que de aspectos más importantes como la economía y la política, incluyendo el derecho de las mujeres a votar.

Pero tienes razón, porque aún hoy existen países en los que, basándose en conceptos morales arcaicos, coartan la libertad de expresión y la creación artística, la cual, en algunas obras literarias rozan las fronteras entre erotismo y la pornografía y, en otras, su descripción es más tenue y vaporosa. En todo caso, uno, como lector, no sabe muy bien donde acaba el territorio de uno para empezar el del otro, claro, sin compartir eso de que la diferencia está en la mirada del lector, aunque tras una placentera lectura de un texto queda por supuesto la sensación de que, en estas tareas, el órgano más atrevido es el cerebro.

De manera que como tú sabes, por otro lado, la literatura erótica existió desde siempre, y en ella incluyen los versos obscenos del griego Sócrates o los de José de Espronceda, o los acrílicos de los hermanos Bécquer. La novela erótica tiende a banalizar el sexo ofreciendo pequeñas dosis de transgresión cuidadosamente pensada para la sensibilidad de las masas.

P. El sexo, por supuesto, no es algo nuevo y podríamos establecer un paralelo con otro subgénero: el terror, en tanto que uno y otro se definen por su efecto: suscitar excitación, en un caso; miedo, en el otro.

LO. Sin embargo, las mejores obras de ambos subgéneros no son las que se limitan a ese "efecto perlocutivo", como lo llaman los pragmatistas, sino las que van más allá: las que exploran los mecanismos del miedo, en un caso; o las veleidades del deseo, en el otro. Desde luego, todo depende muchas veces del contexto en que se exprese, hay autores como Bataille, Lawrence y Sade, que son referentes de la erótica en el más alto nivel. En novelas como *"Historia del ojo"* o *"Mi madre"*, Bataille propone un erotismo que sólo puede realizarse en la transgresión, en el crimen o en el incesto y Lawrence demuestra, *en "El amante de Lady Chatterley"*, que reprimir el deseo por causas sentimentales o de status social es dañino, y Sade fue el primero en sancionar y codificar las fantasías inherentes al deseo que se llamará sadomasoquista.

P. Pero sería una limitación empobrecedora reducir el análisis de esa novela a su texto, porque en ella se perciben muchos otros elementos que en mi opinión forman parte de su configuración y propone base para el desarrollo de futuras lecturas.

LO. Así es, una de mis intenciones es transmitir, con esa novela, el desarrollo natural de una historia en la que lo imaginario debe considerarse como secundario, porque para el caso es lo mismo, ya que contiene por igual ambos flancos: el verdadero y el ficticio.

P. De esta forma, las imágenes pierden su inocencia y se convierten en escenas que pudieran inquietar y descolocar al lector y exigirle un esfuerzo.

LO. Reconozco que *"Alucinando"* es una novela difícil, que si bien no recomendaría a alguien que se quiera iniciar con mi escritura y sobretodo no es apta para los lectores que busquen solo entretenimiento, estructuras tradicionales y personajes planos, pero creo que los incondicionales podrán disfrutar sobremanera.

P. ¿Cómo debería leerse esa novela?

LO. Existen dos tipos de lecturas que nos permiten sobrellevar la situación de manera más o menos soportable. Hay quien en la lectura busca la evasión, el divertimiento, la distracción; pero hay otros que necesitan analizar, profundizar en ello, tomar consciencia de cómo esta situación lo afecta a nivel anímico y en relación a la vida y a la sociedad en la que se encuentra.

P. ¿Entonces, en esa novela no todo es presentado y explicado?

LO. En parte, su lectura es una narración que requiere, como te señalé, fuerte esfuerzo y atención; un lector serio, podría decirse, ya que, aunque está plagada de elipsis para no cansar al lector, presenta constantes cambios de tiempos, estilos y voces narrativas que exigen un esfuerzo de concentración para determinar cuándo sobrepasa la realidad, cuando es onírico, ficción y/o alucinación, lo cual pudiera parecerle complejo y confuso. Con esto, y contra lo que pueda parecer, no pretendo desanimar a nadie; así que su lectura debe ser asumida sin ambigüedades ni desvíos, porque el placer también se enriquece con la palabra que puede llevarse al límite en la narración, sin ser un mero instrumento de escritura, sino que paradójicamente también revela una presencia que subvierte las estructuras de la sociedad y puede dejar en el lector un mensaje algo agridulce, pero en el fondo, espero que sea esperanzador, lo cual, estoy seguro que el lector puede concluir de la obra sin necesidad de explicación, a pesar de que no hay en esa novela nada más lejos que presentar a Gustavo como un referente a evitar, aunque él no apunta ninguna virtud con la que empatizar; no es leal, ni sincero, ni decente. De manera que, a través de él, no envío mensajes subliminales, ya que la cuestión está clara, aunque ese recorrido del origen al final, para nada es sencillo, llano ni recto.

P. Creo que ese protagonista de *"Alucinando"* es un ser despreciable; uno con quien no puedes simpatizar, porque apenas tiene aspectos redimibles. Ciertamente, es alguien frágil y resentido. Malvado, incluso. Porque según él, nosotros vivimos moral y racionalmente, y la vida sólo es interesante gracias a su negatividad.

LO. El protagonista, Gustavo, es un enfermo con un trastorno siquiátrico agravado por el consumo de drogas que le produce una desconexión de la realidad y le genera alucinaciones, dudas, contradicciones y horror a la página en blanco. Sus ideas revolotean sin el orden necesario para encauzar y traducir en palabras, el vértigo de no poder escribir ni vivir de esa profesión; pero también la necesidad de ser amado. Este hombre, roto física y emocionalmente, reconoce que su frustración y su culpa lo acompañan todo el tiempo, pero no se victimiza por ello; de hecho, abraza su comportamiento, lo convierte en un estilo de vida; en una filosofía de vida. Es un sicópata con tanto miedo a ser herido, que prefiere atacar a los demás primero. Es un ser tan temeroso de ser rechazado por la sociedad, que la acaba rechazando él primero.

P. En este tinglado, me doy cuenta que usted, como el autor de la obra, permanece neutral, no irrumpe en la narración para criticar a su personaje, ni tampoco le recrimina.

LO. Me limito a entregarle las riendas al personaje y, cuando las contradicciones de él afloran, jamás las obvio ni maquillo, sino que las ofrezco al lector para que éste extraiga sus propias conclusiones y opiniones.

P. Por supuesto que algunas son contrapuestas. Unos aseguran que es lo mejor que han leído hasta el momento y que alberga altas ambiciones literarias tanto en su complejidad como en los mensajes que trata de pasar al lector; otros piensan que en ella se proponen reflexiones en torno al proceso creativo de la escritura, la relación entre realidad y ficción, la necesidad inherente por contar y leer historias y, sobretodo, la necesidad del individuo por escribir su historia. Y otros confiesan, con frustración, que no les gustó o no la entendieron. En mi opinión, ese personaje complejo y único en el que usted indaga en su sicología, así como sus imágenes, escenas y diálogos, aunque alucinantes, producto de una sicosis que tal vez sea lo que lo indujo al consumo de drogas, retrata muy bien el particular estado emocional y está dotado de un enorme poder sugestivo, que perdura en la memoria del lector, pasándole un mensaje de advertencia.

LO. *"Alucinando"* es una novela multidimensional en la que importan más los personajes y sus emociones que lo provocador y efectista. En ella se propone reconstruir los mecanismos mentales de un escritor, más que autor, que se encuentra bajo los efectos de la droga y que se dibuja a través de alucinaciones; pero hay que tener en cuenta que las interpretaciones de una obra son infinitas y todas ellas van a reflejar básicamente una realidad que resulta totalmente legítima, en este caso, algunos aspectos del personaje central, como es su espiral de autodestrucción, sus tentaciones suicidas o las fantasías sexuales originadas en sus alucinaciones producidas por el consumo de drogas y alcohol que, si se quiere, quedan minimizadas frente al peso de otros temas que trae al lector desde una larga y profunda reflexión sobre las emociones, la lectura, la amistad, la libertad, la búsqueda de la identidad, la naturalidad de las relaciones, los imaginarios sociales, los sentidos y, por supuesto, las reflexiones en torno a la soledad, que son bienes que debemos cuidar, ya que, tanto a los unos, como a los otros, le debemos mucho; probablemente más de lo que somos conscientes. La amistad como complemento, la soledad como espejo, ambas necesarias, ambas provechosas, pues nos invita a reflexionar sobre quiénes somos y qué ha marcado nuestro camino, así como la certeza de que el consumo de drogas origina situaciones que perviven nefastamente en los consumidores y su entorno.

En todo caso, volviendo al lío, en esta novela los personajes pierden su inocencia y participan en escenas inquietantes que, como te dije, pudieran descolocar al lector, pero en el fondo se trata de una forma de hacer ruido para sacudir y hacer reflexionar al lector sobre lo que acarrea, repito, el consumo de drogas, invitarlo a no acomodarse, a buscar los límites y a utilizar el fracaso como medio para romper moldes; asumirlos, abrazarlos, ignorarlos, incorporarlos; un comenzar de cero, con esa drogadicción como punto de partida, no como pasado. Como si el mundo hubiese ya terminado y este fuera un primer acto de creación, el primer día de un mundo nuevo.

P. Existen libros, sobre todo novelas, cuya apreciación va cambiando según transcurre el tiempo desde que los hemos leído. No me refiero sólo a si nos parecen buenos o malos, si nos gustan más o menos, sino a lo que creemos que hemos leído. En otras ocasiones este cambio de lo que opinamos (o más bien, sentimos) sobre ellos, puede suceder durante el transcurso mismo de su lectura. Esto es lo que ocurre con *"Alucinando"*.

LO. Si, así es.

P. También considero que, a pesar de su dureza, *"Alucinando"* consigue arrancar destellos de luz y dejar una sensación de calidez, porque su sufrimiento, su introspección y de sus traumas, los personajes consiguen convivir, comunicarse y quererse.

LO. A pesar de que en ella hago una clara advertencia sobre las consecuencias de la drogadicción, en ella también se puede encontrar tristeza, dolor, pesar, abandono, miedo, amor, amistad y deja la puerta abierta para que el lector indague las causas que originaron en Gustavo la sicosis que lo condujo a esa anomalía del comportamiento, a la pérdida del vínculo con la realidad y lo sumergieron en un mundo de delirios, de estados maníaco depresivos y alucinaciones. Incluso, pudiera verse en ella la historia del doble literario que está atada a una especie de reflejo, a la posibilidad de que éste cobre vida en el espejo y salga al mundo a convivir, comunicarse, quererse, coincidir, tal como tú lo acabas de decir.

P. Si, todos estos elementos mantienen al lector atrapado hasta el final en un texto en el que usted ofrece una mano tendida para que lo acompañe en la historia en la que se deja ver un espacio, tal vez algo pequeño, pero presente a la esperanza.

Al terminar la lectura, queda la sensación de haber leído una combinación de todas las variantes anteriores y es posible que requiera una relectura. A fin de cuentas, leerlo a usted es una experiencia única. Una experiencia que no gustará a todo el mundo, pero que cualquier amante de la literatura sabrá apreciar.

LO. ¡Gracias; muy amable!

P. ¿Qué hay de la tauromaquia?

LO. Me aficioné primero a la literatura y luego a los toros, pero desde muy pronto se convirtieron en dos pasiones complementarias, porque desde muy joven salía al campo a dar capotazos con Néstor Noguera, Chichi González, Luis y Manuel Toro, guiados muchas veces por Antonio Aragón. Así que también la literatura y los toros se mezclaron naturalmente desde siempre, pero ojo, hoy la tauromaquia está muy cuestionada y en vías de desaparición.

¡Pero bueno, el cuento está pesado ya! Solo deseo comunicarles que por estar estudiando me alejé de los toros, los cuales siempre fueron para mí motivo de atención.

P. Cuando un periodista le preguntó a Jorge Luis Borges su opinión sobre la tauromaquia y sobre el torero, este le contestó, palabras más, palabras menos, que la tauromaquia es una de las formas vigentes de la barbarie y que el torero es un cobarde debido a que se enfrenta al toro con estrategias, entrenamientos, armas, estocadas practicadas, clases y mucho estudio premeditado, mientras que el toro no tiene otro recurso que los reflejos de su instinto primario. Por cierto, ¿a usted le gusta toda la faena de una corrida?

LO. Voy poco a las corridas y las últimas veces que he asistido es a las de mis toros. Confieso que no me agrada la muerte y tampoco la pica, pero sé que esta última es necesaria para el espectáculo, ya que de lo contrario sería un suicidio metérsele a un toro sin picar.

P. ¿Tiene vigencia la tauromaquia?

LO. Aún existe en muchos países, pero es cada vez más difícil que persista por mucho tiempo.

P. ¿Por qué?

LO. El movimiento animalista está calando cada vez más hondo.

P. ¿Cómo clasificaría sus obras *"Ganadería Bellavista"* y *"Ganadería La Cruz de Hierro"*?

LO. Investigadores, autores y escritores, han publicado antologías referentes a ciudades, conglomerados sociales, a épocas, o a una serie de sucesos reiterados que aparecen como leyendas, mitos, costumbres, tradiciones muy sólidas y supersticiones populares, que forman parte de la herencia permanente de la humanidad, incluso, se han convertido en un subgénero editorial y va más allá del hecho de que la ficción lleve siglos condicionando nuestra visión sobre esos temas y, yo, que disfruto enormemente de esos aspectos, no dudo en plasmarlos en mis obras, jurungando los quehaceres de los pueblos procurando entender su autenticidad, sus deseos, sus fantasías y sus sueños y silencios incrustados en su entorno. Los temas que toca ese par de obras, los personajes que caracterizan, el lenguaje con que se aborda las narraciones y, la atmósfera cultural que las rodea, hacen que esas narraciones se ubiquen en el concepto de literatura montuna, que he venido desarrollando hace algunos años, y que no es costumbrismo propiamente dicho y como tú sabes bien, ese subgénero narrativo, llamémoslo así, nos traslada a nuestro pretérito, a nuestra procedencia, a momentos y lugares muy auténticos y raizales; a pueblos y comarcas que están llenos de historias, palabras, vidas, semillas, caminos, animales, vínculos, personas, proyectos y oficios.

Por ejemplo, en mi novela *"El Matador"*, de la cual pudiéramos decir, es una descripción de la realidad de la tauromaquia y sin duda alguna, en mis ensayos, monografías y trabajos de investigación sobre *"Ganadería Bellavista"* y

"Ganadería La Cruz de Hierro", donde, teniendo en cuenta que la vida contemporánea es de un terrible anonimato, para contrarrestar esto, me centré en los estamentos: los ganaderos, los empresarios, los toreros y los aficionados, tratando de que la palabra adquiriera madurez y plenitud, otorgándole el nombre exacto a las cosas y dando noticia de su existencia a los demás, poniéndome en escena en esos espacios, asumiendo que esos estamentos tienen una vida susceptible de ser narrada y conocida por otros. En fin, *"Ganadería Bellavista"*, *"Ganadería La Cruz de Hierro"*, y *"El Matador"*, son libros que contienen unas emocionantes bitácoras, repletas de fotografías y, sobre todo, de descripciones de paisajes y momentos placenteros, donde la naturaleza se vive a flor de piel e invade sus páginas escritas con una prosa sencilla y limpia que te invita a su lectura, repleta de contenido, diversa y llena de momentos irrepetibles. De manera que, si deseas hacer un buen viaje a las montañas andinas de Venezuela, sin salir de casa, estos son tus libros.

P. Hay pocas novelas sobre tauromaquia y considero que su novela *"El matador"* mantiene un ritmo elevado y un clímax envidiable, en el que no hay lugar para el descanso. Los personajes están perfectamente definidos y la trama argumental se sostiene por ellos más que por la propia historia y, su estilo directo mantiene el interés del lector. ¿Considera que esta novela llena un vacío?

LO. El peligro más grande de la literatura es el lugar común. Es una trampa. Al hacerlo estás rechazando el intento de la búsqueda, es redundante y es aburrido. Si otros ya lo dijeron, no vale la pena repetirlo. No es fácil que uno llegue a tener la conciencia de que está diciendo algo que nadie jamás haya dicho. Una de las cosas que me da cierta confianza es quedarme cercano a mis experiencias. No porque otros no lo hayan hecho antes, sino porque todos tenemos un camino único. Nadie ha estado exactamente en los mismos lugares.

P. ¿Hay algo autobiográfico en sus obras?

LO. No, muy poco, para mí, escribir no tiene mucho que ver con la realidad y mis escritos, como la novela "El matador" no es autobiográfica, pero en términos generales, como tú sabes, cuando creamos una obra de ficción, recurrimos a recuerdos y fantasías que se acercan a la realidad y algunas veces empleas un yo ficticio con la intención de acercar al lector y crear una especie de diálogo con él, buscando entretener y despertar la imaginación que por lo general se encuentran en las personas, lugares, destellos, añicos del pasado y en el inconsciente.

P. En algunas de sus novelas podemos encontrar una dosis de lo que se ha denominado romanticismo; incluso, varias parecen mostrarnos la moralidad o procurar una enseñanza a quienes las leemos. Percibo que, dentro de estos mensajes, uno esencial es la libertad, el amor e incluso, la muerte. En fin, ¿qué pudiéramos entender por Romanticismo?

LO. El Romanticismo buscaba reflejar la libertad, las emociones, o la lucha del individuo en contra de la propia naturaleza. Fue un movimiento artístico que iba en contra de los preceptos racionalistas que se generaron e imperaron durante la Ilustración. De manera que el Romanticismo es una consecuencia histórica proveniente de diversos factores que ocurrieron en esa época en la cual los artistas buscaron alejarse de cualquier elemento racionalista y didáctico dentro de sus obras, y apostaron por el desarrollo de narraciones y poemas que tuvieran como elementos de inspiración la imaginación, la sensibilidad, la subjetividad y la libertad. Asimismo, aprovecharon los paisajes para escapar de la realidad en la que vivían las sociedades europeas.

Hoy, sin duda, dentro del género narrativo, la novela romántica es muy popular debido a que las historias de amor no han pasado de moda, porque son una parte fundamental de la experiencia vital y de la tradición artística. Así que hay que reconocer que es bastante invalorado literalmente, a pesar de esa popularidad. De manera que se continúa la lectura de esa especie de sub género que sigue teniendo algo de escapismo de las complicaciones concretas y reales, ya que las narraciones románticas atraen enormemente a quienes reivindican la importancia de valores como el amor, el cariño y la preocupación por los demás.

P. ¿Podría nombrarme algunas narraciones enmarcadas dentro de ese género?

LO. Claro, por ejemplo, una de las obras más importantes del Romanticismo es *"Frankenstein,"* de Mary Shelley. En esta novela se observan paisajes góticos, llenos de panoramas exóticos y decadentes. Sin embargo, esto no es todo lo que define a la novela, porque a través del monstruo que creó Shelley, se encuentra una crítica severa al pensamiento ilustrado, donde se muestra cómo el avance científico no toma en cuenta ciertos aspectos éticos que pueden afectar a la sociedad. Otra de las obras más representativas del Romanticismo es *"Las penas del joven Werther"*, de Goethe, donde el personaje principal muestra un amor que se desborda de su alma, ocasionando que el joven se quitara la vida.

Otra de las autoras que revolucionó sobre el tema del amor romántico, fue Jane Austen con su novela *"Orgullo y prejuicio"*, y esto se debe a que la postura del personaje femenino es romper con los estereotipos sociales que existían en el siglo XIX, pues decide no contraer matrimonio, y disfrutar de todos aquellos valores que son importantes en la vida humana, como el amor y la amistad.

Estas bases de romper con todo lo que se constituía como racional y único, como te dije, fue un elemento muy importante para los poetas románticos, pues decidieron jugar con el lenguaje, expresar sus emociones y, en algunos casos, combinar el acto creativo con el opio. Por ejemplo, Samuel Coleridge creó su libro *"Kubla Khan"*, con el propósito de reflejar en sus versos, el estado de una embriaguez onírica que, con el tiempo, influenciarían en la poesía de Charles Baudelaire con su libro *"Los paraísos artificiales"*.

Los temas recurrentes en las obras literarias románticas son muy variados, pueden ir desde la búsqueda de la persona querida en el más allá, como lo hizo Novalis con *""Himnos a la noche,* hasta los versos de Hölderlin que permiten escapar a los ideales para alejarse de un mundo agonizante y precario.

Mas recientemente, *"El amor en los tiempos del cólera"*, de Gabriel García Márquez; *"Cincuenta sombras de Grey"*, de E. L. James; *"Como agua para chocolate"*, de Laura Esquivel, así como también *"Indias blancas de Florencia Bonelli"*.

P. ¿Esto hace más factible que sean las mujeres las que más lean historias románticas?

LO. Así podría decirse, aunque las feministas cuestionan este tipo de afirmación, porque consideran que somete a las mujeres a roles tradicionales, que no representan los nuevos recorridos de vida que ahora superan los momentos en que antaño fueron ninguneadas, ridiculizadas o acalladas. Ahora se tiene el movimiento *Me Too*, que ha generado un gran impacto emocional del que todos tenemos noticia, pero hay que tener cuidado, porque el feminismo pudiera forzar actitudes y roles inconvenientes para las mujeres, como ocurría en otras épocas cuando la mujer tenía que ser madre, y hasta esclava de los hijos.

P. ¿Le gusta el ensayo?

LO. Sabemos que los ensayos, las monografías y los informes técnicos producto de las investigaciones científicas, nunca han gozado del prestigio de otras formas de escritura, pero tienen un carácter más divulgativo, razones que la narrativa pura y, en particular la ficción, desconoce. Así que escribo sobre cuestiones de actualidad y que sean de mi interés por aprender o profundizar, y, trato de hacerlo despojado de la solemnidad o tecnicismo.

En las oportunidades en las cuales me he alejado de la escritura de la novela, o del cuento, ya sea en apuntes, presentaciones, conferencias, reseñas o artículos, reflejo intereses, tanto en variedad como en recurrencia, cometiendo "el error" de dedicarme a la realidad y de allí surge un ensayo, una monografía o un informe sobre un trabajo de investigación, cuyo proceso de escritura, aunque similar, es más riguroso y las distintas etapas duran más tiempo y requiere más trabajo, puesto que la información necesaria para producirlo no puede extraerse de la experiencia personal, pero si algo de los libros, pero sobre todo de la investigación, la documentación, lo leído, hurgado, analizado e informado, de la cual, con seguridad, salen muchas páginas; mientras que, si estás trabajando en ficción, tal vez pases muchas horas dándole y dándole y no produces nada que valga la pena narrar, lo cual puede ser frustrante. Mientras que, en el ensayo, en la monografía y en la investigación, donde sin duda alguna hay investigadores y autores muy buenos, de momento no me acerco en forma permanente, pero como te dije, en mis narraciones no dejan de aparecer visos ensayísticos y de investigación. Internet ha hecho que casi cualquier persona pueda tropezar con los ensayos, las monografías y los informes técnicos-científicos, y es tan verdad que las editoriales que venden gran cantidad de libros, siguen resistiendo al declive de la industria del libro cada vez más pronunciado. Cada cual, a su manera, apuesta por la literatura, publica clásicos, traduce extranjeros, se aventura con autores nóveles, eleva los ensayos, las monografías y los trabajos técnicos- científicos, haciéndolos accesibles y conservando su grandeza, que, entre otras bondades, tienen la de enseñar, siempre y cuando se den con la seriedad y seducción para que el lector se interese.

P. ¿Es distinta su disposición al escribir ensayo e informes técnicos científicos que, al escribir narrativa propiamente dicha, y, sobre todo, ficción?

LO. Sí, para mí lo es. Es muy diferente preparar un artículo, un cuento, un relato, una novela, un ensayo, una monografía o un informe técnico, pero no en el sentido de su intensidad, sino más bien en que, tanto en el ensayo o en la monografía, así como en el informe técnico, es necesario ingresar en el terreno movedizo de la coherencia, y para ello se requiere una mayor documentación previa y, como dijo Umberto Eco, "con el ensayo teórico se pretende demostrar una tesis determinada o dar una respuesta a un problema concreto, mientras que, con un poema o una novela, lo que se pretende es representar la vida con todas sus contradicciones". En buena parte estoy de acuerdo con la opinión del maestro Eco y, en mi caso, para mis narraciones, por lo general procedo a partir de mi propia invención y luego, de ser conveniente o necesario, una vez que tenga el borrador, hago una investigación para fijar un carácter o describir un ambiente en particular, pero, cuando estoy ensayando, no dejo de dar saltos y termino cambiando, con frecuencia, porque no me dejo atar fácilmente a los cánones tradicionales, sino que aprovecho mi libertad para abrir nuevos caminos y abordar nuevas ideas.

P. ¿Se le hace tedioso leer ensayos?

LO. No, de ninguna manera, no me aburren; de hecho, he escrito varios, porque me gusta estudiar y soy bastante técnico. Lo que pasa con ellos es que el formato requerido, desde mi perspectiva, constriñe el texto por la normativa común a las que deben someterse.

Soy un observador ocasional, atento a veces, distraído otras, compulsivo excepcionalmente. No soy un observador obsesivo ni relativamente constante y metódico. Mi mirada de las cosas, mal podrá ser la del cronista. No recorto un fragmento de la realidad para construir una ficción, no tomo notas ni busco contar historias para las que necesite documentarme excesivamente, a no ser que sea para escribir un ensayo, una monografía, un informe técnico, una novela histórica o una historia novelada; estas últimas, porque la tradición es más historicista y tiene todavía esas pretensiones de aspiración científica que muchas veces no son otra cosa que una armadura para defender viejos constructos y formas determinadas de mirar las cosas. No requiero de, ni creo, en esos apoyos, al menos no para mi escritura, para mi idea de escritura novelística, con una historia, intrigas, personajes, diálogos: en ese sentido bastante clásicas.

P. ¿Prefiere la ficción?

LO. Algunas veces encuentro que el mundo ficcional es más interesante y auténtico, que el que vivimos y que no hay arte narrativo como el de las novelas, los relatos y los cuentos; de manera que, en la ficción, la implicación es menor que las que se tienen al escribir ensayos o informes técnicos o académicos.

P. Varias de sus narraciones son una especie de libro de viajes.

LO. Los pueblos, las montañas y en particular el campo, prácticamente constituyen un subgénero literario en sí mismo y autores como Berenguer, Delibes, Iniesta, John Berger o Torga, por citar algunos, se acercan mucho a ese tipo de narrativa. De ninguna manera he sido cronista, pero como nací en la montaña, en los Andes, en una época y en un pueblo donde el campo estaba muy presente, mis primeros recuerdos me llevan a los juegos en esos parajes montañeros pueblerinos a los cuales me asomaba sin formar aún parte de esas montañas.

Eran los libros los que me completaban lo que me faltaba. Los libros fueron los que me hicieron pensar que las montañas eran un camino que me hacía concordar con George

Steiner, en cuanto a mi afición a la montaña y mi desdén hacia la playa, porque cuanto más se escala menos gente se encuentra uno en el camino, se disfruta más la naturaleza; me refiero a paisajes, los entornos y la soledad que hay que captar y apreciar en los momentos justos, pues esos instantes difícilmente volverán.

De manera que sí, considero muy importante el ambiente porque condiciona mucho mi acción y con ello busco retratar el sentimiento cotidiano; que el lector vea y sienta lo que yo veo y siento. Así, muchas veces con un par de detalles, mis lectores encontrarán o reencontrarán las sensaciones que se tienen cuando uno está rodeado de bosques y naturaleza. De manera que trato de lograr que el lector se ubique, recuerde o dispare su imaginación y sientan esa paz y calma que la naturaleza nos transmite, nos embarga y nos inunda, esa energía interna que nos llena al compás de cada paisaje, cada sendero y cada sonido. Por eso busco la descripción de los sitios, el clima, la gente, la gastronomía, los objetos, su manera de pensar y obrar, dejando buen margen para que el lector complete o construya el resto y vaya mucho más allá de mi descripción, pues no pretendo describir

273

exhaustivamente los andes venezolanos; eso lo haría un guía, sino que me centro en la búsqueda de un sentido, de una experiencia única y genuina, del goce de la belleza.

Comprendí que esas cosas tan grandiosas o sutilmente bellas, me pertenecían, pues las había hecho para mí. Que vivía tan aprisa que miraba sin ver, y escuchaba sin oír, lo que verdaderamente vale la pena y permanece.

P. Leyendo sus obras, el lector, inmediatamente lo identifica como andino.

LO. Por supuesto, porque recorrer y describir los andes es una declaración de pertenecía. Frente a la inmediatez y la velocidad, y también el ruido de las grandes ciudades, sentir la fuerza y el rumor del viento sobre los árboles envolviéndote y llevándote, el crujir de los elementos, la parsimonia con la que aparentemente se deslizan las montañas, equivale casi a un posicionamiento ideológico, a optar por una manera de estar, de sentir y de pensar. Hay que tomarlo con calma y mucho entusiasmo, trazar un rumbo, perseguir el viento haciendo bordos, prescindiendo de la línea recta, dudar sobre el destino más apropiado para hacer una parada, calcular las horas de sol y luna, entender que apenas eres una minúscula pieza de un cosmos perfecto si le pides lo razonable y le das lo justo, y que todo es una aventura y que cada momento es irrepetible, que cada pueblo es mágico, por su gente, su gastronomía, su música, sus proporciones, sus escalas y armonías.

P. Se le reconoce por ser un retratista excepcional de personajes y ambientes y, porque en sus narraciones mezcla con naturalidad la historia.

LO. Por lo general viajo con cierta frecuencia manejando yo mismo desde Caracas a Mérida; nunca apresuramos los viajes, pues a través de ellos disfrutamos y nos enriquecemos con todo lo que adquirimos del camino. Disfrutamos de comidas en diferentes restaurantes preseleccionados a través de los años en las ciudades por las que atravesamos para llegar a Los Pueblos del Sur de Mérida. Por supuesto, en cada lugar se respiran diferentes atmosferas, y terminas gustándote unas ciudades más que otras, probablemente por razones irracionales y subjetivas, porque, aunque todo viaje es interior, tiene visos de certeza sobre una realidad que reconozco por mi propia reacción sobre ella. Me detengo en el asombro y la alegría y no puedo quitar mis ojos de la imagen que veo, ya sea un paisaje, un sonido, un ser humano, una cara o un animal. Disfruto la belleza, su atractivo, su magia, su misterio, sus historias, su gente; ves, piensas, escuchas las conversaciones, hablas, compartes con ellas y observas la vida que son poco más que estampas visuales de ese entorno rural de los andes venezolanos: neblina en los caminos y sobre las casas en que se intuye el calor del hogar, aldeanos silenciosos que se funden como un elemento más del escenario y caseríos montaraces que forman una galería de paisajes.

P. ¿Cuál es uno de los finales del camino?

LO. Disfrutamos del camino, paramos en Santo Domingo en el hotel de siempre, donde conocemos a sus propietarios; luego pasamos un par de días en la ciudad de Mérida y, montaña arriba, hacemos una parada en Canaguá, donde compartimos con los amigos.

Ilustración 2
Canaguá

La meta de este viaje es llegar al tope de las montañas donde convergen la cordillera de Canaguá y la cordillera de Guaimaral, entre altos paredones y fallas salpicadas por chorreras y saltos de agua. Llegamos a nuestra finca Bellavista, un paramito de una belleza sobrecogedora; un paraje de ensueño; un lugar mágico, fascinante, tranquilo y, aunque la felicidad absoluta no existe, sentimos que tal vez ella sea.

Ilustración 3
Jardín trasero de la casa Bellavista

P. He leído en varias de sus obras las minuciosas y hermosas descripciones de la naturaleza, de los sonidos de un amanecer en ese sitio que usted llama "Mirador de Bellavista" y se perciben con claridad las imágenes de parsimonia que con mucho esmero usted plasma en palabras.

LO. Si, trato de manifestar la alegría del disfrute de esos parajes en los que hacemos una larga estancia en el seno de una preciosa soledad voluntaria, vinculada a la libertad, que nos sirve para reencontrarnos con lo más profundo de nosotros mismos, aunque sin desconectarnos de la sociedad, pero si, donde los cambios acontecen mucho más despacio de lo que sugiere nuestro engañoso carrusel de novedades esparcidas por las redes sociales. Allí podemos hacer lo que queramos hacer como queramos, sin la presión de cumplir alguna expectativa o mejor aún, si lo deseamos, podemos no hacer nada o seguir moviéndonos a nuestro paso, sin la obligación de que nuestras huellas permanezcan. Allí deseamos una mañana en calma para perderla, sin el remordimiento de que deberíamos estar haciendo algo diferente a disfrutar de un día bonito y conversar con quienes compartimos la tranquilidad de la amistad.

P. Es agradable conocer sus sentimientos con respecto a los habitantes de esos parajes.

LO. Si, esas son personas especiales, espontáneas, directas, empáticas, inteligentes, desinhibidas y solidarias, que despiertan ese vínculo verdadero que nace cuando no te quedas en la superficie, sino que disfrutas y profundizas, lo cual considero fundamental, sobre todo porque hoy se vive en una sociedad que está muy volcada en el intercambio rápido, en consumir relaciones casi desde el comienzo y no creo que así puedas estrechar amistad, porque ella lo que necesita es empatía y la empatía lo que requiere es tiempo, voluntad y sinceridad. Hay cosas que perduran porque nos empeñamos en que duren. Eso nos ocurre a muchos de nosotros con la amistad. No obstante, hemos perdido también un poco la capacidad de escuchar sin ningún fin, simplemente por estar ahí.

En estas montañas las personas no sucumben al anonimato, como sucede en las grandes ciudades, de manera que disfrutamos enormemente con esa gente amante de la vida y la luz, individuos felices en un mundo aislado pero autosuficiente, esa especie de pequeño paraíso. Estas personas nos inundan de pensamientos y nos aportan fascinante información sobre escenas cotidianas, costumbres y maneras de pensar y actuar.

P. ¿Qué los hace regresar con cierta frecuencia?

LO. Comprendemos que necesitamos regresar al campo, respirar el aroma, observar el paisaje, sus aves, árboles y flores, las quebradas, bosques y esa especie de soledad familiar... esos lugares que terminan constituyendo motivos para reflexionar sobre la vida y el caminar sin prisa.

Allí no existen amaneceres angustiantes que se apoderen de nuestros pensamientos y nos impulsen a querer levantarnos de la cama. Tampoco escuchamos el sonido de las manecillas de un reloj que nos haga pensar en el tiempo, en ese tiempo que a veces termina por agobiarnos.

P. Entre sus rutinas, ¿Qué hace dentro de la casa Bellavista?

LO. Suelo dividir el día, no sólo en mi casa en Caracas, sino siempre que pudo, en dos partes: de cuatro a cinco horas diarias, las de la mañana, para la lectura y la escritura; y las otras para almorzar con calma y tomar una siesta, independientemente de donde me encuentre. En Bellavista mi rutina de la tarde difiere, porque los parajes me obligan a salir a los jardines y al campo y, por supuesto, a compartir con amigos y lugareños.

Como soy un impenitente lector y como también lo hago en mi residencia habitual de Caracas, en Bellavista, temprano antes de la media mañana, cada día, en mi biblioteca, un espacio sin tiempo, acogedor; para mí, algo así como una catedral del saber; una reserva de curiosidad que me invita al uso del tiempo y, como por lo general hago, sin importar donde me encuentre, por unas horas en los que la irrealidad lo impregna todo, leo y curioseo entre los libros como si se tratara de un lugar de descubrimientos continuos, lo cual se hace realidad a través de la lectura y, en el silencio, que trato de dominar, escribo nutrido por lo cotidiano y la belleza de los detalles. A veces pienso que aprendo un montón de cosas nuevas o me quedo absorto releyendo a mis autores preferidos. Y en aquellas montañas de aire transparente parece que la imaginación me llena de vida, me permite escapar de las riendas de la razón y me doy cuenta de que necesito menos de otras, como las redes sociales.

Así que, entre lecturas, salgo de la biblioteca, disfruto de la sala y me dirijo a la enorme cocina-comedor, atravesando el largo pasillo por la fachada oeste, que separa el salón del comedor, disfrutando de los enormes ventanales revestidos por fuera de hiedra, que, no obstante, permite que la luz se filtre durante todas las horas de la mañana y la tarde y hasta casi oscureciendo.

De manera que sí; paso horas en mi biblioteca donde mis ojos se detienen en algunos libros, y recuerdo que no solo son libros viejos, sino que además cada uno tiene su historia y evoco las veces en las que sus páginas me devolvieron la alegría y hasta me hicieron creer en un mundo feliz. En esta biblioteca predominan los libros sobre la naturaleza; esto es, plantas y animales, aves, pero fundamentalmente sobre caballos, vacas y toros.

Ilustración 4
Mi biblioteca de Bellavista

También llevo y traigo una biblioteca flotante que me acompaña, leal siempre, repartida por varias zonas de la casa, y te cuento que a menudo me son asombrosamente útiles. Además, como allí no tengo internet, mantengo diccionarios y enciclopedias; el resto de esa biblioteca lo integran novelas y otros libros de ficción que por lo general son repetidos porque en la biblioteca de mi oficina y en la de mi casa de Caracas, ya tengo otro ejemplar, debido a regalos. Allí tengo novedades editoriales cuya lectura emprendí en su tiempo con ilusión y curiosidad; pero a medida que me hago mayor, me inclino más por los viejos conocidos, que, a decir verdad, nunca son del todo viejos porque tienen la cualidad de amoldarse, renovados, frescos y sabios, a la mirada cada vez más fatigada de este, su lector que acude a ellos de vez en cuando.

Entonces pienso que encontrar una frase vale más que todos los títulos del mundo y que mi pasión por la lectura, la escritura, la cultura, la naturaleza y el arte, son los hilos que tejen mi felicidad y el motivo principal para pasar tiempo en aquellas montañas a las que considero un ente vivo que juguetea durante las horas más bellas del día, una especie de plena primavera que tiene alma y puede hablar al amanecer y, cuando el sol se va, echándose a dormir en el horizonte, trae su tono íntimo y sosegado con el que la vida parece discurrir por esos lugares apartados, modestos y plácidos, rincones que pocos conocen.

P. Cuénteme más sobre Bellavista

LO. Bellavista es un paraje abierto, muy cerca del cruce de caminos de amplios y múltiples intereses de la gente que va y viene de Guaimaral hacia o desde Canaguá; de hecho, con mi permiso, "El Mirador de Bellavista" funciona como un parque al cual acuden los visitantes, algunos asiduos en los que podría captar el paso del tiempo, pero por mucho cariño que se le coja a un lugar, llegar a comprender el alma de los pueblos, si es que eso existe, lleva mucho más tiempo...

La quietud de esos parajes me permite percibir, en el día a día, la vida de la gente anónima, observar su evolución, ver cómo transcurre el curso del tiempo en sus rostros y en sus cuerpos, advertir cómo deja una marca a su paso en cada uno de ellos.

He de reconocer que el silencio y la sensación de que los compromisos pulsan allí el botón de pausa al esfuerzo de estar alerta a las noticias que acostumbro a recibir en la ciudad, para formar ideas propias y observar no solo con los ojos, sino con todos los sentidos; respirar mejor y hacer más. No obstante, y, por el contrario, después de mi acostumbrada siesta luego del almuerzo, y varias veces por semana, en la casa tenemos visita de amigos y conocidos, incluso de amigos de nuestros amigos con quienes entablamos conversaciones sobre la imaginación y la vida, al sonido de un violín, una viola, un cuatro o un arpa, que se trabucan con el ruido de la nada.

Ilustración 5
En la cocina de Bellavista, compartiendo con el Cardenal
Baltazar Porras y el padre Honegger Molina

Ilustración 6
En la casa Bellavista, con Albertina, Nunzio Cimino
y yo, Luis Ortiz

P. ¿Qué es lo que más disfruta de su estadía en Bellavista?

LO. Disfruto cuando encuentro la grandeza en las cosas más simples; los lentos paseos por los jardines para oler una flor, tocar la húmeda tersura de un verde césped, escuchar detenidamente el trino de las aves, disfrutar el dorado de un atardecer y detenerme en "El Mirador de Bellavista", un sitio donde los amaneceres y los atardeceres son un vivir de estreno cada día que nos dispone a redescubrir lo que nos rodea: el calor del el sol y el aire puro que no encuentra obstáculos. Encontrarse a uno mismo y perderse por caminos inciertos y celebrar la vida contra todo aquello que nos transforma en máquinas.

Ilustración 7
Jardín trasero de la casa Bellavista

Ilustración 8
Con Reinaldo Mora (Nano), en BV

Ilustración 9
Con mi Yerno Carlos Cabello, en BV

P. ¿De esos viajes salen narraciones?

LO. Muchas de las impresiones que observo de esos rutinarios viajes, me preparan, sin saberlo, y me incrustan recuerdos, a veces más intensos que lo que estamos viviendo realmente y los plasmo en algunas de mis obras, donde me paseo por el reverso de la aldea global, un espacio real, físico y visible, donde no llegan las huellas del turismo.

Escribir es como pintar una escena, tienes que elegir qué elementos pueden ser contundentes. Para mí es importante la experiencia de los sentidos y las emociones que provoca lo que vemos y experimentamos y, repito, no existe un mejor lienzo que la literatura; ella permite recogerse en ellas para encontrar ecos de su propia observación y vivencia, recuerdos geográficos, hasta históricos, viajar con la imaginación y darle colores a la cotidianidad, a los lugares, los objetos y a las personas que con frecuencia y lamentablemente retratamos literalmente. En mis escritos trato de invitar al lector a indagar y entender el arte desde la propia vida, cultivar su mundo interior, a reflexionar sobre la relación con el lugar y los valores de la gente ¿Qué mejor arte puede pedirse?

P. ¿Le gusta el diálogo?

LO. Me gusta el diálogo, por eso me inclino al cuento y la novela, porque hasta cierto punto no soy muy bueno para elaborar un argumento y con frecuencia rehúyo el relato; así que utilizo con más libertad el diálogo, el intercambio entre los personajes.

P. En los finales de sus narraciones, con frecuencia nos encontramos con sorpresas.

LO. Me ocupo de que los personajes de mis obras vivan intensamente las situaciones en las que los ubico, empleando en lo posible, el método autorreflexivo en mi narrativa e introduciendo una mezcla de dramatismo y algunas veces algo de desesperación; una dosis de realismo y momentos de felicidad, pero, siempre tratando de indagar en la mente humana utilizando, en muchas oportunidades, personajes redondos.

Hay ciertos puntos de la obra que uno escribe ciertos enigmas que quedan en el aire irresueltos cuando el lector termina de leer el cuento o la novela. Pero en parte tiene sentido, pues nunca llegaremos a conocer toda la verdad que hay dentro de la historia que hemos escrito. No sabemos exactamente donde terminan todos los hilos que la han ido tejiendo, y más teniendo en cuenta que parte de ellos existen solo en nuestra imaginación, no sabiendo, en algunos casos, cuáles han sucedido realmente o son puramente un producto de esa imaginación y, por lo tanto, dejamos la puerta abierta para que el lector pueda, libremente, desconfiar del final ofrecido y, de alguna forma, completar eso que está escrito, o crear, a su antojo, su propio final, porque por lo general a mí me sucede lo que a muchos narradores, que no tengo grandes intenciones de definir cosas, de decir cómo tienen que ser la sociedad y las personas. Simplemente construyo personajes que me parecen verosímiles y, de alguna manera, voy narrando lo que sienten y piensan a través de lo no escrito mediante lo escrito, tratando de presentar lo invisible por medio de una frase, llamando la atención sobre el momento que se presenta entre el lector y la obra, que es donde tiene lugar la verdadera acción de todas las narraciones, pues una obra narrativa se convierte en sí misma, en el momento de ser leída detenidamente.

P. En ocasiones necesitamos finales felices.

LO. Pues sí, porque los finales felices alejan de los problemas cotidianos a la mayoría de los lectores; son un toque de endorfinas que adormecen momentáneamente al cerebro frente a la realidad. Y es por eso que el héroe de las narraciones muchas veces da esperanza. Si él se salva, tal vez tú también puedas hacerlo y eso es cierto porque el ser humano tiene una insana tendencia a regodearse en lo negativo, va de lamento en lamento, siempre está quejándose de sí han quitado esta cosa, o si han quitado la otra, o si han hecho esta cosa tan fea. Así que quitarle importancia a situaciones cotidianas para restarles también la dosis de tragedia de la que se suele revestir muchas cosas, es atractivo para algunos escritores.

Todas las historias, al menos las que tienen un toque de realidad, tienen diversos finales posibles. Pero repito, el final de una obra puede ser sólo una labor de técnica, pero es necesario que ese final sirva para el lector reimagíne lo que el autor le quiso transmitir y que no se quede como una simple recreación, sino que la reinterprete.

P. Pero la plenitud y la perfección no son de este mundo.

LO. Sin embargo, lo necesitamos para sentir que estamos en el buen camino es comprobar que algo de lo que hacemos está bien y hace el bien. Es muy difícil explicar la violencia y el mal. La banalidad, la ignorancia, la falta de calidez y de horizonte, una sociedad tremendamente consumista y competitiva son algunos de los factores que podrían formar parte de dicha explicación.

P. ¡Qué opina sobre los premios?

LO. Teóricamente los premios literarios nacieron con la aspiración de descubrir a nuevos autores y darles un respiro económico, ya que él trabaja durante años sin cobrar, por lo que un premio le puede cambiar de manera importante su futuro económico, y eso a los lectores no les parece mal. Adicionalmente, ese dinero se traduce en tiempo, para escribir, confirmar y consolidar escritores ya formados y poner un foco de interés público sobre los ganadores, reafirmando o mejorando su posición en el ecosistema cultural. Pero en general, más allá de los autores, los premios deberían revalidar la visibilidad social de la literatura y fomentar la lectura.

Por otro lado, los premios deberían suplir una necesidad material, la de permitirle al autor comprar tiempo sin las exigencias que impone el mercado; deberían servir para darse una idea de la salud de la literatura y ser una referencia para el lector quien se inclina a suponer que la obra o incluso el autor, son buenos.

P. ¿Eso le cambia el valor de lo que ha escrito?

LO. En realidad, un premio no debe cambiar la valoración de la obra. Si una narración o un ensayo es bueno, no necesita el aval de ningún premio. Y si la obra premiada es mala, aunque se venda, seguirá siendo mala. Nadie se presenta a un premio para saber si su obra es buena o no, sino por razones mucho más terrenales: cobrar mejor por el trabajo realizado, y conseguir más lectores.

En fin, la cantidad de dinero asignada siempre es un indicador de la promoción que tendrá.

P. ¿El otorgamiento de los premios es dudoso?

LO. Sería injusto sospechar de la complicidad de los jurados, porque ellos mismos, si es que no lo hacen los organizadores, siempre aclaran que eligen al ganador entre un reducido número de obras preseleccionadas por la editorial. Es absurdo pensar que un jurado leerá mil manuscritos, por lo que, en este proceso de preselección, cabe la posibilidad de manipular la decisión final.

El mayor premio del mundo hispano está dotado con un millón de euros. Si el autor trabajó cinco años en la novela, el premio (sobre el que tendrá que pagar la mitad en impuestos) no llega al cincuenta por ciento de lo que gana un diputado.

Piglia, la única vez que respondió a una entrevista sobre el premio, fue muy claro: se había presentado "porque el techo de su casa se llovía, y no tenía dinero para repararlo". La novela premiada, treinta años después, se sigue defendiendo sola, su título es *"Plata Quemada"*.

P. ¿Los premios se otorgan con ecuanimidad?

LO. En el fondo, algunas veces, los premios tienen poco que ver con la literatura, son cosas para tener eco entre el público, entre quienes compran libros, o con la vanidad humana.

Como te dije, en teoría, este tipo de premios debería servir para "descubrir" a nuevos autores, o para dar un espaldarazo importante a los ya publicados. En base a eso, muchos premios literarios son otorgados a conciencia, tal como el Iberoamericano de Poesía Pablo Neruda, el Reina Sofía, el Príncipe de Asturias, el premio La Sonrisa Vertical y Tusquets, el Booker, el Premio Nacional de las Letras Españolas, el Premio de Literatura Latinoamericana Juan Rulfo, el Premio de las Artes y las Culturas de la Fundación Tres Culturas y el Octavio Paz de Literatura, además del Premio Internacional Don Quijote de la Mancha, el Premio Nacional de las Letras Españolas, el Mahmud Darwish de la Universidad palestina de Birzeit. el Premio Formentor de las Letras y tal vez el Cervantes, el premio Goncourt; pero, por ejemplo, tanto el Rómulo Gallegos, como el de Fundarte, hoy, debido a extrema politización, se asegura que están completamente arreglados y muchos escritores se abstienen de presentarse o retiran su obra, para no legitimar al régimen y/o a la corrupción.

P. ¿Pero en el supuesto de que sean otorgados en base a los méritos, en qué ayuda al autor?

LO. De cualquier manera y hasta desgraciadamente, en el fondo, los premios no añaden nada a la obra de un autor, si un premio corrigiera los deslices que hay en las obras literarias, valdría la pena tenerlos todos, pero no es así, la obra es igual con premios que sin ellos y hay muchos buenos autores que no han recibido premios. En fin, no es la premiación lo que legitima a un escritor; como te dije, ella refuerza, pero es la calidad de su literatura la que verdaderamente tiene valor y el veredicto definitivo pertenece al tiempo y a los lectores.

P. ¿Cómo es la relación autor - editor?

LO. En general, la relación entre el autor y el editor se basa en la confianza mutua. Normalmente, cuanto mayor es una editorial, más diluida está la relación entre ellos. Existen otros muchos autores, y a la empresa editora le interesa obtener beneficios para mantenerse y crecer. Si es grande, necesita más ganancias, con lo que apostará por obras más comerciales. Existen potentes grupos editoriales sin editores, o cuyos editores tienen poco margen de actuación, o poco tiempo para dedicarse a los autores, porque se les exigen resultados más económicos que literarios. Algunos grupos cuentan con premios suculentos, una muy buena distribución y mucha publicidad. Pero para que puedas acceder a todo eso, tienes que estar entre los más vendidos.

P. ¿Cuáles serían los más vendidos?

LO. Entre los más vendidos no siempre están los mejores libros, porque es vos populi en el mundo literario y sobre todo en el de los autores, que la mayoría de los premios son otorgados a los autores del catálogo de la editorial o, al extrabajador de la editorial que organiza el certamen y, por supuesto, el familiar, el amigo y hasta a la amante del editor. Todo ello existe y puede ser mejorable y en ciertos casos convendría afinar sus mecanismos de entrega. Pero muchas editoriales cumplen un papel beneficioso y necesario y lo que aportan supera sus posibles inconvenientes.

P. ¿Por qué no está seguro sobre la forma en que se adjudican los premios literarios?

LO. Bien, entiendo que quieres remarcar este asunto de los premios. Como te dije, para nadie es un secreto que existe una regla no escrita sobre la forma en que se ellos se reparten. Esto se puede notar en los premios nobel de literatura que se han dado últimamente, que han sido otorgados a figuras de segunda o tercera línea y peor aún, premios salpicados por las acusaciones de tráfico de influencias y otras relaciones deshonestas; incluso, el disparate de habérselo otorgado al cantautor estadounidense Bob Dylan, lo cual fue muy injusto con los escritores y ha estado en deuda con Philip Roth, con Kundera, así como con Borges y Carpentier, quienes, como sabes, no reservaron pasajes para Estocolmo.

Hoy la industria de la literatura escrita no es de las más sanas, porque muchos premios se otorgan basándose en criterios de oportunidad y no de excelencia y suelen ser, como te dije, simplemente máquinas de promoción para escritores elegidos de antemano, algo que sucede especialmente con los de mayor dotación económica. Algunos concursos literarios se abren, pero el veredicto ya está dado, porque se trata de promocionar a un escritor, al que se eligió de antemano para darle el premio, para vender más, basándose en que ha sido ganador del certamen. Creo que, en la dinámica editorial de algunos premios, los afanes comerciales se han hecho más evidentes y descarados: los más veteranos y consagrados no parecen tener el menor interés en descubrir nuevos valores, prefieren no arriesgar y premiar a los autores de su casa, importando muy poco que la obra premiada aporte o no valores literarios. Las decisiones de esta naturaleza son tomadas por comprometidos editores y autores constituidos como jueces, pero a aquellos a los que nos gusta la literatura nos alegra encontrar libros de autores nuevos que sobresalen de manera espontánea e irrumpen con fuerza en el mundo literario.

P. ¿Cómo crees que está el panorama editorial?

LO. Esta complicado. Leo crítica y reseñas literarias, pero cuando estaba en la Universidad iba a las librerías y me dejaba aconsejar por los libreros. Ahora, los escritores tienen que dar a conocer su vida para que el público sepa quién eres antes de leerte. Y lo triste es que te leen y te publican en función de tu fama, una fama normalmente adquirida, como ya dijimos, por otras causas.

P. ¿Podrá el libro en papel ser desplazado por los medios de comunicación de masas?

LO. La sociedad contemporánea ha generado una paradoja en cuanto a la recepción de la literatura: cuando una población mayor ha tenido acceso a la lectura, los medios de comunicación de masas debilitan los discursos verbales; la naturaleza misma de las competencias audiovisuales le resta espacio al libro y a la lectura porque el tipo de lector generado en dicho entorno se resiste a la modalidad de recepción lenta, detenida, exegética, que exige la literatura.

No obstante, el libro en papel, tiene interés desde varios puntos de vista. Por ejemplo, como objeto físico, con su formato y sustantividad propia, que forma una unidad con su contenido. Quizá por no tengo gran afición al libro electrónico, en el que todo esto queda bastante diluido y solo el texto en sí conserva su importancia. De la misma forma, tal vez con mayor intensidad, el hecho de leer en un momento y lugar determinados le añade al libro en papel, características subjetivas que, si son suficientemente potentes, quedan fundidas con aquello que recibimos del autor y muchas veces como recuerdos intensos y nítidos que, en mi caso, siempre me traen a la memoria situaciones similares a las que alguna vez he vivido, libros leídos en circunstancias singulares, que han quedado para siempre indisolublemente unidas a aquellas lecturas.

En general, abrir un libro y perderse en este, disfrutar las historias y dejarse llevar por mundos imaginarios y más, no tiene precio; claro, también puede lograrse con un e-book, pero difícilmente el libro de papel a corto y mediano plazo va a ser desplazado, pero es verdad que la edición de literatura pasa por un mal momento y vender libros en papel, sin duda, es un negocio que se está desvaneciendo mientras la lectura en línea crece aceleradamente, a pesar de su intangible formato y el elevado IVA que se le aplica en adición a la piratería. Así las cosas, no es un momento fácil y en este contexto recesivo, la cultura, y en particular la lectura, se ha convertido en un bien suntuario que indudablemente afecta negativamente, estanca las ventas, cierra librerías y saca de circulación a periódicos y revistas. Casi ningún editor ofrece una nueva obra. Vamos a estar claros, así como a un autor se le hace casi imposible vivir de la escritura, tampoco editar libros enriquece, al menos enormemente, a la mayoría de las buenas editoriales y, por lo general, tener una editorial, incluso, una librería, es como el divorcio: un salto a la miseria.

En su mayoría, hoy, para demorar el cierre definitivo, las editoriales se están limitando a refritos y, aquellas que aún sobreviven, buscan las ventas fáciles y rápidas, lo cual ha dado el comienzo a una nueva era en la cual las ventas se concentran y las librerías se convierten en cadenas, buscan nuevos nichos y los supermercados se convierten en prioritarios lugares de venta, y todo se orienta generalmente hacia libros banales, libros que se pueden vender masivamente en poco tiempo, porque, vamos a estar claros, los textos literarios ya no son considerados como posible fuente de ingresos, todo lo cual va castrando a autores nuevos y limitando, para mal, el mundo de los estamentos básicos de los libros, de la literatura.

P. ¿Visita las librerías?

LO. Ya voy poco a las librerías. Busco los libros por Internet, en Amazon, Goodreads, Google, The Little French, eBay, Autoreseditores, Mercado libre, y de vez en cuando en las ferias de libros y debajo del puente de la avenida Fuerzas Armadas, en Caracas. Las razones son muchas. Una, que ya no tengo tiempo disponible para rebuscar en los estantes; además mi vista ya no me ayuda y, no tienen sistemas computarizados fidedignos. Otra, es que, las buenas librerías están desapareciendo en la medida en que sus dueños van muriendo, ya no son lo que antes fueron, tienen pocos libros de actualidad, se transformaron en papelerías y, como hablamos, hasta en supermercados. Por otro lado, si las grandes editoriales, como Planeta, empiezan a vender directo, por ejemplo, en Mercado Libre, lo cual, por supuesto, no es ilegal, traerá implicaciones futuras en el desenvolvimiento de las librerías, las cuales terminarían eclosionando.

P. ¿Los espacios que antes podían ser librerías, ahora tienen otros destinos?

LO. Así es, estamos claros en que la baja rentabilidad del negocio ha hecho que numerosas librerías cierren sus puertas.

Muchas tratan de sobrevivir vendiendo algo más que libros; buscan opciones nuevas, porque las fórmulas tradicionales ya no funcionan. Incluso, cocinar, en algún sentido se parece a leer, o al menos muchos lectores son sibaritas, los libros gastronómicos comparten estantes con utensilios, vajillas de porcelana y botellas de vino y hasta se sincronizan con el clima: ahora es tiempo de naranjas, de mangos, fresas o moras, y se ofrecen frascos de mermelada y manuales para su preparación. Los volúmenes sobre el mundo del motor conviven con un auto de carreras y, los de historia y ciencias naturales con una cabeza fósil de mamut.

P. ¿Existe un monopolio editorial?

LO. Particularmente, en América Latina, gran número de editoriales se quejan de que prácticamente la edición comercial de libros está en manos de dos grandes grupos españoles: Planeta, y Penguin Random House; aspectos similares se dan en otros países, como, por ejemplo, en Inglaterra, donde Hachette y Penguin Random House, que pertenece al grupo alemán Bertelsmann, monopolizan las ediciones. En resumidas cuentas, la concentración de la oferta editorial sigue las mismas pautas que cualquier otro segmento de la economía; esto es, ampliar el volumen del negocio y reforzar de este modo su posición en un mercado mediante la adquisición de empresas para incrementar su volumen de ventas.

P. ¿Cómo terminará esto?

LO. Más temprano que tarde, la gente va a terminar leyendo de una manera distinta y más barato, lo que significará, si no el fin, al menos la mengua del libro impreso, la desaparición de las librerías físicas y, por supuesto, las ferias dedicadas a los libros, porque, a pesar del montón de publicaciones, muchos lectores terminan abrumados por tanta oferta, pero que no la sienten reflejadas, porque cada vez se hace más caro publicar en papel, debido a los costos del papel, la tinta, la impresión y la distribución. Así las cosas, no le veo un futuro primoroso al libro impreso, a pesar de que en los últimos años han surgido un buen número de editoriales pequeñas, que, aunque están conscientes de que vender libros es un negocio difícil, dan rienda suelta a su pasión en paralelo a ese sector editorial al cual me refería, que ha engullido algunas de las editoriales independientes clásicas cuyos catálogos ahora suelen centrarse en un gran cúmulo de banalidades que son publicadas con la excusa de que venderán mucho, cuando la mayoría de ellas son un gran fracaso, y han relegado casi todo lo demás.

P. ¿Qué pasa o pasaría con los lectores y las empresas que mueven la industria de los libros?

LO. Ellos prefieren seguir en el camino tradicional antes que apostar más decididamente al formato digital, a pesar de que este representa aproximadamente un 20% de lo que cuesta editar un libro en papel; de tal forma que la transición de papel a digital también se está realizando por motivos económicos; pero, indudablemente mediante el formato electrónico puedes acceder a inmensas novedades y, de paso, solucionas la falta de espacio físico y el almacenamiento. Además, es más sencillo acceder al producto con la descarga y su uso inmediato. Así las cosas, el libro impreso está dejando de ser el termómetro de la vida intelectual, a pesar de que los autores y escritores seguimos necesitando la legitimidad que nos da el papel.

En mi caso crecí leyendo en papel y ese formato aún lo prefiero sobre el digital; pero con toda seguridad, el futuro es de aquellos que hoy crecen con Google y YouTube, por ejemplo, y estudian con libros digitales; es más, siempre he pensado, y creo que hoy se está trabajando en el desarrollo de un chip mediante el cual se espera implantar, en el cerebro, el contenido de millones de libros. No obstante, aún hoy mantenemos cierta resistencia al formato digital porque todavía existe cierto romanticismo en leer libros en papel, pero es innegable que la tendencia va en esa dirección y llegará el momento en el que el libro en papel será una antigüedad a coleccionar y los sobrevivientes añoraran el olor y el tacto del papel, el placentero y leve crujido que se produce al pasar las páginas, pero habrá perdido el valor de uso frente a las ventajas del bajo precio, la capacidad de almacenamiento y la conectividad que permiten los soportes digitales. En ese sentido, la edición electrónica es un hito revolucionario, y me parece loable que exista gente que digitalice títulos agotados que las editoriales no los reedita más. Ello hace que los libros electrónicos, páginas web, portales, blogs, podcasts, vídeos, etc. crezcan, se popularicen, y permitan llegar mejor a sus lectores y entregarles más opciones de acceso y contenido cultural.

P: ¿Produce el mismo efecto un libro en una pantalla que un libro en el papel?

LO. Simplemente porque la literatura depende del poder de las palabras que terminan redimiendo, dinamitando, conquistando y diciendo lo que no se sabe decir de otra manera y, por el contrario, la imagen, como en la televisión, los celulares, algunas redes sociales y el cine, tienen muchas veces una fuerza emotiva mucho más grande y diversa, pero con efectos totalmente diferentes. Repito, los libros electrónicos son una opción bastante sostenible, práctica, económica que permite un amplio catálogo de libros fácil de llevar siempre contigo, algo que sin duda nos ayuda en el día a día, porque nos brinda la posibilidad de contar con una herramienta que facilita realizar búsquedas de forma rápida y sencilla, así como organizar los libros por colecciones o etiquetas; esto es, permite crear bibliotecas virtuales, que, a diferencia de la biblioteca tradicional, sirve para aplicar filtros inteligentes para hacer la búsquedas de los libros. Entonces sí, es una herramienta muy útil para mantener todo en orden, sobre todo cuando tenemos un gran catálogo de libros, porque permite identificarlos rápidamente y ordenarlos como se desee. Pero hay que tener en cuenta que en los libros en formato electrónico se usan oraciones y párrafos más cortos, mientras que en un libro en papel puedes tener párrafos que ocupen varias páginas. Pero si, los medios masivos de comunicación afectan, y mucho; no obstante, la palabra sigue siendo el centro del mensaje literario, por supuesto, pero la organización de ese mensaje está cambiando y en muchas oportunidades se trata de un planteamiento generalizado, múltiple, constante. Lo importante es que se esté claro en que la literatura permite analizar más detenidamente cada experiencia humana y fijar la imagen en el instante en el que la vemos y los sentimientos son los que tenemos en ese momento.

P. ¿En el caso concreto de Venezuela?

LO. La crisis económica por la que ha venido atravesando Venezuela ha generado el cierre de, al menos, el 90% de sus librerías. Las librerías grandes como Tecnociencias cerraron 30 librerías, Nacho cerró 60 y Las Novedades cerró 70 y un sin número de librerías más pequeñas se fueron, debido a que no podían honrar los compromisos económicos.

Creo que, para bien, muchas las librerías que han sobrevivido esta sostenida crisis, se están convirtiendo en lugares de encuentro donde además de ir a comprar libros, se puede tener conversaciones con autores y disfrutar de encuentros culturales.

P. ¿Aprovecha la tecnología para leer?

LO. ¡Claro!, como te dije, también están las otras "nuevas tecnologías" en las que me siento como pez en el agua, aunque en algunos momentos a punto de ahogarme: las redes sociales. Mis seguidores y amigos en Goodreads, Facebook, en X, en Google, en Instagram, incluso en Threads, y hasta en Telegram, me hacen sentir bien por poder comunicarme con ellos, tenerlos a mano, y que ellos me tengan a mano. Creo que una de las maneras de no hacerse viejo, es viviendo en el mundo nuevo.

El libro ha superado todos los intentos por su desaparición desde que entró en la revolución tecnológica y su edición en papel no se va a terminar muy pronto. De cualquier manera, los libros electrónicos siguen siendo libros, lo que ha venido cambiando son las prácticas de su lectura; de tal forma que, si alguien prefiere leer en ellos en lugar de hacerlo en un libro de papel, que lo haga. Como te dije, a mí me gusta mucho el libro en papel, apreciar su cubierta, lomo y contracubierta, su edición en general. Abrir las páginas y leerlo pausada, placenteramente; incluso subrayar la frase temática, marcar mis acuerdos o desacuerdos y finalmente emitir mi opinión sobre el contenido y/o el estilo empleado por el autor; por supuesto, esto último también es factible de hacer con el libro electrónico, pero son sensaciones diferentes, aunque lógicamente, tomo las ventajas de los instrumentos de la modernidad, que para algunos parecerían ser una maldición porque abandonaban, hasta cierto punto, el mundo que estaban acostumbrados a ver, pero que para mí siempre han representado lo contrario, porque son formas nobles de aproximarse al mundo sin perder la cordura en el trayecto y porque me facilitan mis oficios, ejercer la ingeniería, el derecho, la ganadería y/o la escritura y la edición, aunque ahora añore aquellos tiempos en que debía levantarme de la silla a consultar el diccionario, lo cual hago ahora en línea, o a buscar un dato en un libro metido en un lejano anaquel de mi biblioteca, porque ahora tengo acceso en el inmenso archivo que me brinda la red. Pero son nostalgias nada más, y no por eso voy a renunciar a las eficaces ventajas de las "nuevas tecnologías", que cada vez nos ofrece más posibilidades. En todo caso, el mundo del libro electrónico es imparable, porque a ello hay que sumarle la posibilidad cierta de rentabilidad, sin gastos en imprentas, disminuyendo intermediarios, que encarecen el libro en papel y hacen que poca gente viva de eso o malviva, por la falta de ingresos suficientes.

P. ¿Al leer en un formato electrónico siente que está traicionando algo?

LO. Leo de las dos maneras, sin dificultades de ánimo, ni mala conciencia. Por el hecho de leer en la pantalla, no siento que esté "traicionando" a los libros, mis viejos y entrañables conocidos.

P. ¿Nos ha venido cambiado Internet?

LO. Si, sin duda alguna, hoy la tecnología, los medios masivos de comunicación potencian un público especialmente activo en redes sociales y eso, de alguna manera crea nuevas soledades y, particularmente, en el ámbito de la literatura, ha estado cambiando la fuente de la lectura, pero es obvio que en estos tiempos del "click" no han aumentado los lectores ni la naturaleza del lector. No obstante, creo que la literatura perdurará aunque sigamos utilizando cada vez más Internet para conectarnos con amigos, leer las noticias, leer libros, ver videos, escuchar música, consultar algo que no sabemos, revisar mapas, conversar y escribir, pero sí, la red, nos ha traído grandes transformaciones en la manera en que adquirimos conocimiento, y en ello incluimos, por supuesto, al discurso literario, que, parece lógico, ha cambiado la manera de introducirse en un gran público; pero ojo, no toda la población tiene el mismo acceso a ella y son los sectores más vulnerables, por edad o por capacidad adquisitiva, los más perjudicados.

P. ¿Tenemos más información?

LO. Hemos pasado de una etapa de la historia humana, en la cual teníamos muy poca información, a una nueva etapa en la que algunos tenemos exceso información. Así las cosas, hoy la dificultad no es acceder a la información, sino encontrar la información que deseamos, en medio de tanta información que se introduce en nuestra vida como instantáneas fugases que empobrecen nuestra experiencia del mundo y no nos dejan tiempo para reflexionar ni disfrutar el presente.

De hecho, tengo seis nietos entre los 15 y los 23 años, y todos tienen Tablet. Son lectores, pero si llegan a ser buenos lectores, probablemente serán de contenidos digitales, porque el cambio de material impreso a digital es una realidad y hasta natural.

En mi juventud, el mundo no estaba, como hoy, en la nube; la televisión no era muy atractiva, pero, sobre todo, no existía Internet ni los e-Reader, ni los celulares y mucho menos Facebook, Instagram, X, Signal, Threads, Telegram, YouTube, Netflix, Line, WeChat, Kakao o Tic Tock. También se trata de una cuestión de modas, ya que incluso algunas de estas redes que te mencioné, también van desapareciendo y dando paso a otras. De manera que se trata de mutaciones y bifurcaciones de rutas de socialización digital. Así que mañana habrá otra plataforma.

P. ¿Internet ha cambiado la interacción literaria?

LO. La llegada de internet ha supuesto un nuevo modo de disfrutar de la literatura y entender la relación entre los críticos, el público y los autores en el campo de las letras. Con Internet, las reseñas literarias han dejado de ser exclusivas de la prensa para reacomodarse en las páginas de las webs literarias, en los blogs personales, en los posts de Goodreads, Alexa (Amazon), Google, incluso Siri (Apple). De este modo, han nacido multitud de nuevas vías que favorecen la lectura, la interacción entre lectores y escritores.

P. ¿Se está pasando el tiempo sin adquirir conocimientos?

LO. En parte sí. Como hemos señalado, las redes son algunas de las grandes antagonistas de las librerías que lamentablemente permiten, a muchos, pasar el tiempo sin adquirir conocimientos ni cultura. Para muchos, la vida entera transcurre en internet. No hay pensamiento o conocimiento que no pueda encontrarse en Google, ni barbaridad ni ironía, porque los halcones siempre están dando vueltas alrededor de las palomas, pero también de la crítica o el chiste que deje de pasar por Facebook, ni reflexión que no se publique por X, ni propaganda o tontería narcisista que no aparezca en Instagram, ni recado para los espías rusos que no se transmita desde Telegram.

P. ¿Cómo era en los años antes de 1995, por ejemplo?

LO. En mi caso, es verdad, sí que existió un antes. En aquel tiempo solo quedaban las letras, el olor a imprenta, a papel, a sueños y a vida. Hoy, el reloj, la brújula, el GPS, el escáner, el fax, la cámara de fotografía, incluso algunas computadoras, entre otras cosas, han sido eficientemente reemplazados por los teléfonos inteligentes. Y eso está bien mientras no se produzca una dramática reducción de los lectores de libros en general, debido a que la gente gasta más tiempo en la red, muchas veces viendo Servicios de Streaming como Netflix con su oferta de series televisivas que ejercen una gran atracción y con muchísima y creciente frecuencia reemplazan a los libros como pasatiempo; pero también, existe cada vez más presión social para reaccionar y estar atentos para no perderse algo en la red. Para revertir las tendencias hacia el aislamiento y la alienación, a la cual seguramente te estas refiriendo, la educación es una opción bastante efectiva.

P. En la historia del libro podemos distinguir varios períodos.

LO. Así es, como tú dices, a través de la historia del libro ha habido varios periodos determinantes: el paso de las obras en papiro a pergamino, la invención de la imprenta y, desde hace unos años, el libro digital. Cada uno de estos períodos ha implicado mejoras para la existencia de los libros, los autores, los editores y los lectores. El pergamino permitió que las obras sobrevivieran por más años. La imprenta facilitó la multiplicación de libros que antes circulaban con gran dificultad, y el libro digital ha dado acceso a millones de personas, que por múltiples razones no alcanzan a tener un libro en papel; él puede reproducirse sin ningún límite y sin perder calidad con respecto al original, y esa, la edición electrónica es un hito trascendental, porque permite compartirlo de manera gratuita y además elogia a quienes digitalizan títulos agotados. Lamentablemente, el libro digital todavía no se ha difundido lo suficiente; sin embargo, hay gente que hace mucho para que el libro digital crezca, se popularice, y ponga en igualdad de condiciones de acceso a la cultura a mucha gente, pero, también es cierto que aún existen miedos y egoísmos ante la posibilidad de compartir gratuitamente libros digitales, algo similar a aquellos ultraortodoxos que siguieron copiando obras en papiro, o prohibieron la entrada de libros impresos a su biblioteca.

P. ¿Los derechos de autor protegen al autor?

LO. Por lo general cada país tiene disposiciones legales tendientes a proteger los derechos de los autores sobre las obras del ingenio de carácter creador, ya sea de índole literaria, científica o artística, cualquiera que sea su género, forma de expresión, mérito o destino.

Los derechos de autor son necesarios, especialmente para defender a los escritores de las editoriales y no están, ni deberían estar pensados para limitar el acceso a la lectura. Si alguien presta un libro, el autor no cobra. Tampoco cobra cuando se vende un libro suyo usado. Otra cosa diferente pasa con aquellos que las editoriales han decidido no reeditar más. Y las personas primero los escanean, los montan en formato digital, rescatándolos y compartiéndolos con el mundo cultural, lo cual es un trabajo complejo, meticuloso y hasta aburrido.

En todo caso, la venta de eBook influye muy poco en lo que perciben las editoriales y los autores, en comparación con el libro en papel. El bajísimo porcentaje que hoy deja de percibir un autor por no vender un libro en papel, a su vez abre la posibilidad de que esa obra sobreviva en el tiempo, cuando las editoriales tomen la decisión de sacar de sus catálogos a esa obra que ya no les produce los beneficios económicos esperados.

P. ¿A qué se refiere con obras del ingenio?

LO. En la legislación venezolana y prácticamente en todas las legislaciones, las obras del ingenio se consideran los libros, folletos y otros escritos literarios, artísticos y científicos, incluidos los programas de computación, su documentación técnica y manuales de uso; incluso las conferencias, alocuciones y hasta los sermones y, en fin, toda producción literaria, científica o artística susceptible de ser divulgada o publicada por cualquier medio. También las traducciones, adaptaciones, transformaciones o arreglos de otras obras, así como, además, las analogías o compilaciones de obras diversas.

P. ¿Desaparecerán las bibliotecas?

LO. Ya ni siquiera hace falta acercarse a la biblioteca para leer el periódico, lo tenemos en la computadora y también lo llevamos en el teléfono, igual que este resuelve las dudas para las que antes necesitábamos consultar una enciclopedia. La tecnología está convirtiendo los libros físicos en artículos de colección y de no ser instituciones públicas, a las bibliotecas ya les habría pasado lo mismo que a los videoclubs. No obstante, la asesoría personal que da un bibliotecario, un librero, y hasta uno que otro editor, aunque no son necesariamente los mejores títulos publicados, tal vez sean los que recomendaría a un amigo al que no quisiera fallarle y, por tanto, superan con creces la del algoritmo con fines comerciales que impulsa recomendaciones interesadas.

Reconozco que mis estudios me han permitido acercarme a los libros desde distintas perspectivas, como estudiante encerrado en las bibliotecas y, como un amante de las buenas lecturas y las buenas ediciones. Ahora bien, las bibliotecas no pueden seguir ignorando que el mundo está cambiado aceleradamente y pienso que particularmente las bibliotecas, tendrían mejor futuro si reivindican su valor como lugar de encuentro con la cultura.

P. ¿Cómo es su biblioteca?

LO. ¡Ah! existen cosas que no dejan de encantarme y una de las que más me conmueve es entrar a mi biblioteca, mirar y palpar esos hermosos libros que alguna vez escribieron hombres importantes; libros que cada uno por separado sobresalen por su texto, olor y textura.

Mis libros, como todos los libros, tienen una atracción especial, casi mágica, que me remite a otros lugares, tiempos y vidas. A través de los años mi biblioteca crece o se reduce según el espacio que tenga; pero no los boto ni los regalo, aunque no siempre ocupan un lugar visible en mi más cercano espacio, mi casa; pero tengo muchos en mi oficina y otros en mis fincas, su ubicación depende de la necesidad de aliviarme de la vida y de desprenderme del peso muerto de lo acumulado sin vigencia histórica aparente. He perdido cientos y cientos de libros; tal vez miles. Cuando me vine de Bogotá, donde estudié Ingeniería, doné mi biblioteca; ahora me arrepiento. En mi finca Rio Grande, el comején aniquiló todos mis libros, principalmente los de Ingeniería, economía, historia religión y literatura; pero eso es lo que tengo y aquello que queda de mi biblioteca resume una parte de lo mejor de los años de mi vida, constituyen un recordatorio, pero también un proyecto, el testimonio de lo ya leído y la promesa seductora de todo lo que me falta por leer para continuar siendo un hombre feliz y optimista.

En oportunidades me pregunto por dónde agarran tanto polvo; tal vez sea la descomposición del papel, pero al limpiar, voy recorriendo los títulos, algunas veces sus cubiertas, recuerdo y sueño; fijo el lugar en que se encuentran, lo cual en oportunidades es muy conveniente.

P. ¿También adquiere libros usados?

LO. Claro que sí. Todos los buenos lectores sabemos que no es precisamente barato comprar frecuentemente libros nuevos y hay mucha gente que no se lo puede permitir; de manera que siempre es una buena opción adquirirlos usados. Además, me resulta interesante pensar que algunos de ellos, ya con sus páginas amarillentas y tostadas como galletas, fueron antes disfrutados por previos lectores. Mis libros han llegado hasta mi biblioteca por diversas vías y circunstancias.

Los libros usados, con frecuencia, guardan las huellas de otros lectores, que se han paseado por sus páginas, dejando, de alguna manera, un poco de ellos, de sus ideas. Por otro lado, además de la razón evidente y nada trivial del precio, cuando se compra un libro nuevo, aparte, por supuesto, del placer o la decepción por la lectura de su contenido, las posibilidades de meterse entre los callejones de una aventura de la imaginación son pocas, pero uno se va feliz, mientras el corazón palpita dentro de la bolsa; a menudo, antes siquiera de llegar a casa, lo desnuda de plásticos y cintillas. En cambio, si el libro es usado, si el libro es viejo, si viene de una mesa de condenados al olvido, si es un libro leído, las posibilidades son infinitas, pues ese libro ha vivido, lo recuerda y quiere contárnoslo, si es que sabemos escucharlo. Los libros veteranos son ellos mismos personajes inquietantes de historias a las que apenas, a veces podemos asomarnos. Las notas, las manchas y rayones en sus páginas son como las cicatrices, que siempre revelan episodios de nuestro pasado; de suerte que lo que encontramos entre las hojas de los libros viejos es más literatura en forma de huellas de recorridos vitales.

En este sentido, mi amiga, María Eugenia Bastidas, tras la muerte de su padre, me donó parte de los libros de la biblioteca de él. En ellos percibo sus subrayados y comentarios originados luego de su lectura. También, por supuesto, conservo algunos libros de filosofía que en vida me donó mi padre y que él utilizó mientras cursaba su doctorado en filosofía y letras.

P. ¿Es usted un acumulador?

LO. No, no soy un acumulador, no siento ningún impulso sentimental por guardar entradas, mapas, folletos de los lugares que he visitado. No persigo un placer solitario como el que buscan los bibliófilos al acumular volúmenes y más volúmenes en la biblioteca; tampoco soy un bibliómano ni un bibliocleptómano, y sin embargo tengo muchos libros y desde hace varias décadas, compro tantos libros como puedo leer. Eso, por supuesto, me sigue haciendo visitante de librerías y tienduchas de libros usados, mercados de las pulgas y Ferias del Libro; otros son regalos de amigos y familiares.

Con frecuencia, me agrada pasearme por las Ferias de libros, donde en muchas ocasiones me consigo uno que otro autor, editor, librero o lector conocido. Hablo con ellos y termino llevándome un montón de libros a casa. Así es, donde sea que se presenta la ocasión adquiero libros.

En todo caso, me gusta mucho una frase de la escritora española Irene Vallejo, que dice así: "La pasión del coleccionista de libros se parece a la del viajero. Toda biblioteca es un viaje; todo libro es un pasaporte sin caducidad".

Ahora bien, confieso que en mis computadoras tengo una catorcera de archivos repartidos en un pocotón de subcarpetas. No todos son escritos, claro, pero siendo muy conservador y apuntando bajo, digamos que lo sean la mitad de ellos fundamentalmente cuentos, novelas, ensayos y artículos. Y saben, no borro nada y no sé exactamente a que se debe, pero la verdad es que no he querido tirar nada de lo escrito, aunque no quiera volver a leer lo que hay en la mayoría de esas subcarpetas que parecen una especie de baúl de proyectos medio terminados. En fin, el número es grande, pero no se debe a ser bueno o prolífico, sino tal vez a haber empezado demasiado pronto a escribir mucho antes de saber hacerlo.

P. ¿Cuál es la literatura que le interesa?

LO. La literatura que me interesa siempre ha sido la misma: la esencia del ser humano y su relación con el mundo, el yo y los otros. La esencia de la literatura será la que ha sido siempre. Lo que cambia es la lengua porque, aunque todo esté dicho, no se debe simplemente narrar, sino que es necesario decirlo en el lenguaje de cada época y según el contexto, interrogando la vida.

P. ¿Cómo se inoculó con la lectura?

LO. Por haberme criado entre libros, gran parte de mi mundo está conformado por textos que me han sido muy influyentes, con los libros río y hasta lloro, me hacen pensar y divertir. Me descansan y me dan amenidad cuando en mi derredor hay tedio.

Considero que el verdadero conocimiento se adquiere de los libros, pero como dijo Sherlock Holmes: "Watson, el genio solo es la capacidad de esforzarse".

Mi padre no se cansaba de machacarnos la necesidad de estudiar, de sacar una profesión que nos apasionara y nos decía:

"**Hagan lo que hagan, si les gusta lo que hacen y están dispuestos a sacrificarse por lograr su meta, lo harán con mucho mayor dedicación y empeño que cualquier otra cosa**".

Y todos lo logramos; pero a menudo agregaba y repetía y repetía que nada aprende mejor el hombre que aquello aprendido por sí mismo. La universidad y los profesores sirven de guía y orientación, pero la fuente del conocimiento está en los libros; sin embargo, advertía que la concentración de expectativas en pocos libros y autores, es empobrecedora, inmuniza una versión de la supuesta realidad a otros datos y evidencias que la contradigan y tienden a la idealización de un modelo único. Un buen lector tiene que aprender a ver más allá de su tiempo. La carrera de la lectura, como todo verdadero proceso de aprendizaje, no se acaba nunca, solo vive el que sabe; por eso, aseguraba, la necesidad de mantener abierto el repertorio de narrativas ejemplares, ampliar la biblioteca dilecta y nunca guiarse por un solo autor o libro donde se encuentre "todo". La lectura, amén de comprensión lectora, ha de fomentar la capacidad de comunicación; perfeccionar la expresión oral y escrita; estimular la imaginación y la creatividad; por ello, es necesario conocer y amar la literatura; ella nos abre mundos; que, sin ella, no se hubiesen conocido. La lectura nos da la oportunidad de conectarnos con el autor; es una actividad receptiva que, pero es en el libro, en su lenguaje, en sus palabras, donde el lector encontrará las herramientas para ese abordaje. En el texto del autor, el lector puede reconocer marcas, huellas y surcos, pistas que debe completar con contenido propio.

P: ¿Le agradaba hablar con su padre?

LO. Hablar con mi padre, era como presenciar una gran faena de un consumado matador de toros y luego reunirse con él para hablar de ello. Su conversación era meridiana, sin ambages, certera, lúcida y por momentos tajante en cuanto a mostrarnos caminos y confirmar realidades. En aquel momento tenía pocos años y fue mucho tiempo después cuando me di cuenta de haber sido testigo de los comentarios de un maestro y de un gran lector, un lugar clave de su espíritu donde quería quedarse para siempre.

Esa cualidad suya la recordaré siempre. Su pasión era el Derecho Penal, pero la literatura le apasionaba, porque también tenía un doctorado en Filosofía y Letras y leía mucho; leía y releía siempre a sus autores favoritos, y era un aprendizaje permanente oírlo hablar de Gallegos, de Borges y un sin número de autores y pensadores; también oírlo recitar de memoria los poemas de Andrés Eloy Blanco. Hoy considero que él fue un buen crítico literario que tenía un gran conocimiento de la literatura española, la latinoamericana y muy especialmente la literatura venezolana y en general, de los recursos formales, influencias, estilos y temas que analizaba exhaustivamente, captando la intensidad y amplitud de la creación literaria.

P: ¿Le recomendaba lecturas?

LO. Por supuesto; no obstante, le concedía mucha importancia a la libertad de elegirlas. Pienso que es imposible estar en el mundo y no saber que tales libros están en la lista de lo que se está leyendo o aquellos considerados clásicos. Un canon no limita más que una biblioteca a nuestras lecturas. Cada vez que nosotros hacemos una elección, inmediatamente hay un grupo mayor que hemos dejado de lado.

"Los libros de hoy nos colocan en la ruta, pero nunca es mal momento para regresar a los clásicos, porque ellos no envejecen y nos dan las herramientas para el viaje. Para un mejor conocimiento, evaluación y análisis de la literatura contemporánea, es necesario conocer las bases. Es conveniente volver a los clásicos de la literatura, no por hacer caso a los llamados cánones, sino por seguir perpetuando las historias que mejor han reflejado la complejidad de la condición humana".

P. ¿Cómo es un lector?

LO. Parafraseando a mi padre, acaso sin caer en los casos extremos de ingenuidad o fanatismo, los lectores, somos, animales con hambre de narrativas ejemplares que pueden influir en nuestros destinos, en mayor o menor medida, por acciones aprendidas en libros y personajes. Cierto tipo de cualidades humanas no instintivas, por ejemplo, deben mucho al prestigio y motivación de los autores y muchas acciones excepcionales pueden basarse en historias inspiradoras. Del otro extremo, muchos prejuicios nacen del excesivo crédito que atribuimos a historias sobre individuos y colectividades, por lo que se requiere una buena guía en la lectura. Así que pienso que mi padre conmigo lo logró porque no sólo me acercó a la literatura desde horizontes amplios y sistemáticos, sino por su carácter formador de su ejercicio académico, que conducía, sin duda, más allá del análisis y la crítica literaria. De manera que después de que aprendes a leer, empiezas a aprender leyendo.

Al principio, leer, lo sentía como una obligación y casi un castigo. Me leía el prólogo, la introducción y no pelaba un resumen que era más que una reseña (la contracubierta aún no existía) para hacerle creer que los había leído, pero ese truco no funcionó. Es posible hablar de libros que no se han leído y fingir que se han leído, porque está bien visto, porque les da prestigio; por aparentar, alardear, quedar bien o, a veces porque no les queda más remedio que mentir y presumir con medias certezas. Pero por lo general la gente que no lee, no lo reconoce en forma flagrante y finge que lee, pero, por supuesto, no resiste un interrogatorio. En mi caso, repito, no podía funcionar porque si le hablaba siguiendo el resumen que había leído, se daba cuenta y no me quedaba otra que tratar de entender su esencia, su fondo, porque me decía, "Ok, la comentaremos mañana".

P. ¿Cómo debe ser la lectura?

LO. La lectura de literatura no es historia de la literatura, como encontramos en los cursos de maestría en algunas universidades, ni datos, igual que el conocimiento no es la mera acumulación de información, sino la comprensión del mundo y la elección de una postura frente a él. La literatura no es solo un patrimonio; ella debe ser vivencial. En todo caso hay que leer para no llegar a la universidad o a la vida, me decía mi padre, sin saber leer; de modo que uno de los objetivos que te debes trazar debería ser fomentar la lectura; no obstante, la literatura nunca puede convertirse en una coartada para cubrir de ignorancia todo aquello que debería ayudarte a ser mejor.

P. ¿Qué tanto influyó su padre en su lectura?

LO. Palabras más, palabras menos, mi padre insistía en que leyera. Decía que leer era un acto intelectual que no tiene el prestigio que poseía antaño. Creía que eso era una consecuencia de los valores. Él concebía la lectura como un acto de intimidad y una decisión premeditada que sin duda alguna demanda un esfuerzo interpretativo añadido, un tributo adicional a la relectura, ya que además de lo que nos queda por leer, debemos saber regresar a lo leído.

"Leer bien es releer; es un privilegio, un goce", recalcaba con frecuencia. Es un momento de disciplina, de dolor y fragua, al cual se le verán sus frutos en la medida en que se hagan habituales la persistencia y la continuidad. Leer es un hábito que se hace, y que, como otros hábitos, y como otras virtudes, puede perderse si no lo ejercitamos con frecuencia.

—Si no se lee buena literatura, es difícil pensar y escribir con claridad, con rigor, con profundidad y además la visión que tenemos del mundo es pequeña, corta y estrecha — aseguraba mi padre y recalcaba—, si solo se leen libros de ayuda para ser rico, tener éxito, o buena salud, muy probablemente no se conseguirá ninguna de esas cosas. Si solo se leen los libros que están de moda, es poco lo que van ayudar al buen pensar, al buen hablar y al buen escribir. En cambio, en la literatura, aparte de los bienes propiamente literarios, están las luces que arrojan sobre la historia y sobre aquellas virtudes, pasiones y pecados propios de los seres humanos que no cambian cuando las costumbres, las modas y los siglos cambian. El hábito de leer, y de ahí no hay más que un paso al hábito de pensar, en las carreras técnica, con frecuencia se agota el horizonte cultural de jóvenes inteligentes que pronto tomarán el relevo en la dirección de la sociedad. Por desgracia, como producto de esa educación, serán personas de las que se podrá decir, parafraseando a Unamuno, que no están educadas, pero saben decir tonterías en cinco idiomas.

Siempre tienes que tener en cuenta que un hombre verdaderamente culto no es aquel que ha leído una enorme cantidad de libros que son famosos, sino aquel quien escogió personalmente un número limitado de obras que realmente le llegan al corazón. No todos tenemos que leer los mismos libros, sino cada uno de nosotros escoge las obras, con los cuales más afinidad tiene y, recuerda, que por otro lado la lectura excesiva, también puede causar daño ya que los libros pueden ser una competencia desleal para la vida. Cuando uno es joven, tiende a caer bajo la influencia de un autor. Más tarde en la vida, uno tiene mayor resistencia a eso. Se puede admirar a un autor y aprender de él sin sucumbir a la tracción de su fuerza gravitatoria. Pero, en resumidas cuentas —decía—, leer es una actividad íntima. También resulta una actividad poderosamente transformadora que guarda, en el fondo, un misterio: el del arte y sus efectos positivos sobre el ser humano. Palabras ajenas se adentran en nosotros y nos despiertan, nos posibilitan nuevas formas de ver el mundo, nuevas maneras de entender, de hacer y de ser.

—Mira Luis —me recomendó—, hay asuntos que son necesario transmitirlos de generación en generación: Prerrenacimiento,

Renacimiento, Barroco,   Neoclasicismo, Romanticismo,   Simbolismo, Modernismo y toda una serie de derivados de estos términos, que, sin embargo, no alcanzan a explicar suficientemente la singularidad de las obras que hoy apreciamos en razón de su modernidad atemporal.

Leer debe considerarse un acto soberano que es necesario inculcarles a los hijos y nietos. La lectura como ejercicio cultural en las horas de ocio, pide una relación especial con el tiempo, con las ideas de éxito o fracaso, con la realización personal y con el significado de la dignidad humana que empieza a escasear en los paradigmas sociales. Leer tiene infinidad de funciones. Leer facilita el aprendizaje de la sensibilidad y la imaginación moral que nos permite reconocer al otro como persona. Nuestra vida interior más decente surge al entender por dentro la humanidad de los demás, el dolor de los demás y sus ilusiones, tratando de cultivar la sensibilidad hacia lo humano, no por una responsabilidad, sino como un ingrediente en contra de la barbarie.

Mi padre citó a Quevedo diciéndome que: "el hábito de la lectura se adquiere muy joven o no se adquiere nunca, y que los más probable es obtenerlo por contagio...". Personalmente pienso que nunca es tarde para iniciarse; sin embargo, si se encuentra amor por la literatura a una temprana edad, se seguirá leyendo por el resto de la vida.

P. ¿Se inició en la lectura por su padre?

LO. Me inicié guiado por las recomendaciones de mi padre. Con él aprendí la libertad de leer y el derecho de leer, que son fundamentales en la construcción de una persona. Ahora mi apasionamiento ha aumentado y por supuesto, soy más independiente. Las redes sociales nos dan grandes referencias y un libro o un autor te lleva a otro y los contenidos de cada uno se mezclan con los de nuestra conciencia en cada momento preciso; en consecuencia, no es aventurado suponer que de algún modo tendrían que influir necesariamente en nuestras decisiones o al menos en el estado de ánimo que a su vez inspira esas decisiones, que como es lógico, provienen de la observación del entorno y las vivencias, pero también, como te dije, en mi caso, del análisis y la ficción. En efecto, si alguien me pregunta cómo me llevo con las "nuevas tecnologías"; es decir, con el mundo digital, me figuro que mi primera reacción, antes de responder, sería sonreír con algo de benévola condescendencia. Así es, estas que se llaman "las nuevas tecnologías", y que entre tantas cosas tienen que ver tanto con la escritura como con la lectura, sólo pueden parecer nuevas a quien ve de lejos la revolución digital que vivimos hoy. Para mí, que muy temprano empecé a meterme en ellas, tienen ya varias décadas de ser instrumentos esenciales en mis inquietudes. Dejé de escribir a mano desde que tomaba apuntes en las clases de la Facultad de Ingeniería, pues no tardé en pasarme a las computadoras y a dejar, también, las Remington que sobrevivían, y que, con un campanillazo, anunciaban que el carro había llegado al final de la línea, y luego a las máquinas eléctricas que escribían en silencio. Pero el problema es que cuando me dedicaba a la escritura, siempre quería tener a la vista una página perfecta, sin tachaduras, y cada vez que me equivocaba, la hoja iba a dar al cesto de la basura. ¡Qué problema ¿No? De ahí que las computadoras primitivas, cuyo lenguaje ya nadie podría hoy descifrar, me cambiaron radicalmente la vida, y la manera de hacer mis cálculos de ingeniería y escribir mis narraciones. La manera de borrar líneas, suprimir párrafos, trasladarlos de lugar, en fin, de editar los textos; y esos auxilios de las "nuevas tecnologías", ya para mí tan antiguas, empezaron a reducir el tiempo que antes necesitaba para otras aficiones. Y hay que sumar muchas otras ventajas, entre ellas la posibilidad clave de volver sobre los personajes y evitar, como bien puede ocurrir, que uno le cambie el color de sus ojos o del cabello decenas de páginas después, ya no digamos los nombres, que es lo menos que puede ocurrir.

P. ¿Qué más le debe a su padre?

LO. Le debo mucho, y mucho más, le debo mi imaginario e identidad transferida durante las amenas tertulias que compartí con él. Confieso que con el tiempo me fui acercando cada vez más al mundo de los libros y, al cabo del tiempo, como un lector que no cesa de pasar páginas. Poco a poco pensé que existía la probabilidad de convertirme en autor; y pasó de esa manera, porque como lector empedernido, un buen día empecé a escribir mis primeros libros.

Aún recuerdo, y les trasmito a mis hijos y a mis nietos, los poemas y canciones que él entonaba bajo la ducha, así como sus mitos, epopeyas, cuentos de familia y leyendas, elementos formidables de nuestra felicidad que a menudo nos narraba y nos hacía sentir conmovidos por un poema. Ahora comprendo, que, en su génesis, la literatura en general procede de la oralidad que es la raíz de la narrativa, de los relatos que quizás brotaron a la luz de las hogueras en las cuevas, a través de las voces maternas. Las hechuras han cambiado en cuanto a dimensiones y tecnologías, pero seguimos conservando y disfrutando cuentos, leyendas y novelas que surgen de la ancestral necesidad que tenemos los seres humanos de conservar en la memoria las historias que van transmitiendo el conocimiento de generación en generación y nos permite preservar la memoria histórica de los acontecimientos, hechos, inventos y sus consecuencias para el uso de los mismos en los años venideros. Desde la prehistoria el hombre se ha comunicado; si bien no conocía la escritura, podía trasmitir los saberes y la tecnología, los cuentos, sus miedos, sus preocupaciones y su cosmogonía. No inventa dioses; los asume como parte de su cotidianidad; explica los fenómenos que le rodean e interactúa con la naturaleza bajo cánones de respeto y humildad, como lo hacía mi padre en sus reflexiones llenas de una insólita confluencia de inteligencia, sensibilidad y empatía.

P. ¿Qué más recuerda de su padre?

LO. Sentarse frente a él en su oficina y escuchar historias era uno de mis pasatiempos. Sus palabras me producían infinidad de sensaciones y sentimientos. Recorrer cada rincón de su oficina, de su biblioteca y sus estantes, me permitía conocer las intrincadas relaciones humanas de la época en que vivíamos.

Las personas que no estamos dotadas de una gran capacidad de resignación, no entendemos ni aceptamos el olvido y guardamos la esperanza de que no todo concluye con la muerte y que la memoria perdurará.

Dioses y demonios; naturaleza bravía que proporciona los elementos básicos para consolidar una tradición oral que perdurará en mi entre imágenes y sueños. Bitácora familiar y espiritual que puedo consultar en algunos momentos para mi provecho y disfrute, más allá de la tristeza y el pesar que se imponen; más allá del tiempo transcurrido; más allá de lo que permanece y lo que no.

P. ¿Cómo era la biblioteca de su padre?

LO. En su biblioteca convertida en oficina o al revés, en el segundo piso, con tantos libros, me parecía, que al salir de ella me olvidaba de los títulos que procuraba memorizar. Para mí fue la más grande que conocí hasta entrar en la universidad. Pues bien, en la biblioteca de mi padre nos esperaban sus libros, nuestros libros, donde encontraba una fuente de energía inagotable, renovable, sostenible, limpia, hermosa purísima y donde ellos, los libros, se resistían a los ataques de la crisis, de la ignorancia, de la intransigencia, de la sociedad. A pesar de todo hoy estoy consciente de que su biblioteca no contaba con grandes obras; en ella nunca existió una gran riqueza temática, es cierto. Faltaban muchos de los grandes nombres, también es cierto, no contenía escritos sobre memorables hazañas, y sí que menos de importantes eventos culturales, ni siquiera contaba con ensoñadoras instalaciones, pero eso sí, era adecuada y estaba debidamente organizada, con ediciones rústicas, de cubiertas doradas y algunas de gran formato; libros para acariciar con las dos manos y, sobre todo, aquella biblioteca de mis recuerdos, contaba con los más consumados devotos, entre los que nos encontrábamos mi padre y yo que en ella aliviábamos esperas, entreteníamos soledades, desempolvábamos emociones y adquiríamos conocimientos.

Para mi padre no existía objeto más apreciado que un libro, ellos siempre fueron sus cómplices.

¡Así es!, su vida siempre estuvo ligada a la lectura, Si hubiese tenido que elegir, seguramente se quedaría a vivir con la narrativa, que le apasionaba. Todavía, con su pobre visión, producto del desprendimiento de sus retinas, leía con gran ímpetu, como le sucedió la vez que le regalé la primera edición de *"Cien años de soledad"* (1967). Raro el lector que lleva la cuenta de los libros leídos. En su caso, seguro fueron muchísimos más que los que reposaban en su biblioteca.

La biblioteca de mi padre, un lugar donde los rumores de la calle llegaban muy sordos, y solo percibíamos el sonido del río Tórbes que nos quedaba al frente y al que, con frecuencia, fascinado me escapaba para respirar el olor de las guayabas y la emoción de la aventura. Esos momentos fueron perfectos, de los más felices que he conocido en mi vida. Él tenía predilección por comunicar sus pensamientos y daba el reto de la enseñanza.

P. Y, ¿su biblioteca?

LO. Las bibliotecas han sido siempre un refugio para mí. Ahora, como te dije, prácticamente no frecuento las públicas, como lo hacía cuando estudiaba en la Universidad del Zulia, en la Central y, sobre todo, cuando estudié en la Universidad de América en Bogotá y visitaba varias veces a la semana la maravillosa biblioteca Luis ángel Arango, con posibilidades de todo tipo, no solo bibliográficos, sino también música, cine y series. Y lo mejor de ella eran las actividades, clubes de lectura, encuentros con autores, presentaciones. Así que el ejemplo más envidiable de lo que debería ser una biblioteca lo encontré en Bogotá. Te repito, ella, además de albergar libros, era un lugar de reunión, un punto de encuentro. tenía los servicios y actividades clásicas de una biblioteca: préstamo de libros, clubes de lectura, presentaciones, conferencias, charlas y coloquios; además, todo era gratis, y estaba a disposición de cualquiera.

Hoy ya no visito las bibliotecas para ir a leer o para disfrutar de sus actividades; ¡ya no es lo mismo! o, quizá por falta de tiempo; pero paso gran parte del día en la mía, ya sea en la casa, la finca o la oficina y aprovecho ese tiempo para leer y escribir en el silencio que me rodea y en la soledad que me doy, y créame, muy pocas cosas conservan su gracia en la soledad y, aunque tengas la certeza de que vives rodeado de algo que te supera y que sientas el deseo de narrárselo a los demás, esa soledad de las bibliotecas te atrae y por esa razón concuerdo un poco con Edgar Allan Poe, cuando aseguró que "La soledad es el lugar más seguro que conozco". Así que en mi casa tengo fundamentalmente novelas, cuentos, relatos, monografías y ensayos; pero en menor cantidad, también en la de mi finca Bellavista, que como te dije, en la que, debido a la falta de internet, poseo los diccionarios y las enciclopedias. En mi oficina, los libros de derecho e ingeniería.

P. Estoy convencido de que para que la vida parezca verdadera, y no ficción, hay que contarla. Pero si uno no narra lo que vive, a los demás les parece que lo que has vivido es una ficción. Intimide; cuéntenos un poco de su vida.

LO. Aun cuando lo importante es nuestra propia conciencia de lo vivido, estoy de acuerdo contigo, porque nuestros hijos, nietos, hermanos y amigos, tienen derecho a conocer nuestras experiencias, y esta entrevista complementa lo expresado en mis narraciones, en las cuales, manifiesto informaciones, pensamientos y sentimientos, sin pretender convencer al lector o tratar de llegar a un acuerdo conmigo.

Nací en Venezuela, San Cristóbal, Estado Táchira, pero existe un desdoblamiento en las personas que han nacido en una ciudad, pero han crecido y han sido educados por sus padres en otra ciudad; de ser así, como es mi caso, escogerán la mentalidad y forma de vida existentes en aquella que le ha servido de caldo de cultivo inicial para convertirse en lo que son. De manera que como mis padres siempre vivieron en Táriba, me declaro y me siento, sin vacilaciones, "taribero" y, a pesar de que un pueblo no perdona a aquel que se aleja por largo tiempo, siempre hay alguien que te recuerda bien y te trae la identidad del pasado, la memoria de lo que dejaste y te revive el sentido de pertenencia, aspectos estos que calan hondo, hasta la misma esencia de lo que uno es. Por ello tengo un cierto cariño por ese pueblo del que guardo entrañables valores primigenios, porque Táriba está en mi corazón, fue el lugar de mi hogar. Soy sobre todo un taribero en quien el sentir ha quedado plasmado hasta el punto en que es una de las materias de mi escritura, donde retrato la ciudad, los paisajes, el aire puro del pueblo, las angostas calles empinadas; una magia difícil de explicar y olvidar. En fin, los recuerdos que permanecen en aquello que llamamos el corazón de uno, repasando mis vivencias, tertulias y amores que contribuyeron a una idealización de ese arraigo cultural que predispusieron mi ánimo para el asombro ante aquel terruño, porque siempre he creído que la verdad y la esencia de la vida del pueblo está dentro de las vivencias cotidianas y los sentimientos de sus habitantes y, es por eso, que cualquier cosa reactiva el desgarro de no ser más parte activa de esa vida que deje atrás.

Soy de la montaña; andino. Nací en un pueblo donde el campo estaba muy presente; por eso, mis primeros recuerdos me llevan a los juegos en esos parajes montañeros pueblerinos a los cuales me asomaba sin formar aún parte de ellos. No obstante, hoy estoy convencido de que mi hogar es el lugar donde vivo, donde me gusta regresar y donde no necesito más que una biblioteca e internet.

P. ¿Y Mérida?

LO. Cuando estoy en Mérida, por ejemplo, me gusta la ciudad, pero más las montañas de Los Pueblos del Sur, donde tengo mis fincas y, a pesar de que allí respiro un aire puro y de quietud, me cuesta identificarla como mi hogar y tiene mucho sentido lo que decía Marcel Proust, y discúlpame por citar autores, pero como estamos hablando de literatura, en este momento es oportuno recordar algunos de sus pensamientos; por ejemplo, él decía que "cuando uno extraña un lugar, lo que realmente extraña es la época que corresponda a ese lugar; no se extrañan los sitios, sino los tiempos".

De suerte que, si se tiene amigos, biblioteca y un bonito paisaje, se es feliz. En todo caso, no es fácil escribir en una gran ciudad, hay mucha distracción contaminante, discusiones, tal vez intelectuales inútiles. Hay imágenes agresivas que invitan al consumo y al empleo insustancial del tiempo y, encontrar un lugar adecuado, es muy difícil; así que podría decir que el sitio que me agrada más es la montaña, donde el ruido está reducido y la naturaleza no te distrae, sino que, por el contrario, le prestas la atención plena y permaneces consciente y diriges el foco centrándose en la realidad del momento.

Son los libros los que me completan lo que me falta. Ellos han sido los que me han hecho pensar que las montañas eran un camino. Hoy pienso que soy un hombre de mi tiempo que defiende su elección de vida por encima de los resultados.

Ilustración 10
Mérida

P. ¿A qué se refiere exactamente cuando habla de atención plena?

LO. Me refiero a estar en el momento en el que uno es plenamente consciente de sus pensamientos, su presencia física, sus emociones, sus sentidos y de todo lo que te rodea, sin juzgar y con un sentido de curiosidad. Y cuando aplicamos esta visión a la concreción de la realidad y la introducimos en el día a día, estamos mejorando la calidad, la experiencia, el desempeño, el disfrute y la posibilidad de elegir qué y cómo atiendes, en qué te enfocas, qué valores deben dominar, qué hábitos ocupan tu tiempo y tu mente, cómo reaccionas ante lo imprevisto, cómo asumes tu pasado, cómo recibes el futuro, con qué actitud deseas vivir, cómo te amas, cómo amas, y cómo te dejas amar.

P. ¿Cómo cree que se consiguen los resultados que se desean en la vida?

LO. El paso del tiempo permite crear y estar presentes en lo que más importa y cuando más importa; o sea, en el ahora, y vivirlo con plenitud e intensamente. Estar presente significa dirigir el uso del tiempo y ocuparlo en lo que de verdad quieres. Incluso si lo que quieres es un tiempo de desconexión o la contemplación de la naturaleza u otras cosas agradables.

P. No sé mucho sobre Táriba.

LO. A Táriba se le llama La Perla del Tórbes, debido al nombre del río que pasa por su parte más baja, Es la capital del Municipio Cárdenas de estado Táchira, Venezuela. Nunca fue fundada, pero fue visitada por primera vez en 1547 aun cuando ya estaba habitada por los indios táriba, descendientes de los chibchas por los jiraharas y por la familia betoy.

En 1565 se estableció como centro de encomenderos al mando de Alonso Álvarez de Zamora. La ciudad debe tener como 250 mil habitantes, una altitud de 860 msnm, temperaturas que oscilan entre 17 y 22°C y un clima tropical lluvioso de bosque húmedo.

Ilustración 11
Táriba

En la Táriba de mi infancia, adolescencia y mi memoria, transcurrieron días inolvidables, años felices, porque tenía cerca a mis padres, mi nona, mis hermanos y los amigos de antaño. Fueron épocas de mi vida donde el descubrimiento, la aventura y la exploración del entorno era algo constante, algo que me movía, aquello que me atraía y cautivaba, me permitía aprender y crecer, pero más allá de los acontecimientos que suponían el transcurrir de la vida y de los tiempo, encontraba pequeños hechos cotidianos que iban cambiando mi mirada de esos elementos que tal vez parecían nimios o incluso irrisorios a los adultos, pero que conformaban y vertebraban mi mundo infantil y adolescente aún en ese pequeño pueblo de aquel entonces: los juegos, el color y el olor de las plantas, de los animales; los amigos. La lluvia, las aves, los insectos... Fui un muchacho que fui sacando conclusiones de mis vivencias y de las reacciones y pensamientos, por lo general poco conformistas, que fueron moldeando mi personalidad.

Esa misma época buscaba conectarme con mi padre, a través de aficiones compartidas, donde perseguí, y seguro que él también, esos momentos que nos permitían establecer y reforzar nuestro vínculo emocional. Así crecí bajo su mirada, buscando en él y, por supuesto, en mi madre, un reflejo de mí mismo o viceversa.

P. ¿Cómo fue su infancia y temprana edad?

LO. No siempre recordamos con exactitud las historias, las visiones y las maravillas que se abrieron hacia el cauce de nuestra temprana edad. Cuando niños, soñamos, escuchamos y hasta razonamos. Parece ser que la infancia no existe para los niños; en cambio, para los adultos la infancia es ese país pretérito que un día perdimos y que inútilmente queremos recuperar habitándolo con recursos difusos de lo que ya no existe y que por lo general no son más que sombras de otros sueños. Por eso queremos convertirnos en notarios de la memoria de nuestros hijos; de algo que ellos olvidarán muy pronto pero que, para nosotros, los padres, es la mejor prueba de que hemos engendrado su posteridad. ¿Cómo olvidar ese repertorio de filosofías de nuestra temprana edad con que, sin proponérnoslo, en aquel tiempo, buscábamos subrayar con nuestros propios conceptos un mundo que comenzaba a ser nuestro? ¡Imposible, ¿verdad?!

Ciertos valores, que se nos fundan tempranamente, son consecuencia del ejemplo de nuestros padres: la honestidad, los ideales, la perseverancia, el estudio, la lectura y un largo etcétera...; indudablemente en la memoria del hombre se asientan las bondades de su historia. Aunque muchas cosas parezcan olvidadas o perdidas, cada cierto tiempo emergen como los animales que se entierran y reaparecen cuando la lluvia osa bañar sus arenas.

Así, mis años de formación y adolescencia transcurrieron en elitistas instituciones donde aprendí a mirar el mundo ayudado por las conversaciones con mi padre en las que forjé la necesidad de la lectura y de dejar florecer una personalidad propia, tal vez no coincidente con la mayoría, en un proceso frágil que se fue fortaleciendo con el estudio.

P. ¿Regresa a su tierra?

LO. Volver, bueno, volver propiamente dicho, no; jamás volví a vivir en Táriba. Eso sí, como te he dicho, guardo recuerdos bellos sobre mi pasado allí. El hecho de vivir fuera ni borró mi pasado ni me indujo a olvidar al pueblo, ya que cuando, después de muchos años fui al parque o cruzaba una calle, volvían a mi mente recordatorios de mi niñez y juventud.

Por supuesto, que cuando me preparo para visitar al Táchira, lo cual no hago con la frecuencia que me gustaría, debido a la situación tan precaria en que se encuentra el país, sobre todo por los servicios, hago una especie de inventario de los lugares a los cuales recurriré y su evocación, las amistades dejadas atrás, los contactos que quisiera retomar con la familia y de las sensaciones que pudieran emanar de esa visita. Y así es, porque mi niñez y adolescencia fue con mucho una de las mejores épocas de mi vida, done todo era nuevo y disperso; mi capacidad de asombro, mi intuición, mi irresponsabilidad y mi impunidad, eran extraordinarias y sin embargo no había muchos "demonios" que me asaltaran ni corría el riesgo de que mi vida se llenara de "monstruos".

De manera que una lluvia de imágenes llegan casi instantáneamente a mi mente, cargadas de recuerdos agradables, aunque deformados por el paso del tiempo que a veces tergiversa deliberadamente o no, el papel de cada uno en los hechos pasados, pero iluminándolos con la lucidez desdramatizada con la edad: miedos, pérdidas de amigos, seres queridos, alegrías, familia, viajes, frustraciones, melancolía, política y literatura; un capítulo que nunca puede cerrarse completamente, porque no hay identidad individual o colectiva que excluya restos.

P. ¿Por qué nos perecerá la inolvidable temprana edad, irrevocablemente pasada, más clara, alegre y rica de lo que tal vez en realidad fue?

LO. Interesante reflexión. Pues sí; es la misma ciudad que antes, pero ahora la sientes envuelta en una pérdida, en una especie de desarraigo geográfico, por supuesto, por lo general, involuntario y en ocasiones asumido inconscientemente, hasta el punto en que esa, tu ciudad de origen, ya no te acoge, ampara ni reconforta y ha pasado a ser, de alguna forma, una suerte de inexistencia de aquello que creía tuya, pero que en realidad has y te ha olvidado y en vano recorres los mismos caminos, buscando nostalgias que ya no te pertenecen, porque en realidad no estas regresando al lugar donde un día fuiste feliz, así que uno trata inútilmente de encontrar los mismos paisajes, las mismas personas, muchas cosas que ansiaba, pero que ahora, años después descubres que son radicalmente distintas y que a pesar de que conociste y fuiste amigo de mucha gente, en mi caso, no cultivé grandes amistades y, además, los amigos de la infancia y adolescencia, sobre todo, los de los padres, han partido o muerto, y no es que tu o yo, vivamos en una suerte de orfandad, porque al menos yo, conservo en mi mente y sentimientos, un pequeño grupo de amistades de vieja data, pero algunos han dejado de serlo y como te dije, otros han muerto y me voy quedando sin los pocos amigos que dieron vida, ánimos, compañía, afecto y enseñanzas a mi juventud. Claro, tal vez la mayoría de esos que fueron mis amigos y mis amigos de hoy, son solitarios como yo y cada uno lo es a su manera, porque no hay dos soledades parecidas. Con uno que otro me veo de vez en cuando; hasta nos reímos y brindamos por la vida.

En fin, en cierto momento, si uno tiene una vida larga, se va quedando cada vez más solo porque se mueren los abuelos, los padres, los hermanos y los amigos…

No obstante, en el fondo sigo consciente de que no hay nada como regresar a un lugar que ha cambiado, para descubrir cuanto ha cambiado uno mismo, algo parecido a lo que sucede al retomar aquellos libros cruciales que leímos en nuestras edades más tempranas y que al releerlos, redescubrimos y descubrimos. Así que el camino que más tránsito para llegar a mi pueblo, solo o acompañado de mis lectores, son algunas cosas que aún retengo en mi memoria tal como eran, pero fundamentalmente mi imaginación y mi literatura.

P. ¿Ha disfrutado las estadías en las ciudades en que ha vivido?

LO. Por supuesto, vivir en una ciudad nos da identidad, sentido de pertenencia y poder colectivo y, cuando la dejas, estas ciudades se empiezan a ver con perspectiva, y con el tiempo y la distancia se van disolviendo tus experiencias, relaciones y afectos. Claro, también es cierto que con esos cambios de residencia morimos y renacemos. Para mí, dejar una ciudad en la que he vivido, es morir un poco. Implica aceptar de alguna forma el final de algo, y de renacer de nuevo y reinventarme. Esa integración a una nueva cultura también implica un poco, como te dije, la desintegración de lo anterior. Los que nos hemos ido, aun volviendo, ya no podemos volver, ya no hay vuelta atrás; ya no es lo mismo, aun cuando lo pensemos y escribamos al respecto.

P. ¿Y en el caso particular de El Táchira?

LO. Para mi Táriba y San Cristóbal han sido las mismas ciudades en las que viví y disfruté. Me retrata una historia de oportunidades, de pasados vividos y aún vivos, de personas que con las que me encuentro para reencontrarnos, volviendo a nuestro pasado, a épocas donde todo era diferente y donde todo podía haber sido y muchas veces fue y del que ahora solo me ha quedado un estado de ánimo, el de pueblos que he perdido; pueblos que eran más amables, con unos ciudadanos a un ritmo diferente con una historia de caminos tomados, añorando los olvidados. Una historia de posibilidades aprovechadas y otras descartadas, de personajes que, en su triste añoranza a un pasado prometedor, intentan conseguir por todos los caminos posibles avanzar, un día más, aunque sea hacia un futuro desconocido, pero, aun así, deseado.

Pero claro, cuando voy, ya no soy el mismo Luis y hasta pienso que no debería vivir acariciando intenciones, sino estrujando realidades sin retroceder nunca para mirar hacia atrás, ni para mirar siquiera la época en que la vida nos trató amablemente. Pienso que el pasado, grato o amargo y lleno de tentaciones, es siempre pasado y que la condición humana, en gran medida cargada de miedo por nuestra finitud y la odiosa muerte; pero en el ínterin, entre la vida y la muerte, el pasado se va consumiendo como un trozo de nuestra muerte, y como el futuro tarda en aparecer, termino viviendo con esperanza, porque no hay más vida que el presente, aunque nunca dejamos de pensar en el futuro, porque querámoslo o no, el futuro es una zozobra que nos angustia a todos, pero al fin y al cabo también es una apertura que nos permite hacer planes antes de que la muerte nos arrebate la posibilidad de seguir siendo.

P. ¿Incluye la adolescencia y la adultez?

LO. Así es. En esa edad de la adolescencia y juventud, las emociones, los intereses, y los deseos son altamente cambiantes. Los lazos emocionales se someten a la prueba de la tirantez que los instintos individualistas, propios de la edad, someten a las relaciones. Y ya en la madurez, algunos llegamos al análisis y la reflexión; volvemos la mirada y nos encontramos con la nostalgia a los lugares sentidos como propios, así como a los tiempos vividos y a los que se pudieron haber vivido de haber tomado decisiones diferentes, porque somos aquello donde hemos vivido, hemos hecho, aquello que hemos descartado, Siempre mantengo el interés de descubrir lugares y personas cuya tesitura nos acerca pero también nos divide entre el aquí y el allí, el ahora y el antes, lo que hay y lo que se perdió, lo deseable y lo posible, comprendiendo que las cosas grandiosas o sutilmente bellas, también me pertenecen y que las puedo disfrutar porque antes vivía tan aprisa que miraba sin ver, y escuchaba sin oír, lo que verdaderamente vale la pena y permanece.

P. ¿Cómo podríamos mejorar?

LO. Creo que la mejora más efectiva no viene con el desarrollo científico-tecnológico, sino con la ideología que lo acompaña. Hablamos demasiado del futuro, cuando lo que necesitaríamos es hablar más de nuestro presente y de hacer frente a los problemas que tenemos. Sin lugar a dudas, estamos yendo más allá de lo verdaderamente humano, como explico en mi obra *"Los humaquis"*, y sería muy triste que este viaje se haga a costa de quedarse corto en humanidad, cuando lo sensato es intentar que el humano sea más humano y menos inhumano.

P. ¿Está mejorando Venezuela?

LO. Indudablemente que Venezuela ha cambiado y, por supuesto, sus ciudades y pueblos.

Estábamos más aislados. Hoy yo no diría que ha habido un enriquecimiento, pero tal vez, aunque chucuto, si un desarrollo, debido fundamentalmente al avance tecnológico, incluyendo la intercomunicación global originada por la televisión, la Inteligencia Artificial, y el Internet de las Cosas y el metaverso; no obstante, el centralismo hace que muchas mejoras lleguen al interior del país en forma raquítica.

Hasta cierto punto, ha disminuido la pobreza, pero ha aumentado la marginalidad, el delito y hasta el caos. Es un conglomerado que ha multiplicado su población sin orden ni concierto. Afectada por ese caos que se filtra en el día a día de su gente. constantes apagones, miseria, violencia y, por supuesto, una notoria desigualdad social entre los que se han aprovechado desde el principio de sus privilegios y los que a duras penas recogen las migajas.

P. ¿Y en el caso concreto del Táchira?

LO. Mientras visito lugares de mi pasado o me reúno con familiares y amigos, voy constatando, para mí pesar, cómo el equilibrio entre raíces y presente va decantándose a favor de este último. Malos salarios, pésimas pensiones, existencias precarias, barrios pobres y miserables que van en crecimiento y de espalda a la educación y la cultura. Pocas expectativas en mi tierra cuando se trata de una mera visita que solo hace que pensar en un futuro ya no está donde están mis raíces.

Cuando regreso al Táchira, mi presencia y mi acento ya me delatan: parezco un advenedizo en mi propia tierra. Hasta el extremo de que mis amigos y familiares me den valiosos consejos, como evitar salir solo, esquivar miradas de extraños, no responder a provocaciones. Pues, a pesar de las esperanzas puestas en mi tierra, es un estado muy inseguro y acecha por todos lados. Me frustro con ello, pero lamentablemente, a cada paso que quiero dar, hallo una advertencia más de que eso es así.

P. ¿Y concretamente Táriba?

LO. Para mí es prácticamente imposible hacer un juicio definitivo, y en todo caso sería injusto. Yo me comportaría como un cronista de cómo el regreso puntual al pueblo de origen queda filtrado por el cambio de perspectiva. Me sentiría ajeno, como un cuerpo extraño en un mundo que me parecería distante y distinto, en el que buscaría referencias que, si las encontrara, ya no me vincularían, seguramente ya no compartiría, o incluso no entendería. Pero parte del retrato de esas vidas casi anónimas, aunque no muy distintas de la mía, estoy seguro que me ayudarían a hilvanar la mía.

Como te dije, con Táriba tengo un vínculo familiar y de añoranza, pero tengo un espíritu más libre que no me hace depender de un lugar, sino de mi capacidad para disfrutar intensamente cada momento, cada lugar. Soy de los que se atreven a deshacer, sin olvidarlos, los lazos preestablecidos para anudar otros. No sé cuándo fue la última vez que visité mi pueblo, pero recuerdo que a las personas las hallaba más viejas; sus cabellos lucían más blancos y los niños que andaban a gatas ayer, hoy ya eran adultos. No obstante, era imposible olvidar las facciones de las personas a quienes había visto antes de partir, y algo interno parecía sugerirme que el tiempo estaba detenido a pesar del aparente cambio y tal vez de mi desmarcamiento del lugar, pero, el emprender una revisión del pasado con mirada nostálgica, a ese mundo de vivencias y recuerdos, de sonidos y silencios, de soledad, luz y sombras, de despedidas, viajes y retornos, me invitó a soñar, a creer, a abrirme, a recorrer aquellas calles que aún conservaban si no la vieja prestancia, algo de placidez provinciana por las cuales deambulé en el pasado y donde había vivido la ilusión y la desesperanza.

Los lugares anteriormente conocidos, donde creía posible encontrar la propia realidad que tal vez buscaba de forma imperceptible pero inevitable, el tiempo hacía que en aquella ciudad de mi temprana edad ya todo fuera diferente y el único referente que quedaba era la nostalgia.

En todo caso, fueron años hermosos y provechosos, no solo porque disfrutaba enormemente de la compañía de mis hermanos

367

y compinches, sino, sobre todo, por la amistad con mi padre.

P. Háblenos del Salesiano

LO. Cuando estudié en El Salesiano San José de Táriba y como exalumno salesiano digo que soy salesiano. No tenía pecados confesables, los míos eran veniales. Aunque nunca me senté en la primera fila ni levanté la mano para responder yo sé..., allí recibí formación en matemáticas, historia, geografía y lenguaje. Aprendimos a ser humanos, solidarios, útiles y ciudadanos, a practicar la humildad, virtud esta que siempre me he esforzado en mantener, como un hábito y un estilo de vida, lo cual entendía como parte de la filosofía de don Bosco.

Aquel colegio Salesiano de mi infancia que era un edificio enorme de arquitectura colonial, de dos pisos con un bello patio central y numerosas canchas deportivas, terminó como una triste ruina después de transcurridos tantos y tantos años de desidia, que lo ennegrecieron y cubrieron de venerable musgo. La imagen de aquel colegio, al que la tradición de las familias tachirenses llegó a dotar de grandeza, se apoderó por completo de mi imaginación ¡cuánta melancolía sentí en aquel momento!, una mañana de finales de diciembre, para darle una vuelta a mi colegio. Pensé que bien podría ser la última. Su estado de abandono era melancólico. Yo quería primero estar a solas y así fue, pude franquear la puerta principal y me deslicé por los lados del jardín frontal en el que, en tiempos de mi infancia, tuve mis ratos y visiones más apasionadas. Aún puedo decir que no me han abandonado enteramente, y que mantienen vivo en mí una especie de sentimiento doméstico que me permite evocar escenas del pasado. Entiendo que, por fin, en 1992, el Salesiano fue rescatado como lo que siempre quiso ese tipógrafo, editor y escritor llamado don Bosco: un centro de formación artesanal, suerte que no corrió la Salle.

Al concluir el segundo año de bachillerato mi padre, por cierto, también muy salesiano, consideró adecuado matricularme en el Colegio la Salle de San Cristóbal, porque el Salesiano de Táriba no tenía más cursos superiores que ofrecerme; una decisión oportuna y conveniente, ya que si los primeros curas, por lo demás muy apostólicos, se esmeraban en enseñar, catequizar y descubrir futuros seminaristas, los últimos tenían amplio margen para mejorar. De los hermanos de la Salle mejor ni hablar; pienso que les faltaba más espiritualidad y humildad.

P. ¿Es un humanista?

LO. Así es; me considero un humanista crítico y un agnóstico, pero no cuestiono a la gente que está a mi alrededor, por creer; por el contrario, respeto sus creencias y los admiro por ello porque mi identidad está formada en todos sus aspectos por componentes de divisiones disueltas y absorbentes o permeables. Así, aun cuando soy agnóstico, estoy consciente de que los seres humanos han tenido y tienen dioses; y eso está bien; incluso, procuro seguir los lineamientos que trazan algunas religiones, por no decir que simplemente los que trazan la filosofía y el sentido común. Como humanista considero a los humanos como una especie formidable y particularmente a Jesús de Nazareth como personaje que se sublevó al orden político, económico y cultural de su época, algo distinto al profeta Mahoma o a Buda, pero que tienen en común que han dado origen a creencias religiosas y prácticas espirituales. Añado a mi humanismo la crítica, porque el humanismo ha sido utilizado muchas veces como una excusa para someter a los demás; por eso, pienso que es importante que el humanista conserve la vigilancia crítica, de dudar de lo que se piensa, de los dogmas y las mitologías entendiendo como tales las creencias irracionales con relación a la religión y las creencias personales que pueden envolver a muchos individuos en su día a día y en sus principios morales, aunque de diferente manera y con diferente calado.

P. ¿Es una persona solitaria?

LO. Vivimos en un mundo moderno que es muy individualista y los apegos y desapegos tienen una forma y un sentido particular para cada persona. Por un lado, está la conquista de nuestra vida en común, pero una conquista es respetar la autonomía de los demás, tener en cuenta que el individuo es un valor en sí mismo. Considerar que no se está sacrificando a los individuos en nombre de las personas o de una ideología; no obstante, existe la dificultad de la convivencia, en adaptarnos los unos a los otros en nuestros particulares modos de sentir. Si por un lado nos centrados en la individualidad y en el yo, por el otro, debemos respetar a los demás, fomentar la amistad y las relaciones familiares.

Por supuesto, una educación sentimental correcta pasa por comprender nuestros propios límites y entender que no solo vivimos en sociedad, sino que somos responsables de dictar nuestros parámetros morales, teniendo en cuenta que cada uno está hecho de encuentros con los demás. Los padres que nos educan, que nos cuidan cuando somos incapaces de cualquier acción autónoma, nuestros hermanos y amigos, los que queremos. Nuestra vida íntima está tejida de elementos que vienen de los encuentros con los que están a nuestro alrededor. El individualista, erróneamente se entiende como el ser humano que no necesita a los demás, que es autosuficiente cuyo objetivo es su propio desarrollo, pero eso no incluye una relación humana. No obstante, es bastante difícil ser escritor sin aislarse un poco; también la lectura requiere de esa soledad voluntaria a la cual te referí, concentración y quietud; en fin, en el orden de la vida tengo el temor que puede tener cualquiera; sin embargo, aunque paso muchas horas leyendo y escribiendo, vivo con bastante coherencia, trato de construir y moldear mis pensamientos y estoy consciente de que el conocimiento no puede salir de una soledad permanente, exhaustiva y profunda. De allí, que las soledades a las cuales me refiero en mis libros no son soledades extremas, sino pequeños retiros que se vuelven placenteros y que son parte de la vida; de ahí que no deberíamos sacar estas microsoledades de nuestra cotidianidad ni evitarlas a toda costa. Para muchos existe un afán por excluir vivir la soledad, pero a mi juicio, es necesario aceptar la soledad e integrarla en nuestras vidas. Por supuesto que me refiero a una soledad consensuada y que no busca provocar daño.

P. ¿Se considera feliz?

LO. La felicidad no es un estado de plenitud. La felicidad está relacionada con la acción, y no es lo contrario de la tristeza ni de la angustia. La dificultad forma parte del camino de la vida, y hay un tipo de dificultad que no puede superarse. Por eso, a veces, cuando nos damos cuenta de que vamos en buena dirección, o de que hemos disfrutado de algo, o que un buen encuentro acaba de producirse, se siente feliz. Todas esas cosas son motivo y fuente de felicidad, de alegría, de gozo. Y, evidentemente, para nada de eso hay recetas; no vale ningún libro de autoayuda.

En fin, vivo con felicidad porque vivo muy cerca de mí. Estoy siempre adelante. He sentido el amor y algún otro sentimiento menos bello en las personas, he sentido y apreciado la belleza, he sentido que mucho de lo que quise lo he alcanzado porque fueron del orden espiritual y no del orden material.

Con frecuencia le digo a mis amigos que tenemos que vivir la vida intensamente; aunque también les recuerdo que la vida no es ni tiene que ser siempre excitante.

P. ¿Qué sobre la familia y la amistad?

LO. La familia es una de las grandes posesiones de la vida. Emocionalmente todos nos sentimos vinculados a ese ámbito de incondicionalidad, y confianza, y por esa misma razón, es el único grupo donde las muestras de generosidad son más amplias y donde el dolor se siente más que en cualquier otro ámbito.

La familia, pero también la amistad, en fin, los seres queridos, son elementos esenciales de nuestro contexto vital. Ellos nos definen y nos complementan existencialmente y nos constituyen; sin ellos, nuestro mundo mismo se hundiría en una especie de dimensión fantasmagórica; de manera que no es algo que nos complementa sino lo que nos constituye y nos sostiene.

P. ¿Concretamente su familia?

LO. Vengo de una familia de siete hermanos. Guillermo, Adith, Betty, Sonia, Alexis, Bella y yo. Adith ya murió.

Ilustración 12
Mis hermanos: Guillermo, Adith (+),
Betty, Sonia, Alexis y Bella

Leonor, mi mujer nació en Bogotá y fue traída a Venezuela, a los campos petroleros, desde muy pequeña.

Ilustración 13
Leonor Roldan Reina

Se graduó en La Universidad del Zulia como Odontólogo, época en la cual nos conocimos y formamos una familia de tres hijos: Ciro, Ana y Paola

Ilustración 14
Ciro, Ana y Paola Ortiz Roldán

y nuestros nietos:

Ilustración 15
Mis nietos María José, Iván y Leticia Ortiz Antakly.
Además, mis nietos Pedro Luis y Ana Belén Echenagucia
Ortiz

Hablando de mis hijos y mis nietos, párrafo aparte merece un fenómeno particular que me ocurre últimamente y supongo tendrá que ver con otro fenómeno que les ocurre a ellos: unos han crecido y otros están creciendo. Esta es la razón, quizá, por la cual tiendo a confundir la mía (mi niñez y juventud) con la de ellos; quiero decir que, al proyectarse mi paraíso, hay escenas que los tienen como protagonistas: cuando dieron sus primeros pasos, cuando aprendieron a andar en bicicleta, cuando aprendieron a nadar, cuando me sorprendieron con alguna ocurrencia inédita, cuando mis hijos me dijeron papá y mis nietos Aguis.

P. ¿Recuerda mucho a sus padres?

LO. Con mucha frecuencia. Recuerdo aquellos años inefables, dulces y bellos que compartí con mis padres y el buen sentido del humor de mi abuela Bonifacia. Hoy, no hallo un instante que alcance o se acerque a la íntima e inmensa ventura que me invaden los recuerdos cuando vuelven a mi memoria cada uno de sus gestos, las frases y el resplandor sombrío de sus ojos. Es paradójico, pero cuando hemos perdido a personas de esas cualidades es cuando empezamos a valorarlas más y es entonces cuando nos invade una nostalgia que durará tanto como nos dure la vida; no obstante, terminaremos descubriendo que tal vez no las supimos querer bastante mientras fueron nuestras, mientras pudimos quererlas y nos parece que empezamos a amarlas cuando ya solo son un recuerdo.

P. ¿Cómo se llamaba su padre?

LO. Se llamaba Luis Felipe Ortiz, como yo, fue doctor en filosofía y letras, así como también un abogado muy conocido en el Táchira por su oficio y honestidad.

P. ¿Cómo recuerda a su padre?

LO. Guardo un recuerdo especial por mi padre y de los años que compartimos y, a pesar de que la mayoría de las personas ven al padre como una figura más distante que la madre, siempre fui más papista. Muchas cosas nos unían y no cabe duda de que lo poco que soy se lo debo a él. Conservo sus consejos cuidadosamente orientados y sus palabras dentro de mí, convencido de que siempre han servido para responder a mis sueños y a mis dudas. Guardo celosamente las escenas de alegría y plenitud que me había hecho idealizar la figura paterna y forjar la imagen mítica de un hombre que tenía elevadas aspiraciones por el bienestar de las personas y amor ferviente a su familia. Era un hombre silencioso, analítico, y jurista; un hombre que explicaba con lentitud; una persona virtuosa, tolerante y solidaria, de sentimientos puros y piedad natural fortalecida por su pensamiento, la paciencia, la meditación y el estudio.

Ilustración 16
Luis Felipe Ortiz (Padre)

Más tarde o más temprano, sentimos la necesidad de meternos con la figura paterna, evocarlo, traerlo en palabras. Creo que este es un buen momento; gracias por darme esa oportunidad.

La filosofía de vida de mi padre perdura en mí y por supuesto que hay personas de mi familia que nunca lo conocieron, y menos aún que la mayoría de los que lo hicieron, nunca entablaron una relación profunda con él. No obstante, la tarea me ha correspondido a mí mientras tanto, y quiero dejar claro que lo que digo aquí es una opinión muy personal e ínfima de lo que él fue.

Siempre he estado agradecido por haber tenido un padre como él, aun cuando fue muy duro y estricto conmigo desde mi niñez hasta que se fue.

No podré olvidar nunca su cálida y segura presencia, su compañía de tan abrumadora riqueza, su deslumbrante sencillez. Ya no tendré donde encontrarlo sino en el eco que me queda de sus consejos y guía; pero no es lo mismo. Hoy, muchos años después de su muerte, es difícil transcribir en su integridad mis sentimientos para con él. A menudo, cuando me meto en la cama y apago la luz, percibo su presencia y el abrigo confortable y reparador de sus palabras que me van a arropar en mi descanso.

Cuántas y tantas veces he creído que mi camino hubiese sido otro si la sombra suya me hubiera cobijado más años todavía.

P. ¿Una anécdota?

LO. Son tantas y tantas, que es difícil seleccionar una. Lo cierto es que en muchas oportunidades acepté la inevitable cursilería de todo padre que habla de sus hijos y cuenta a sus amigos, para aquel entonces también mis amigos, anécdotas graciosas como ellos suelen contar sobre sus hijos, consientes, sin embargo, de que esas anécdotas pueden carecer por completo de gracia para los demás. Una de esas anécdotas que un día mi padre le contó a un grupo de sus amigos se refería a un caballo que hice en nuestra finca San Rafael, con una vara a la cual le agregué unas alas de cartón. Mi padre, les dijo, que al verme montado me explicó que mi caballo se parecía a Pegaso, que había nacido de la sangre de la Medusa cuando Perseo la mató cortándole la cabeza y que en lugar de pelo tenía cien serpientes con las que paralizaba a sus víctimas. "¡¿verdad?!", le pregunté sorprendido aquel día, como consuelo a mi natural ignorancia, propia de mi edad, sobre la mitología griega; no obstante, tiempo después supe que desde ese instante tuve conciencia de haber nacido inoculado por el realismo mágico. Evoco esa anécdota porque de alguna manera, mi padre, en su madurez, tal vez creía ser mi memoria, que a mi tan temprana edad todo era efímero e intrascendente.

P. ¿Qué hubiese querido heredar de su padre?

LO. ¡Me gustaría verme en el espejo de mi padre! Pienso que él fue dotado con una memoria extraordinaria, que podía retener información sobre un libro de gran trascendencia, un artículo de prensa y/o una poesía. Aún con mucha pertinente frecuencia reciento su ausencia y el pensamiento de que aquel cerebro magnífico hubiera declinado, se hace intolerable y en mis ratos de soledad, me niego a admitir que un hombre trabajador, feliz y cariñoso, se enferma, ingresa en emergencia de una clínica provincial y una semana después ha muerto. ¿Cómo puede alguien asumir que en tan poco tiempo ha perdido al padre, amigo y maestro de su vida, con el que compartió tantos momentos agradables?

Si aseguro que desconozco la razón por la cual estoy elogiando acá a mi padre, estaría mintiendo. Aun cuando escribo para mí, estoy seguro que otras personas van a leerlo, pocas mostraran interés en mis recuerdos.

P. ¿Qué heredó de su padre?

LO. Él siempre inundó mi mundo con su presencia y la intensidad de sus palabras; de él recibí siempre los consejos necesarios para hacer las cosas, para buscar y conseguir una forma de vida sin equivocarme mucho, para no irme abajo ni arriba sin fundamento, para profundizar en los conceptos que debería, según él, usar al pensar, asegurando que ellos nos permitan agrupar cosas de nuestras experiencias en diferentes categorías que forman las etiquetas que le asignamos a las cosas en nuestra mente; decía y, recalcaba, que representan nuestro mapa mental del mundo que nos indica cómo operan las cosas y qué podemos esperar de ellas. Él tenía la facultad, algo poco común, de ver más allá de su propia perspectiva y de los manifiestos verbales de los demás y de lo aparentemente evidente. Su postura, el tono de su voz, sus gestos, su eventual sentido del humor, su mirada pragmática, a ratos desencantada, nunca cínica e incluso su silencio, eran portadores de información que siempre estaba a nuestra disposición para ser interpretada. Contaba con una buena capacidad de escucha, lo cual le permitía obtener pistas no verbales y, si en algunas oportunidades, no estaba de acuerdo con alguien, respetaba su posición.

Hoy pienso que en él se combinaba la inteligencia con la sensibilidad humana que determinaba su conducta, sus relaciones y sus interrelaciones, sus dramas, su amor, su destino; su historia; en una palabra, su vida. Lo oigo y lo veo aún con aquella mirada que parecía concentrarse en un punto lejano, como si mirase más allá de las montañas que quedaban frente a nuestra casa y traspasaban mis ojos, lo mismo que si su alma se trasladase en aquel instante hasta donde derramó su fe y sus ilusiones. Lo veré siempre avanzando despacio durante las tardes y hablar al ritmo de su paso sin descompasar jamás el tono ni la voz. Para aquellos que no lo conocieron, su pensamiento no tiene nada de fantástico, pero en cambio tiene algo que se convertía en importante para mí, un personaje de carne y hueso, con presencia humana. Un hombre que sufría, soñaba y luchaba por expresarse y, cuando lo hacía, utilizaba toda su capacidad para envolver una idea de forma breve, iluminadora y original. Un hombre que adoraba la verdad. En él, ello era un impulso genuino, hasta el punto en que consideraba vacío, vano y completamente desprovisto de todo peso y valor, lo que al final no se podía vivificar como verdadero. Fue mi guía y buen ejemplo...; aún siento la necesidad de tener a alguien en quien confiar.

P. Si viviera en esta época, ¿Cuál cree que sería su opinión?

LO. Soy el primero en reconocer que su opinión sería todo menos un asunto diáfano. No me refiero solo al modo en que él habría compartido su filosofía política y criticado la coyuntura por la que estamos pasando, sino que sostengo que le habría parecido en extremo repelente el anti intelectualismo destructor de la política y la cultura que hoy sustituye la trascendencia con la mediocridad y la corrupción. Una vez me confesó que una de las razones por las que le gustaría vivir muchos años, era, según sus palabras, "para ver hasta dónde llega la estupidez y el fanatismo". Mi corazonada es que se habría quedado atónito al ver la prontitud con la que se alcanzó tanto deterioro y decadencia.

P. ¿Qué aspectos diferentes recordarían aquellos que le conocieron y fueron sus amigos o colegas?

LO. Mi propia intuición, y no se trata más que de eso, es que, si se desentrañara su personalidad, la moralista superaría con creces a cualquier otra cualidad. Una parte de su manera de ser y actuar, tendrá su eco sin obstáculos. Acaso resulte irónico, pero me parece que su filosofía de vida estaría valorada por encima de su desempeño como abogado penalista, de sus conocimientos literarios y del resto de sus cualidades, aunque tal vez para casi todos sus conocidos coetáneos, lo menos interesante de su empeño, sea lo que menos precise de interpretación. El axioma de Kierkegaard, objeto de fascinación que citaba a menudo, según el cual, si bien hay que vivir la vida prospectivamente, esta solo puede ser entendida retrospectivamente, no se ajusta del todo al caso de mi padre, al menos en lo que respecta a sus conocimientos, pues a diferencia de muchos de sus contemporáneos, es decir, los más relevantes, todas las opiniones sobre él, sobre lo que pensaba, sobre lo que defendió, parecían y aun parecen reclamar una admiración.

P. Oyéndolo hablar de su padre, se me puso un nudo en la garganta, debido al amor que siento que usted le profesaba. ¿Y su madre?

LO. Amé mucho a Ana Paula Reyes, mi bella y querida madre, así como también a mi nona Bonifacia. En lo que toca a gracia y belleza, existía en ellas algo que iluminaba sus rostros: su común inteligencia que desprendían sus miradas, un rayo de buen humor socarrón y un ruego de elegancia y gusto delicado natural, que no siempre se ve en las almas pasadas la primera juventud. A aún hoy, no conozco a otras mujeres en cuya innata bondad tanto pudiera yo confiar.

La destreza de comunicación de mi madre era tal, que nos permitía entendernos mutua y efectivamente. Para ella no existía más luz, ni más manantial, ni más canción que todo cuanto se refería a sus hijos, a su madre y a mi padre. Ella nos comprendía profundamente y llegaba a inferir nuestros pensamientos y sentimientos, generando simpatía, comprensión, ternura, calidez emocional, afecto y sensibilidad que, en mi caso, manifestaba en las cartas que me enviaba cuando yo estudiaba en Bogotá, que eran como para llorar de emoción, porque mostraban una sensibilidad y una delicadeza inauditas.

Ilustración 17
Ana Paula Reyes

Mi madre, ya a sus 98 años, raras veces tomaba sobre sí la difícil tarea de entablar una conversación sobre la actualidad. Ya pocas cosas alteraban su armonía interior, la sinfonía en que se mecía su alma, como si hasta ella no pudiese llegar más que la música y el eco de los años y se complacía observando, poniendo atención y con apacible rostro, en varias oportunidades en una especie de semisomnolencia, como si estuviera en un mundo distinto del nuestro, con recuerdos remotos de las escenas y armonías, que llenaban su espíritu y se desplegaban en su imaginación. Hay un momento en el cual, casi sin darnos cuenta, el sentido de un final nos lleva a reflexionar acerca del hecho de envejecer. De existir entre los recuerdos y el presente.

Muchas veces, aunque pasáramos junto a su sillón y alargáramos las manos y estrecháramos las suyas, mantenía sus ojos entrecerrados, como perdidos en remotas lejanías. En esos momentos comprendía que ella estaba en otro tiempo, que se hallaba recordando a personas amadas, amigos entrañables ya sin nombres o rostros definidos. De manera que, era muy posible que allá, en las profundidades de sus pensamientos, viviera una vida más real que no en medio de la atmósfera que le rodeaba en la ya decadente Venezuela. La vida es, muchas veces, un arduo caminar pisando idénticos surcos, con la salvedad de que cuando ya lo sabemos con certeza, el cuerpo se halla cansado, el espíritu hendido y en la cercana lontananza el fin del arduo transitar se divisa. Cruzamos nuestro propio Rubicón y cada uno de una forma u otra tiene el suyo y finalmente no disponemos de la capacidad, ni la avidez, para enfrentarnos a nuevas vivencias. Mientras tanto, el tiempo nos ha ido ubicando en el sitial en que todo sosiego se atempera, y el vientecillo de las remembranzas solamente ayuda a saber que los años han tenido con nosotros andanadas insuperables: anhelos, zozobras y éxodos.

P. No es común que se recuerde a los abuelos.

LO. Es cierto; se habla poco de los abuelos. A mi abuela Bonifacia, sin duda, la recuerdo como una mujer divertida y original, que siempre iba a favor del viento y era la mejor cómplice de sus nietos. Su papel no era corregirnos, sino reforzarnos nuestra seguridad y habilidades.

Ilustración 18
Bonifacia de Rodríguez

Todavía recuerdo cuando la visitaba en su casa, en la que de muy niño vivimos antes de hacerlo ella. Aquella casa tenía un patio interior lleno de violetas y una gruta con la virgen, que supongo todavía hoy, que era La Consolación. Era una casa de cómodas habitaciones y en el fondo, un tanque de agua y un solar con gallinas y palomas de cola abanicada, una mata de mamón y una de aguacate. Era toda una camarada en la conspiración contra las dictaduras y durante mis visitas me contaba lo de Castro, el de Capacho, que fue presidente de Venezuela.

Una mujer efusiva y generosa, por lo general tranquila y vehemente, cariñosa y atenta con sus nietos casi siempre animada y los chistes fluían de sus labios, era una compañía excelente. Sus picardías y risas no las olvido nunca, porque, aunque se haya ido hace ya mucho tiempo, nunca se irá de mi memoria. La quise mucho y ella también me quiso.

P. ¿Crees que uno sólo se convierte verdaderamente en hijo cuando se vuelve padre?

LO. ¡No, de ninguna manera! Hay muchos hijos que no se convierten en padres. Siempre he creído que las primeras grandes cosas ocurren dentro de la familia y cuando los hijos se dan cuenta de que sus padres no son omnipotentes, sino que también tienen debilidades, frustraciones y fracasos, los hacen entender que, en la vida, aunque bella, no todo es paradisíaco.

P. ¿Qué hay de las amistades?

LO. He tenido y tengo muy pocos amigos; más, sin embargo, considero que la amistad como el arte más importante y maravilloso en la vida, una de las vías donde podremos encontrar de por vida la relación más transparente, la más abnegada e indulgente y la de más sinergia intelectual y espiritual. No hay nada como una buena amistad, sin ella estaríamos totalmente perdidos y por ello es grato sentir que la amistad existe, aunque la muerte de las personas entrañables, próximas, queridas, siempre me estremece y terminan siendo, como las estrellas del firmamento que continúan brillando con nosotros y guiándonos, pero la muerte es esa batalla en la que todos perdemos.

A menudo recuerdo a mis amigos, entre otros que se me escapan, a César González (Chichi) (+), Saúl González (Kico); años después me reencontré con Ángel Ramírez (Chuy), su primo y a quien acompañé como miembro de la Junta Directiva del Club Táchira. Recuerdo mucho a Iván Chacón (El Bejuco) (+), a César Ontiveros (El Guífaro) (+), Jesús Ortiz (+ Chucho, mi apreciado primo, amigo y confidente que me enseñó a manejar), Reinaldo López (Nano), el samario Pedro Gual Angulo (+, un ser sin contaminar, tan puro y auténtico que con frecuencia resultaba difícil entenderlo), al tigre de Barinas Rafael Gómez (+, con dos tragos ya tenía una pea encima),

Raúl Romero (+, un viejo mujeriego), el "Burro" García (+), Omar Largo (+) y su hermano Rafael Largo; al caleño Rafael López Pulecio, el cartagenero, siempre trotskista y con el que tantos desacuerdos tuve, pero que siempre estimé, Juan Morales (+), el valluno Julio Campuzano, medio loco de tanto estudiar (+), un ejemplo de dedicación al estudio (+), el gocho Ramón Guerrero y a su hermano Luis Gonzalo Guerrero (+), a Ramón Soto (+), Jack Díaz (que sabía más que yo de cualquier cosa), Sonia Ortega, Mirian Medina, Gloria Labrador (brillante), Margarita Chacón, Telí González, Luisa Toro (+), Ení Esguerra, Mirella Fonseca (con quien pasaba horas analizando las distintas formas de narrar una historia en libros y películas) , Margarita Carrero, Antonio Krieger (+ un aburrido y sin talento). Oscar Cegarra (+), Miguel Lamberto (+), mi primo Francisco Pacheco (+), Hugo Domingo Molina (+ y una autoridad en toros de lidia), Gustavo Colmenares (+ el primer odontólogo graduado en Táriba), Rolando Chacón Labrador y a su hermano Rafael Chacón Labrador (+). Me hace falta Nelson Barreto (+), el Embajador, con quien , con frecuencia salía a tomar café y, quien, por cierto, realizó las correcciones de mi novela *"Los Extorsionadores"*. Con él y con

Rafael Groscos (+), compartía muchas tardes de café, literatura, filosofía y política. Nelson se fue y extraño su compañía, aunque la pena por la partida se va mitigando con el tiempo y la pena se va convirtiendo en añoranza y la añoranza, en recuerdo…

En fin, extraño a los amigos y soy consciente de la suerte que tengo de compartir con ellos, porque ya sabemos qué es vivir sin ellos. "Es muy difícil encontrar un buen amigo, más difícil todavía dejarlo e imposible olvidarlo" y los que se fueron, me dejaron un extenso legado y así los recuerdo. Pero todavía tengo algunos amigos a quienes quiero mucho, como Reinaldo (Nano) Mora o Nunzio Cimino, por citar algunos, pero no quiero nombrar más, tal vez porque no tengo muchos y prefiero que crean que, sin proponérmelo, dejé a algunos sin citar.

P. ¿Qué pasó con las amigas?... ¿Fueron solo amores?...

LO. La adolescencia se alimenta de dramatismo y la mayor felicidad es vivir intensamente esos momentos y yo no era menos vulnerable al señuelo de las grandes emociones y las razones que cualquier joven de mi edad. Es así como el poder del amor, encarnado en la sensualidad femenina, es motivo recurrente en mi narrativa. Es fácil ceder a los encantos de la belleza femenina y de su enorme poder seductor que desborda los sentidos y que en aquel momento de mi vida no era distinto de la necesidad de encontrar una manera de estar en el mundo.

Por otro lado, pienso que la amistad no debería distinguir géneros, porque ella es el encanto maravilloso entre dos seres, sin necesidad de que medie para ello algún atisbo de relación o sin estar de por medio cualquier otro tipo de empatía. Se trata de una relación cotidiana, algunas veces de coincidencias intelectuales o de trabajo y de vida social conjunta, enriquecida por el ingenio, la imaginación, el buen sentido del humor, la agudeza y gentileza. He tenido muchas amigas y con ellas, de alguna forma, he disfrutado su compañía, alegría, tristeza, inquietudes artísticas, literarias, científicas, económicas, políticas; en fin, diferentes manifestaciones de lo posible y que han dejado una huella de admiración mutua y con diferentes finales.

P. ¿Cómo ve la participación de la mujer en la literatura?

LO. Existen buenos y malos autores y escritores, ya sean hombres o mujeres o sus combinaciones. En el pasado a las mujeres les costaba más sobresalir en todos los aspectos, incluyendo, por supuesto en la literatura, donde su presencia era casi nula, pero los tiempos han cambiado con respecto al siglo XIX, cuando ser autora significaba transgredir una "ley natural" y ellas eran señaladas como una especie de criaturas deformes, como aseguraba Cristina Valcke. Ejemplo de luchadoras fueron, Virginia Woolf y Charlotte Brontë, quien incluso tuvo que publicar con el seudónimo masculino Currer Bell; otras como Jeannette Miller, Rita Indiana, Ana Emilia Moglia, Fernanda Pérez, Graciela Ramos, Reyna Carranza, Emilia Pardo Bazán, Ana García Bergua y Viviana Rivero.

Las cuestiones relativas al género han cobrado una visibilidad inimaginable y hasta cierto punto, no es para menos, teniendo en cuenta la dureza de la lucha que las mujeres llevaron a cabo, las dificultades y prejuicios que debieron superar para la consecución de su relativo y no menos reciente empoderamiento como sujeto histórico autoconsciente. No obstante, aún persiste una notoria resquindad sobre ellas, por lo que es necesario continuar abriendo espacios de expresión para darle voces a esas nuevas identidades que han venido surgiendo, contar cómo ha evolucionado la identidad de la mujer, sus oficios, sus formas de pensar y de actuar, pero sin caer en el feminismo desproporcionado, el de las ideas de género muchas veces personalistas, autocentradas, acomodadas a tendencias y autorreferentes, a la moda, a un estilo de vida desinteresado en transformaciones profundas, un engaño que incluso refuerza valores que creíamos ya superados, como la avaricia y la competencia sin razón, que al final lo que verdaderamente buscan es reforzar su propio valor desde estándares de éxito, dinero e imagen; tildando como enemigos y excluyendo a todos aquellos que no comulgan con sus ideas, logrando, incluso, la antipatía de no pocas mujeres, activistas o no, y que, como advierte Mario Vargas Llosa "Ahora el más resuelto enemigo de la literatura, que pretende descontaminarla de machismo, prejuicios múltiples e inmoralidades, es el feminismo".

En fin, la dificultad de las mujeres, no estriba únicamente en ser escuchadas, sino en que los hombres valoren la calidad de sus aportaciones. De cualquier manera, este es un mundo donde las mujeres deben luchar, no únicamente por conocer y explicar los hechos, sino también por librar una batalla que va más allá del propio conocimiento sobre un tema: deben luchar también para que su voz sea reconocida y válida.

P. ¿Pero se ha avanzado en ese sentido?

LO. Claro que sí, pero aún queda mucho trecho por recorrer, de manera que lo mejor es tratar a las autoras y a las mujeres en general, como lo que son: mujeres que tienen que sobreponerse a los obstáculos que, como todos los hombres, enfrentan día a día. Hoy, los hombres publican el 72% de las obras registradas en el ISBN; el doble que las mujeres; sin embargo, varias de ellas, al igual que hicieron en el pasado, no dejan que nada detenga sus sueños y aspiraciones y son la mayoría en publicaciones de libros infantiles y juveniles, en los de texto y en la creación literaria, mientras que los hombres se centran más en las ciencias sociales, humanidades, música, cine y audiovisuales. Tengo esperanzas, soy optimista, porque hay razones para creer que se avanza, de manera más lenta o más rápida, a veces de forma acelerada y otras con muchísimos obstáculos, pero se avanza en este sentido.

P. Quiero insistir en eso de ¿Cómo ha sido vivir en diferentes ciudades?

LO. Poco a poco nos vamos acostumbrando a las nuevas geografías y, a pesar de desarrollar raíces poco profundas por ese ir de sitio en sitio, hoy estoy casi de acuerdo en que la naturaleza humana, lo mismo que un árbol, no florecerá ni dará muy buenos frutos si se planta y se vuelve a plantar durante una larga serie de generaciones en el mismo terreno. Mis hijos han nacido en otros lugares, y hasta donde dependiere de mí, irán a echar raíces en terrenos distintos. Cuando salí del Táchira, mi tierra natal, el lugar que seleccioné fue Bogotá, Colombia, que en ese momento y con la información que yo disponía, significaba la promesa de escapar a un futuro posible, o cuando menos a un presente habitado por ese posible futuro. En aquel tiempo era al mismo tiempo el mejor y el peor estudiante; unas veces quizás genial y no, pero nunca un mentecato. Creo que mi padre ya no sabía qué hacer conmigo. ¿ acaso no era más que otro muchacho perdido que acabaría encontrándose a sí mismo? Como mi padre sabía que yo no era ni un mentecato ni un loco, se sintió feliz de que yo decidiera irme a estudiar fuera de ese ambiente que, de alguna forma, no me beneficiaba, Esa partida fue, en realidad, una búsqueda y un encuentro rebosante de ingenio y confidencias que significó una vida diferente y donde fui evolucionando y reinventándome. Allí estudié Ingeniería Mecánica en La Fundación Universidad de América (FUA).

Ilustración 19
Bogotá

No es sencillo hablar sobre una ciudad en la que has vivido intensamente, sobre todo si esa ciudad ya no es la tuya y no estamos ante una guía de viajes al uso, ni ante una "carta de amor incondicional" a la ciudad, pero es demasiado fácil caer en la idealización, en la postal exótica o en el tópico turístico; no obstante, Bogotá en aquella época era una ciudad de vanguardia, una capital del siglo XX en la que me alegraba vivir, pero aun conociendo ya sus alrededores, o conociendo un poco los barrios circundantes, ahora que vivía allí empecé a verla con mayor detenimiento, tal como era bastante deteriorada, con mucha pobreza y desesperada, sobre todo en las calles céntricas, el gamín, el borracho, el anciano y el demente se amontonaban en las aceras y con la vista fija en la distancia. Pero, de todas maneras, aunque era, hasta cierto punto, una ciudad agrietada, seguía siendo conocida como la Atenas Latinoamericana y como La Capital Mundial del Libro, una ciudad en que, por su puesto, no todo era sombrío, sino que también albergaba encariñadores, interesantes espacios y en extraordinario clima; pero, sobre todo, una ciudad llena de maravillosos cafés, bares y deliciosos restaurantes; una ciudad en la que también vagaban jóvenes por la calle, entre aquel panorama muchas veces aparecían muchachas bonitas, revoloteando a su paso como ilusiones ópticas o espíritus procedentes de los sueños; una ciudad que disfruté enormemente y donde vi cosas solo vividas en la literatura. Una ciudad llena de librerías donde curiosear, pero el punto central para refugiarme era la Biblioteca Luis Ángel Arango, a pocos metros de mi universidad, un recinto iluminado que había convertido en el sitio que más frecuentaba, en sala de música y estudio durante el día.

El Baco, aquel bar antiguo y débilmente iluminado y centro de reunión de las noches de los viernes culturales, donde no era la cerveza ni el aguardiente lo que le interesaba, sino la conversación, la oportunidad de hablar con mis compañeros, de charlar de política con los amigos y con diversos amigos de amigos, la bebida era simplemente un artículo de utilería en estado líquido que nos permitía seguir sentado en el sitio, porque aquélla era una magnífica oportunidad de estar rodeado de gente con ganas de hablar, y las conversaciones en que tomaba parte me resultaban valiosas. Pero había otros, compañeros de la facultad, que no sabían nada acerca de sí mismos ni de cualquier otra cosa que no fuese estudiar, y eran capaces de salir más que airosos de los exámenes pero que conservaban cierta mentalidad infantil, criados en pequeñas ciudades provincianas y que se aferraban a su habitación de la residencia, porque Bogotá era demasiado grande, demasiado escabrosa, demasiado disoluta, y les confundía, porque ellos, habían ido a la universidad sin preparación alguna para asumir la libertad de vivir fuera de casa por primera vez, pero yo, a diferencia de otros que se encontraban en la misma situación, no me replegaba sobre mí mismo ni evitaba la ciudad, sino que me lanzaba a ella de cabeza. No obstante, con ellos me reunía para estudiar y eso me servía muchísimo, sacaba notas altas, sobresalientes y notables, porque estaba consciente de mi responsabilidad y compromiso con mi padre, en cuanto a estudiar.

En aquella época, nada que le gustara más a un bogotano nativo o de adopción como lo era yo, que salir a la calle, caminar por la séptima, por Chapinero o El Chicó, a disfrutar de la ciudad. Y así, a pesar de la constante lluvia, Bogotá se llenaba de eventos culturales con los que era imposible quedarse en casa.

Para aquel entonces yo era muy joven y por consiguiente impetuoso e irreflexivo. Mi albedrío era en aquellos tiempos de errancia; nada ni nadie limitaba mi libertad y todo para mí era un amplio mapa de caminos abiertos. Me creía eternamente joven e indómito y estaba convencido, lo juro, de que la vida comenzaba a los dieciocho años y que todo lo que no llegase a cumplir esa edad, pertenecía al orden de los protozoarios. De ese tiempo en Colombia me queda el gratísimo recuerdo de desaforadas historias, mientras estudiaba en la Universidad y compartía en largas tertulias y patrocinábamos grandes debates intelectuales y académicos. Aquella época fue estupenda; lo mejor de La América eran las asignaturas, los profesores y mis compañeros. Las lecturas eran soberbias, las clases eran impartidas por profesores que se tomaban un interés especial en enseñar a los estudiantes y además les gustaba. Mis compañeros eran perspicaces, estaban bien preparados y yo trataba de absorber todo lo que se debatía en aquellas clases, con la sensación de haber aterrizado en una especie de paraíso intelectual, y como enseguida se dio cuenta de que a pesar de los muchos libros que había leído asesorado por mi padre en los últimos años, seguía sin apenas saber nada, así que me estudié muy bien todas las materias del pensum de ingeniería y los libros asignados, centenares de páginas a la semana, a veces más de mil, con algún que otro tropezón de cuando en cuando, pero también, a veces yendo más allá de lo que se me pedía.

P. Cuéntanos más sobre tu estadía en Bogotá y en particular en la Universidad.

LO. La situación social, económica y política por la cual atravesaba Colombia, no me fue indiferente y me llevaron a participar activamente en los movimientos sociales que pedían mejores condiciones; de manera que comencé a discrepar, más pronto que tarde, de la situación que, a mi criterio, la oprimía, pues me sentía tan colombiano como el que más; así pues que, a pesar de que para aquel entonces solo escribía artículos para periódicos y revistas, y de que aún no había escrito un libro, ya me inclinaba por la unidad de lo fragmentario, dejando testimonios de mi pensamiento, curiosidad y reflexiones varias veces pensadas; nada distinto de lo que aquella sociedad estaba discutiendo en ese novedoso momento influenciado, a nivel intelectual, en consonancia con el tiempo que se conoce como Mayo Francés, donde la clase trabajadora y la militancia estudiantil, cerró líneas alrededor de un mismo programa político. Estos acontecimientos me llevaron a adquirir conciencia crítica primero y política, después. Fueron, sin duda, años convulsionados en un país igualmente convulsionado, también por otras múltiples inquietudes y necesidades.

Sin embargo, hoy pienso que, a pesar de todo, la vida me sonreía. Tenía discernimiento y compañía. Allá donde miraba, veía personas que pensaban similarmente a mí y decían lo que yo. Aun así, si bien el análisis político nos unía, la ideología por sí sola no iba a sacarnos de nuestros yoes traumatizados. Al parecer, entre el ardor de nuestra retórica y los dictados de la realidad, se extendía la tierra de nadie en la que la convicción aún estaba a prueba. Muchos nos convertimos entonces en la encarnación andante de la brecha entre la teoría y la práctica: la discrepancia entre lo que afirmábamos sentir y, la complejidad desdichada de lo que realmente sentíamos, se hacía cada vez más patente con el paso del tiempo.

Las contradicciones de mi propia personalidad producto de mi edad y de mi incipiente nivel de educación, venían a diario y patrones de conducta a los que nunca había prestado atención acaparaban de pronto mis pensamientos. Siempre me había considerado una persona que le confería una gran importancia a lo que comúnmente se llama "buena persona", pero entonces comprendí que me faltaba mucho más para serlo. En la conversación, era muy asertivo, en las reuniones seguramente aburrido y terminaba saboteando una relación tras otra, concentrándome casi exclusivamente en mis ideas, y en absoluto en las de mis amistades.

Pero muchas de mis inquietudes a lo largo de mi carrera, las dejé por escrito en artículos de revistas, partes de libros y numerosos informes técnicos-científicos que no eran ajenos a un deseo de comunidad y democratización que, por esos años, con los murmullos y la fiesta de toda juventud como fondo, circulaba mediante los debates universitarios. Así que sí, sentí la necesidad de expresar todo esto por escrito. ¡Uf!, recuerdo lo mucho que escribí, en los periodiquitos de la Escuela de Periodismo de la Universidad de América, por haberme correspondido por designio propio, (nadie quería hacerlo) y enterarme que a la comunidad universitaria le gustaba mis escritos porque de alguna forma plasmaba su realidad, sus necesidades y sueños, aunque los míos eran opacados por la fuerte realidad política que abarcaban tanto la causa de la izquierda como de la derecha.

P. ¡Ah! ¡Qué interesante! ¿Cómo eran esos escritos?

LO. Ya que, aunque a la primera de cambio era capaz de ponerme a charlar hasta por los codos sobre cualquier cosa, y a menudo entre quienes me escuchaban alguien me decía "deberías escribirlo", cuando me ponía manos a la obra, sufría casi siempre un acceso paralizante de autocuestionamiento, pero, aun así, aquella quemazón de necesidad me permitía concluir satisfactoriamente un texto.

Eran artículos cargados de muchas de nuestras inquietudes y fueron las circunstancias económicas, políticas y culturales de ese momento en Colombia, las que me reforzaron el impulso de escribir, digamos que una especie de literatura realista y periodismo de urgencia que obedecía, naturalmente y sin ambages, al deber de mostrar lo que en aquel momento pensaba que era la verdad dentro de la caótica maraña de sentimientos, sensaciones y circunstancias en las que me encontraba; y plasmarla para mis compañeros y la oportunidad de realizar los sueños y alcanzar las metas, porque la velocidad de la edad algunas veces nos impide ver claramente "la verdad verdadera", la realidad, y sobre todo visualizar algo de futuro; no nos deja entendernos; tampoco el verdadero sentido de lo que hacemos cuando estamos llenos de dudas y todavía ignoramos todas las luchas que nos quedan por lidiar.

P. ¿Al terminar esa etapa, siguió escribiendo?

LO. Durante mi temporada en esa universidad leí ciencia, historia y literatura hasta la indigestión, un montón de esa teoría socialistoide que, después de la ampliación de la información y la realidad, me parecía incontestable, insostenible; una exageración política y vital de los años sesenta y que ya no era nunca más el momento para pensar en esa atrasada teoría sobre el devenir del mundo incapaz de generar un pensamiento complejo y autónomo, sino que era una especie de reclutamiento subjetivo, simplista y reiterativo que nacía del deseo de cambiar la manera en la que se entendía "erróneamente" la sociedad en la que vivía.

P. Pero, ¿le sirvió para futuras escrituras?

LO. Había publicado unos ciento treinta artículos de diversa extensión en el periódico de la Universidad y había adquirido la costumbre de escribir casi a diario, porque como te dije, nadie escribía y había que escribir el periódico a como diera lugar, todas las semanas.

Además de mis propios esfuerzos, estaban las conversaciones-lecciones con los profesores y alumnos de la Escuela de Periodismo sobre cómo lograr concisión, gracia y claridad en cada frase que escribía, cómo unir una frase con otra para construir un párrafo que tuviera fuerza, y cómo empezar el párrafo siguiente con una oración que prolongara o contradijera las afirmaciones del párrafo anterior, de manera que escuché con interés y asimilé tales lecciones, lo que significaba que cuando empecé a trabajar en mi primer libro, ya había jurado lealtad a la bandera de la Palabra Escrita.

P. Esas enseñanzas fueron claves para consolidarse como escritor?

LO. No. Escribir artículos para un periódico, ser periodista, es diferente a ser escritor. Lograr escribir un libro, y hacerlo bien, no es algo que se hace rutinariamente, como es el caso de los periodistas, porque para ser escritor no existen reglas, aunque ya el solo hecho de intentarlo requiere tiempo y esfuerzo, pero en realidad nadie sabe cómo hacerlo siempre bien, aparte de que una vez escrito, es necesario que un profesional lo edite; eso es otra cosa y especializada, por cierto, evita enormemente innumerables errores, por decir algo tenue, los penosos gazapos.

El deseo de escribir un libro, llega porque tal vez tienes algo que mostrar a los demás y ese impulso es tan fuerte que a pesar de saber que es muy difícil y que ninguna buena historia ha resultado nunca de un camino fácil, te empeñas en hacerlo.

Para escribir un libro lo primero que tienes que tener es una buena idea, pero hay que tener en cuenta que a veces, surgen grandes ideas que jamás te llevarán a escribir nada. Suele pasar que estás medio dormido o ido, y de repente algo te viene a la mente, abres los ojos y piensas: ¡ahí está, voy a escribirlo!; incluso eres capaz de levantarte de la cama para ir corriendo a escribir lo que se te acaba de ocurrir. Garabateas en lo primero que encuentras y al día siguiente corres a leer lo que escribiste. Pero vamos a estar claros, pasa a menudo que la mayoría de las ideas que se nos ocurren no dan ni para un microrrelato, que ya es bastante.

P. Pero esa idea es de suma importancia. ¿No cree?

LO. Es importante que la idea en sí tenga la suficiente profundidad como para resistir las preguntas que te tienes que hacer para extraer de ahí ideas con sentido y dar el paso de lo vago a lo concreto para crear un libro. De manera que solo sirven las ideas realizables y llenas de respuestas. Si tienes una buena idea pregúntate todo lo que se te ocurra. Solo si eres capaz de contestar la mayoría de esas preguntas, será posible escribir un libro sobre esa idea.

P. ¿Y, en el seno de la Universidad?

LO. En La Universidad de América pasé por varios cargos estudiantiles: desde representante de la Facultad de Ingeniería, hasta miembro del Cogobierno de La Universidad, momento en el cual se hizo más evidente el peligro político de mis inquietudes. Usted amigo entrevistador y mis pacientes lectores, se pueden imaginar las actividades.

No dudo que la enumeración de los diarios sucesos de mi vida en aquellos días, revestiría gran interés para aquellos que no me conocen suficientemente, pero no es el objeto de este libro describirlos; ya tal vez lo haremos a dos manos con mi compañero de la Universidad, Rafael López Pulecio, que con frecuencia me lo pide. Pero les cuento que pagué un alto precio por mis actuaciones, que terminaron llevándome a la cárcel y las preguntas de los cuerpos de seguridad no trataron únicamente sobre lo sucedido recientemente, sino también sobre el pasado, convirtiendo el interrogatorio en el porqué de mis proclamas políticas y las relaciones con la organización armada. Así, el escenario en el que se desarrollaron los interrogatorios me devolvió a aquellos años de lucha compartida, y no incidió únicamente en mis ideales, sino también en la responsabilidad personal asumida en cada uno de los actos en los que supuestamente participé. Las respuestas a las preguntas se convirtieron en un diálogo que giró en torno a la responsabilidad individual, a la sensación de libertad ideológica, al recuerdo de tiempos pasados de lucha y revolución, de pasión y entrega por unos ideales que antes creía verdaderos y útiles, durante un periodo de la historia de Colombia en el que mi generación política fue considerada enemiga pública debido a la pasión con la que transmitíamos la defensa de nuestros ideales; unos ideales que prevalecían por encima de la represión y las amenazas; unos ideales que eran fuente de lo que considerábamos, en aquel entonces, como nuestra libertad y la riqueza existente en todo aquel que se encontraba lleno de su propia vida, de la paciencia de quien se sabe capaz de llenar vacíos con pensamientos, de la confianza en saber que aquellos principios eran pilares en los que nos agarrábamos en momentos de zozobra, en una época que, como te he dicho, incluía tendencias izquierdistas en política, inclinación al arte y la literatura, pero también, a su vez, estaba empezando a sospechar y a sentirme dispuesto a admitir los errores de la filosofía socialista y de lo que se denominaba representación democrática, así como también, de todas las formas de autoridad institucional.

P. ¿Es demócrata?

LO. Bueno, siempre he sido partidario de la Sofocracia y poco de la democracia y menos del Estado, sobre todo soy enemigo del Capitalismo de Estado.

P. ¿ Salía caro cuestionar la democracia?

LO. Había un poder que se dedicaba en exclusiva a la represión en contra nuestra (...) Ocupaban silla de juez sin dejar de ser enemigos.

De manera que pasé momentos angustiosos después de aquel necio incidente del que salí gracias a la amistad de mi padre con el Dr. Alberto López Cárdenas, para aquel entonces un cónsul venezolano, quien intervino con el embajador Oropeza y lograron ponerme en libertad; no obstante, durante aquellos tres días que me dieron para abandonar el país, en las noches despertaba con crisis de depresión y existencialismo, mientras que por el día el alma se me apartaba para soñar con los ojos abiertos, porque ya a esas alturas de mi vida estaba convencido de que el día que dejara de soñar en grande, el día que renunciara a ilusionarme con mis metas e ideales, ese día sí que todo estará perdido. ¿Te acuerdas Rafael?; también se acordaría Juancho (+), se acordarían también El Cura y Pedro Gual Angulo (+), porque me llevó mucho tiempo, ya en Venezuela, estudiar con más ahínco.

P. ¿Cambió o maduró?

LO. Fue una época verdaderamente maravillosa. Pienso que al final lo he hecho más o menos bien, no cabe duda que empecé a ver las cosas de una manera más clara, sin dejarme seducir por las fantásticas teorías del socialismo utópico ni por el llamado socialismo científico, teorías estas propias de la juventud, incluso, del proyecto utópico de una transformación radical de la sociedad. Analizando las ventajas obtenidas me reafirmaba en la opinión de que el desenvolvimiento de mi carrera merecía todos los sacrificios.

P. ¿Y, ahora?

LO. Hoy interpreto algunas de esas evidencias frenéticas de entusiasmo, como frutos de un error que algunas veces me reafirma en lo que fui y, en lo que soy ahora. Gracias a las diferencias, el pasado nos descifra. Pero solo lo que está por hacerse del pasado afinca como una fuerza de la imaginación. En aquel entonces, sin entender mucho, sin saber en realidad lo que pudiera ser la realidad, cuando ingresé a la universidad las protestas ciudadanas eran consideradas subversivas; nadie sabía abrirse, darles una salida realmente política a los conflictos para solucionarlos. Así, lentamente fui adquiriendo convicciones marxistas, como una educación desordenada del extramuro. Cada artículo de literatura se iba convirtiendo en un artículo de fe política, de rebeldía, de inquietudes y de incertidumbres, de la búsqueda del bien común para lograr lo que en aquel entonces entendía por justicia social. Fue la edad de la postadolescencia, esos momentos donde nos tomamos cada acto, cada decisión, como si fuera la más importante de nuestra vida; como si aquello que elegimos no tuviera vuelta atrás y cada suceso significara algo irreversible y trascendente. Por entonces, solo vivía en los libros que elegía para leer y superado ese tiempo, evolucioné y empecé a leer con más ímpetu, a interesarme en la filosofía y la historia; ya no leía para distraerme sino para descubrir, para enriquecer esa inquietud que había despertado en mi interior en forma de necesidad de conocimiento. Ser humano es ser capaz de madurar. Pero la madurez no es un proceso automático ni seguro. De ahí precisamente la idea de cultura: el humano tiene que hacer algo consigo mismo para madurar bien. Ocurre, ahí, que alguien te puede ayudar. Sin duda, nadie puede madurar en tu lugar, pero sí ayudarte a hacerlo. Y es así como se fragua la idea de la educación, de la formación.

P. ¿Considera que su paso por Bogotá ha sido trascendental en su vida?

LO. Las experiencias vividas en Bogotá nunca las olvido porque de ellas nacieron muchas de mis ideas narrativas. La política, al menos mi participación, quizás esté por siempre apartada, otras oportunidades más claras y menos accidentadas la detuvieron. Con mi voluntad y mi aprovechamiento seguí sin desfallecer hacia las reflexiones humanas que, en mí, trascienden cualquier petición institucional, pero que son el camino que mi padre me inculcó y que he trabajado sin tregua, tal vez sin grandes éxitos, aunque siempre, por supuesto, lleno de obstáculos y sin sabores, pero más inmune a cualquier clase de arrebato colectivo y a todo indicio de unanimidad.

Aun cuando nadaba a contracorriente, con brazadas muy visibles, aquel incidente de la cárcel no pasó a más, gracias, como te dije, a la intervención del para ese entonces diplomático venezolano Alberto López Cárdenas y la cosa se tranzó. Las autoridades colombianas me "sugirieron" regresar a Venezuela. Aun no olvido que cuando empecé a vivir en Bogotá, poco a poco fui recorriendo un camino, que, aunque lento, me hacía sentir seguro. En ese camino me sentí colombiano. Ya no era solo venezolano, sino que una obligación, un deber me impulsaba más allá de mi estudio de ingeniería: era la situación económica y política por la que atravesaba Colombia y nuestro continente. Tengo que confesar que abrevié mi permanencia en Bogotá, como en efecto fue necesario hacer, despidiéndome muy poco y dejando una época mezclada de romanticismo y nostalgia, una vida intensa y más, tras de mí... No terminé de irme, pero tampoco regresé, aunque la he visitado varias veces, empleo un tiempo de esa visita en hacer memoria con la complicidad de algunos amigos y la visita a los lugares de mi pasado, aquellos por los que aún conservo un hondo arraigo sentimental. A Bogotá llegué vulnerable, con la cabeza repleta de dudas, muchas carencias ideológicas y temores; prejuicios e ignorancias propias de los adolescentes, en una época donde las inseguridades afloraban en cada elección que escogía, y temía que la vida que deseaba se me escapara por no haber tomado las decisiones adecuadas. Tenía una edad en la que no era fácil encontrar mi lugar en el mundo, y me sentía algo perdido, pero a la vez, una edad donde a su vez me sentía capaz de todo a pesar de que las circunstancias me acosaban día sí, día también, hasta que la realidad se encargó de provocar un aterrizaje y hacerme tomar conciencia y armarme de imaginación, curiosidad y deseos de aprender, así que creí conveniente escalar solo y dejar ser parte de una parte muy importante, pero escalar sin ayudas diferentes a la de mis padres. Siempre ha sido mi experiencia y me gusta que sea de esa manera, con mi propio esfuerzo y sin muletas. Existen empresas que son necesarias emprender con otros, claro, la vida pide arrojo individual y concede momentos en los que hay que ir amparado colectivamente. Pero soy de los que han privilegiado la parte individual.

En esa ciudad, Bogotá, viví años de plenitud que me dejaron profundas marcas y muchas herramientas para entender momentos vividos y por vivir, con una mayor amplitud de miras y capacidad crítica.

En fin, nunca me ha parecido suficiente mi gratitud a Colombia por haberme acogido como a un colombiano y, sobre todo, permitido recibir una educación de alta calidad.

P. ¿Pero en verdad dejó atrás la cuestión política?

LO. A veces hay que dejar atrás algo, para echarlo de menos. Sabemos que en unos tiempos tan desastrosos como los que vivimos en Venezuela, a los gobernantes les gustaría que una persona con sensibilidad política, económica y social, abandonara la crítica. Por desgracia para ellos, ese tipo de cuestiones, nunca nos va a dejar indiferentes; eso sería faltar a la sociedad.

Para resumir, te voy a citar a Charles Dickens, destacado escritor y novelista inglés: "Fue el mejor de los tiempos, fue el peor de los tiempos; fue tiempo de sabiduría, fue tiempo de locura; fue una época de fe, fue una época de incredulidad; fue una temporada de fulgor, fue una temporada de tinieblas; fue la primavera de la esperanza, fue el invierno de la desesperación".

Hay que tener en cuenta que los acontecimientos se narran desde el futuro, y que lo que se nos muestra es un presente que desconoce lo que va a ocurrir, por eso hay comentarios o destellos fugaces de lo que ocurrirá luego que pasarán desapercibidos al lector porque quien los hace es un Dickens más maduro y no el joven que los está viviendo.

P. En sus obras no deja de reflejar su pasión por la gastronomía. ¿Qué hay de ella?

LO. Ana, mi madre, disfrutaba de la buena mesa y, al igual que mi abuela Bonifacia, sabía dirigir a quienes le preparaban nuestra comida. Incluso, muchos de sus platos, aún los prepara Leonor, mi mujer y mis hijas Ana y Paola; incluso mi nuera Farah y mi nieta Ana Belén, ya da sus pininos. ¡Uf!, me encanta el Pudin y el Fricasé; la sopa de arroz y el bistec a Caballo, entre otros deliciosos platos, pero mi mujer y mis hijas, así como muchos restaurantes, han agregado a mi "Sibaritismo" muchos platos que disfruto enormemente acompañados de un vino y una grata conversación.

Y viviendo en Bogotá, todos esos años desayuné, almorcé y cené en restaurantes; claro, de vez en cuando en los comedores de la residencia de la Universidad, pero fueron los menos. Mis comidas las hacía casi siempre con otra gente, compañeros de la Universidad procedentes de regiones diversas, pero a menudo coincidentes del arte y la literatura, pintores y escultores, profesores, poetas, todos ellos con muchos años de experiencia a sus espaldas, lo que significaba que yo fuese, por lo general, la persona más joven del grupo y la mayoría de ellos, por lo general, acababan enseñándome algo. En todo caso, siempre me sentía a gusto, cómodo y espontáneo, era agradable estar con gente que compartía las mismas inquietudes intelectuales y7, si me llevaban ventaja, mucho mejor.

De manera que, si de la comida colombiana y en especial de la bogotana se trata, es imposible imaginar que aquellos de mis lectores que, en esa época, estando en Bogotá, no conocieron y disfrutaron de una lechona o un tamal tolimense o uno Santandereano, un Kumis o la bandeja paisa de "El Portal del Marinillo", en la esquina de la carrera séptima con calle veintitrés, al igual que ahora, por ejemplo, en el "Harry Sasson", en "El Armadillo", o "Casa Vieja". Si no lo hicieron, no podré considerarlos amantes de la buena y vasta mesa colombiana que constituye una pequeña parte de la felicidad terrenal. Ni en los momentos de máximo fervor gastronómico el placer que sentía al entrar en "El Portal del Marinillo" debía ser muy diferente al que puede experimentar un hincha del fútbol cuando va al estadio, o un apasionado al arte cuando explora un nuevo museo. También, cuando por andar de farra se abalanzaba la madrugada, comer algo resultaba especialmente necesario y el grupo entero de cuatro, cinco o seis amigos íbamos a comer, algunos, sopa de cebolla, otros, sopa de menudencias, pero yo, casi siempre un plato que llamaban Combinado, que consistía en frijoles, arroz y un chicharrón, en un restaurante atestado de clientes a la una, las dos y las tres de la madrugada, los bogotanos y no bogotanos bohemios y juerguistas nocturnos. En eso añoraba yo a Venezuela, donde la costumbre era, comer a esa hora, tostadas (arepa rellena), que a mi me encantaba que fuese de pernil y que le colocaran unas ruedas de tomate, mayonesa, mostaza y salsa de tomate.

De Maracaibo añoro "El Chivo en coco", "El Mojito Cañadero" y el queso palmita. De Falcón "El Carite Rey" y las arepas de maíz pilado. De EE.UU., las hamburguesas, los perros calientes; las "Colas de langosta" y los "Prime rib steak", algo similar al "Rib eye steak" del Smith & Wollensky y El Rusty Pelican; tampoco, el "Meat Loaf" en cualquier restaurante, así como las ensaladas con "Blue cheese" como aderezo.

Confieso pues que soy un gastrónomo consumado y mi paladar conserva todavía el sabor de muchos platos, incluso aquellos que adornaron mi mesa en los días de mi primera juventud, como los pastelitos, sobre todo los de yuca, la pizca, el mute, el masato, la chicha, el calentado y la mistela. Tal vez este sobredimensionando estas experiencias específicas y estoy exagerando mis recuerdos.

P. ¿Cuénteme de su parte técnica?

LO. Me gusta la ciencia, no lo puedo negar. Es una fuente continua de novedades, nos aporta infinidad de beneficios, y dejarte llevar por sus fascinantes parajes resulta muy estimulante. Pero cuando algo te apasiona también te vuelves más quisquilloso. No es una contradicción. Imagina a un aficionado taurino que disfruta como nadie de los toros con trapío, pero que no le gusten los toros Santacoloma que otros consideran muy buenos.

En mi temprana juventud existían en Venezuela pocas oportunidades de estudio. Las escuelas de ingeniería estaban más comprimidas: por ejemplo, ofrecían Ingeniería electromecánica y la Ley de Universidades exigía, para reconocer mis estudios, una Universidad Pública con una Escuela de Ingeniería Mecánica. Por consiguiente, a pesar del gigantesco contraste climático al cual tenía que someterme al dejar Bogotá, al regresar a Venezuela yo daba por cierto que no sólo me disponía a cambiar el escenario de mis andanzas, sino también el sentido de mi vida. Del mismo modo que volvía a un país distinto de aquel del que había salido años atrás; había llegado a Maracaibo, lugar que se convirtió en mi nueva ciudad; un punto fijo, sin escapatoria ni vuelta atrás, pero con la emoción que produce lo que había dejado, ese sentimiento que siempre tiene algo de desubicado en el presente, con la curiosidad urgente de quien busca, en el presente, respuestas sobre sucesos del pasado en el cual debía echar raíces, donde lo normal se empezaba a convertir en extraordinario y donde lo nunca visto empezaba a formar parte de la vida cotidiana impregnada de nuevas perspectivas que iban condicionando mi ser y estar. Pues bien, en Maracaibo obtuve el título de Ingeniero Mecánico en La Universidad del Zulia (LUZ). Más tarde en Caracas, me dio por estudiar

Derecho y obtuve el título de abogado en La Universidad Central de Venezuela y allí también estudié Edición, lo cual me ha ayudado mucho en mis narraciones.

No eran épocas fáciles; la vida es más complicada de lo que algunas veces pensamos y diseñarla como ingeniero no era tan fácil. La competencia para realizar mi trabajo me obligaba a continuar formándome para tratar de mantenerme intelectualmente al día. Como ingeniero viví y trabajé en Houston, Texas, donde nació mi hija Paola.

Los amigos y el empuje de su gente, el continuo crecimiento de la ciudad y los rodeos, los BBQ y las hamburguesas al carbón, son imposibles de olvidar. Allí, en Los Estados Unidos estudié en el Massachusetts Institute of Technology, Pennsylvania State University; también en la American Magnament Asociation y en Battelle Memorial Institute, entre otras instituciones.

Varias veces durante mi periplo por varias instituciones científicas, me sentí una especie de sumiller científico, deleitándome desmesuradamente en ocasiones, pero siendo cada vez más meticuloso con ciertas investigaciones que no me convencían y tuve momentos en los cuales fui bastante crítico con las propuestas de investigación que presentaban para mi aprobación. Hoy ya alejado de esos periplos, se me sembró la duda de lo que sucede entre el camino de la investigación y la opinión pública que exagera, a veces por culpa de los medios y otra por culpa de los propios investigadores, los mil beneficios del aceite de oliva, los milagros de la soya, las propiedades anticancerígenas del té o de la guanábana, la necesidad de comer frutas secas y sobre todo los mensajes contradictorios que hacen que no sepas a ciencia cierta cuál es el consejo a seguir. Este estado de madurez se convirtió en cosas inesperadas, pero mayoritariamente agradables... Hoy estoy consciente de lo duro y frágil que es la cocina de la ciencia y recuerdo con cariño a quienes laboraron a mi lado y cuyo trabajo era muy meritorio; razón por la cual pasé a ser comensal en lugar de cocinero y salí a degustar los mejores platos.

P. ¿Experiencias?

LO. Hasta el año 2015 fui el presidente de La Asociación Venezolana de Criadores de Toros de Lidia (AVCTL). Trabajé muchos años en la industria metalmecánica, posteriormente en la petroquímica, finalmente en la industria petrolera y en la eléctrica. Ahora estoy jubilado de esas ocupaciones, soy otro, Aquellos que están cerca de mí saben que con el pasar del tiempo soy otro, siempre me renuevo y me renovaré. Las fincas siempre me atrajeron. Mis padres nos llevaban a "La Ramada" en El Táchira: finca cafetera para aquel entonces y aún propiedad nuestra. Con frecuencia pasaba mucho tiempo en Toico y Coloncito en la finca de unos grandes amigos de mi familia. De adulto siempre he sido finquero y criador de ganado, algunas veces pienso que desgraciadamente.

P. ¿Qué obras ha terminado recientemente?

LO. A pesar de que escribo con habitual lentitud, es raro que pase periodos largos sin hacerlo. Terminar una obra, sin embargo, no es algo que me suceda tan a menudo. Acabo de publicar la novela *"Los humaquis"*, otra que publiqué con el título *"Casos del Comisario"*, y el *volumen 3 de "Puro (s) cuento (s).* También, un ensayo sobre *"Papini, Hemingway, Cortázar y Borges"* y, un interesante libro sobre de notas , que titulé *"Escritura y Literatura"*, un banco de ideas y memoria.

También publiqué recientemente otro ensayo titulado *"Cadenas de bloques y criptomonedas"* en el que explico los orígenes de la criptomoneda y el impacto que ha tenido en la forma de ver el dinero, abarcando el oro, el dólar, las regulaciones y cómo podría ser el futuro con el uso de la tecnología de Cadena de bloques y su empleo en las criptomonedas. Como me gustan las inversiones, publiqué también un libro titulado *"Bolsa de valores"*. Adicionalmente publiqué otro ensayo titulado *"El taller del escritor"*, el cual contiene algunas recomendaciones sobre la escritura y la edición.

P. Pero Papini pareciera estar fuera del contesto de los otros tres autores.

LO. Papini era un agnóstico y un anticlerical; no obstante, siempre estuvo abierto a nuevas experiencias espirituales. Su actividad periodística le permitió dar rienda suelta a su afición de sorprender y escandalizar a los lectores y de arremeter contra personajes famosos. Fue un personaje incómodo en la cultura del siglo XX, en una época en que la aspereza polémica complicaba el pacífico reparto de la torta cultural, en la que todos estaban prácticamente de acuerdo dentro del gran cauce del conformismo de izquierda, en un momento en el que los vanguardistas y los adversarios se transformaban rápidamente en función de la industria cultural; de manera que el ejemplo de Papini es demasiado anacrónico o quizás demasiado peligrosamente actual como modelo de una condición humana posible, pero, por ser incómoda, temida por los literatos, que no obstante retóricamente daban muestras de posiciones dramáticas y de sacrificio. De manera que en esa obra presenté un contraste de alguien que era un autor muy profundo, Papini, cuya personalidad tiene facetas muy contradictorias, todas fascinantes, y otros tres autores que no lo eran tanto, pero que guardaban similitudes más allá de los gatos.

P. Pero el contexto sociopolítico era diferente.

LO. Ese contexto es sólo un marco que está ahí, pero que no condiciona para nada el asunto del libro, que no es otro que un paseo por la obra, y algo de la vida privada, de unos escritores sobre los cuales deseaba profundizar un poco y que, a mi juicio, a través de la lectura de sus obras, pienso que dejaron impronta pese a su disparidad y distancia temporal; sin embargo, todos ellos aparecen relacionados entre sí por una cierta lógica que es la de haber producido grandes obras.

P. ¿Y, en particular, Hemingway?

LO. Hemingway fue un escritor y periodista y uno de los principales novelistas y cuentistas del siglo XX, caracterizado por los diálogos lacónicos y por la descripción emocional sugerida, hasta el punto en que su vida aventurera, su imagen pública, así como su obra, ejercieron una gran influencia en los escritores estadounidenses de la época y muchas de sus obras están consideradas como clásicos de la literatura en lengua inglesa. Por su condición de periodista estaba influido incluso estéticamente, pues lo obligó a escribir frases directas, cortas y duras, excluyendo todo lo que a su juicio no fuera significativo.

P. ¿Qué hay de Cortázar, más allá de ser argentino y amante de los gatos, como Borges?

LO. Cortázar siempre ha sido recordado por sus cuentos a pesar de haber escrito algunas novelas y editado un desafortunado libro de poemas. Fue un escritor que brindó libertad experimental y juego creativo en sus narraciones que gravitaban en el terreno de la literatura fantástica, explorando de nuevas formas de expresarse, y sus textos tienen mucho de sorpresa y de caos en los que revolucionaba la forma novela, utilizando todas las armas de la hipótesis de trabajo, la conjetura, la trama pluridimensional y la fractura del lenguaje. A él le gustaba hablar sobre Latinoamérica, boxeo, el exilio y meditaba bastante sobre la forma y el estilo, lo cual, según él, lo aprendió de Marechal y de Borges.

P. Tengo entendido que Cortázar logró ocupar un lugar central a partir de su uso del lenguaje coloquial.

LO. Sí, así es. La literatura argentina le debe a Cortázar una importante renovación de sus temas y estrategias en sus narraciones breves, que los argentinos, por supuesto, cuentan entre los mejores de la literatura en español y el uso de la lengua, la cultura popular y sus intentos en desarrollar una relación creativa y no sumisa, entre la literatura y la política.

P. ¿Y qué tal Borges?

LO. Borges fue un escritor genial, inteligente y original que no sólo escribía, también leía, tal vez tan intensamente como lo hizo Giovanni Papini, con gran voracidad y atención. En mi opinión, Borges se distinguía por su concisión y seguramente por eso fue un gran cuentista. En sus obras hay mucha belleza y filosofía del lenguaje, infinita imaginación, conocimiento justificado como verdad, tretas oníricas, paradojas del tiempo, intuiciones metafísicas, así como alevosas provocaciones teológicas. Yo lo recuerdo más como un delirante en el centro de una biblioteca infinita y en continua expansión.

P. ¿Qué recomendaría de Borges?

LO. *"El Aleph"*; en esa obra, una especie de esfera de 2 o 3 centímetros de diámetro que contenía el universo entero, sin disminución de tamaño; un universo donde la lógica y el absurdo se complementan y convierten la lectura en un viaje en el que la precisión científica juega con el acto artístico.

Como sabes, para Borges, una biblioteca siempre fue un universo en cuyo centro habitaba él mismo, igual a una divinidad que delira. Por eso escribió *"La Biblioteca de Babel"*, otra obra suya que recomiendo. En la que considera que la biblioteca es un número "indefinido, y tal vez infinito", de galerías cubiertas de libros que conforman un laberinto inalterable; una geometría mitológica que abarca todos los libros del mundo y que situó su universo biblioteca formada por infinitas salas hexagonales donde se encontraría el "catálogo de catálogos".

P. ¿Entonces, van tres volúmenes de "Puro (s) cuento (s)?

LO. Sí; en efecto, los tres volúmenes que he publicado como "Puro (s) cuento (s)" forman una antología que aglutina noventa (90) cuentos y relatos más significativos que ya había publicado en revistas especializadas y premiados en concursos, pero la mayoría inéditos. Varias de estas narraciones cortas son ficciones de afiliación alegórica, sobrenatural, terroríficas y extrañas , caracterizadas por aportar un toque castizo latinoamericano, en especial venezolano, al género de la literatura fantástica.

Noventa narraciones que, entre otras cosas, nos harán partícipes de milagros, cruentos asesinatos, supersticiones, objetos mágicos y obsesiones. Noventa narraciones que exigen que abramos nuestra mente a las posibilidades de lo maravilloso.

P. Cuéntenos sobre su obra "Los Humaquis"

LO. Esta novela está dentro de la literatura fantástica, entre los extremos del realismo y el surrealismo. Entre una ficción ceñida a las normas del mundo real intersubjetivo y otra totalmente liberada de ellas, se encuentra el ancho espectro de esta obra que se extiende dentro de los polos de lo probable y lo improbable y, si bien, pudiera ubicarse dentro de la literatura de ciencia ficción, nunca dejaría de estar en el ámbito de lo racionalmente posible.

La realidad está cambiando aceleradamente, aunque en algunas áreas con más lentitud de lo deseable, gracias a la acción inteligente y decidida de quienes se han dedicado al estudio, e incluso, soportan la peor parte de aquellos que ejercen feroz resistencia a la Investigación y al Desarrollo y pretenden retroceder a esquemas anacrónicos.

La evolución es un hecho imparable, y en ese contexto, donde los profesionales de éxito, investigadores, dirigentes políticos de avanzada, etc., empiezan a proliferar, las mitologías populares han dado un vuelco claro y, consecuentemente, la literatura lo está registrando.

Esta narración pudiera interpretarse como una crítica a la sociedad actual. No es la única, desde luego. El argumento no es nada fuera de lo común, incluso me atrevería a decir que es previsible y obvio para algunos, pero no acaba de ser asimilado por tantos otros. La narración se despliega a partir de las relaciones entre una vieja humana, varios jóvenes y la maraña oscura propia de una nueva sociedad de humanos y sus puentes para llegar a convertirse en humanoides.

La novela, aunque no sea para todo público, merece la pena. No me he frenado en lo más mínimo para mostrar que ese universo enrarecido también bebe de clásicos como Isaac Asimov, Aldous Huxley y George Orwell, con personajes de relaciones normales y, en ocasiones, incómodas. Quizás la cruda parte final de la obra haga demasiado hincapié en todos los desastres a los que se ha estado condenado a la tierra, a veces con una cierta tendencia a la reiteración o al detallismo no siempre justificado. Pero se trata de un puro recurso estilístico. No me ofenden a mí, desde luego, esa cantidad de páginas descriptivas, pero comprendo, hay que advertirlo, que haya lectores que puedan sacar de contexto una novela más cerca de la ficción y que puedan pensar que algunas de esas páginas están ahí casi como una provocación. En cualquier caso, se trata de una narración que hubiera sido diferente si la hubiese escrito con remilgos. Es bueno que la hubiese escrito tal como fue, una obra en la que cada uno de los fragmentos que la componen, es un remanso en el que detenerse a meditar, pues no te deja indiferente. Y, mucho menos, carece de eco. Todos y cada uno de los fragmentos granjean una lectura, una interpretación, sobre un tema universal de actualidad y aunque controversial, inmersivo en realidades, aunque aún de casi completa ficción.

La realidad, si entramos más a fondo, es que, como autor, trato de hacer fácil lo difícil. En lugar de plantear un *thriller* típico en el que desconocer el desenlace es lo que mantiene el interés del lector, decidí colocarme en una posición menos habitual y en las primeras líneas revelo el final de la historia. Acotando incluso más, la primera frase de la novela no deja lugar a la duda: ¡Mi abuela está muerta!, ¡Mi abuela está muerta! A medida que avanzamos en la lectura, el elenco principal de personajes los presento, con sus conflictos y personalidades. Ya tenemos todas las cartas sobre la mesa y, a partir de ese momento, el resto de la novela lo dedico a desentrañar las circunstancias que conducen al punto final, apoyándome en diferentes personajes secundarios para definir, principalmente, las aristas de la personalidad de los humanos modificados o no y de cómo se ha llegado al punto en el que está y la forma en que la relación entre cada uno de los miembros de la nueva sociedad ha cambiado. Esto lo hago de tal forma que, a pesar de que intencionalmente doy a conocer parte del final, trato de mantener el interés durante todo el texto, sin recurrir a trucos estilísticos o de estructura. La historia simplemente la se muestro, poco a poco, sin grandes sobresaltos: las cosas suceden y eso es suficiente.

En ella hago una analogía de esa época descrita en la novela, para hacer pensar al lector en la vida actual, plagada de grandes carencias humanitarias y de identidad. Y visto el estado en el que se halla la humanidad en nuestros días, parece que seguimos cayendo en los mismos errores. Mi filosofía como autor de esta narración, y, mi análisis, retoma vigencia y permite cuestionar, no únicamente la sociedad y sus valores, sino también aquello que la compone: los valores individuales que cultivamos y albergamos.

Dosifico la información y cuido las palabras, manteniendo al lector en tensión. No empleo artificios, tampoco adornos, solo empleo las palabras para componer un conjunto homogéneo y que sea atrayente, en especial para aquellos que gusten de historias duras narradas crudamente.

Hay libros que, aunque proyectan un futuro distópico, el trasfondo que plantean va ligado a un presente perfectamente identificable. Este es el caso de esta obra, donde dibujo un escenario postapocalíptico en el que los humanos luchan incesablemente por alargar una vida sin que sean alienados.

Con esta premisa, trato de situar al lector en un mundo futuro, sin ubicarlo en un tiempo concreto ni un lugar definido, y lo hago de manera pretendida, pues el escenario ideado puede encajar en todos los sitios, en un futuro próximo o no tan próximo, pero que es completamente posible, donde el cambio climático ha alterado la vida; un cambio atribuible y causado, no únicamente por empresas y gobiernos, sino también por nosotros, ya que muchas de nuestras posturas, decisiones y omisiones, nos han conducido a una situación límite.

P. A mi entender, la distopía pasó de ser un futuro extremo, catastrófico o dictatorial, a transformarse en espejo de una nueva sociedad multidistópica, acelerando el reconocimiento de su naturaleza y convirtiéndose en combustible de la misma, empleando para ello la información interesada.

LO. Tienes razón, reiteradamente se proyecta un futuro distópico cuyo trasfondo plantea un presente perfectamente identificable con la destrucción de los valores que tenemos por buenos. De repente ficción y realidad se pisan el terreno y casi todas las reseñas que analicé para preparar esta narración, se centran en buena parte en la ciencia ficción como género y nos hace preguntarnos ¿qué es lo que nos hace humanos?, ¿es nuestra capacidad de sentir empatía?, ¿nuestra capacidad de comunicarnos?, ¿o es una simple cuestión biológica o genética?

P. Pero los avances tecnológicos son imparables.

LO. Por supuesto, pero soy de la opinión de que los avances tecnológicos no están aportando la felicidad previsible, que la desigualdad social es cada vez mayor y que la sobreabundancia de información, que, además, como tú dices, está sesgada y prioriza intereses financieros, comerciales y políticos que conducen a una desconexión bastante generalizada de los usuarios con los problemas reales y sus posibles soluciones. Así que no debemos olvidar la capacidad adictiva de muchos dispositivos y la constante vigilancia que ejercen sin que se les aplique ningún tipo de freno.

P. ¿De qué se trata la obra *"Escritura y Literatura?*

LO. No existe método, manual o taller que trasmita efectivamente los conocimientos necesarios para desarrollar una obra literaria; tampoco es cierto que los autores siempre están atentos a comentarios que hagan autores más experimentados en torno al oficio a fin de desarrollar su propia obra. Pero algunos escritores hemos acumulado frases que pueden resultar útiles para buscar consejo, ayudar la creatividad y hasta pensar fuera de los rangos de lo convencional, aunque siempre basándonos en el talento innato que se potencia con esto y sirve de guía para quienes deseamos mejorar nuestras habilidades en la escritura. Esta obra trata sobre frases sueltas captadas de mis lecturas; muchas de mi autoría, pero otras tantas de otros escritores, y tienen el propósito de servir de aceleradores de las ideas y memoria, para que ayuden a pensar en situaciones y/o entornos parecidos cuando se esté construyendo una obra narrativa.

P. ¿De qué trata la obra *"Bolsa de Valores"*?

LO. Es un ensayo que en parte fue extraído de mi libro *"Cadena de bloques y criptomonedas"*, debido a que, como editor, consideré que el púbico objetivo de los valores bursátiles difería cada vez más del interesado en criptomonedas. De manera que lo referente a la tecnología de cadenas de bloques y a las criptomonedas, quedará independiente de este, sobre la bolsa de valores, el cual considero altamente recomendable tanto para los iniciados como para los legos.

P. ¿Qué trata de mostrar en la obra *"Bolsa de Valores"*?

LO. En ella trato de explicar el mundo de las acciones bursátiles, lo cual es algo que me ha llevado a investigar y a desarrollar un trabajo de investigación, puesto que gran parte de la información necesaria para su elaboración no la extraje en su totalidad de la experiencia personal, sino de la investigación, con el ánimo de presentar los resultados junto con la interpretación, procurando no tomar mucha postura, pero, en todo caso, tratando de hacer un análisis crítico y plasmar algunas de mis inquietudes sobre los valores y las inversiones.

P. ¿Cree que es riesgoso la inversión en las bolsas?

LO. Claro que invertir en la bolsa conlleva un riesgo; no obstante, ese riesgo es mucho menor que hacerlo en las criptomonedas.

P. ¿Qué hacer, entonces?

LO. No creer mucho en las "noticias", porque el 95 % no son más que promoción e incluso manipulación del mercado de quienes tratan de endosarnos determinadas inversiones para que tomemos una tendencia favorable, con la finalidad de que piquemos, compremos y así, esos valores sigan subiendo, porque afluyen cada vez más compradores ilusionados por el alza que "esquilan al conejo" reaccionando como si estuvieran embobados, es decir que, aunque tienen el poder de decidir lo que es más conveniente, se dejan llevar por lo que le dicen muchos informes económicos, que en el mejor de los casos, provienen de cifras que se calculan en base a suposiciones pasadas o derivados de datos, que terminan erosionando la confianza.

P. ¿Qué recomienda?

LO. Leer mi libro y estar atento del desarrollo de la economía y la política. Analizar las empresas, antes de comprar acciones. Pero si necesitas el dinero para otras cosas, no te metas en acciones y menos; mucho menos, en criptomonedas.

P. También leí con mucho interés su obra *"Cadenas de bloques y criptomonedas"*, que, por cierto, tirando de trazo muy grueso, se puede decir que tanto las cadenas de bloques, como los criptoactivos, empezaron a gestarse en el 2009. Y, como usted escribe en su trabajo, es atribuido a Satoshi Nakamoto, pero de licencia libre. Cuando empecé a leerlo me encontré naufragando sin remedio entre cientos de términos técnicos desconocidos y miles de siglas, de manera que comprendí que lo que necesitaba era estudiarlo; así, de ese sinfín de aportaciones técnicas, me he quedado con conceptos antes desconocidos para mí y creo que también para la mayoría de las personas; pero conceptos de gran importancia y actualidad. Lo cierto es que todo este conglomerado de avances interrelacionados, es, para los profanos, incomprensible y por tanto muy difícil de ubicar y valorar por alguien ajeno a ese mundillo; ¿correcto?

LO. Puede ser, puede ser, desde este punto de vista y para el target interesado en finanzas y en general, en la tecnología, el libro cumple su función, es básico y representó para mí un gran trabajo de investigación, con montañas de datos, como pudiste entrever en la bibliografía consultada para su escritura. Pero no es desde luego un libro de historia, ni mucho menos del género narrativo; tampoco me molesté mucho en tratar de explicar conceptos a los no iniciados, ni tiene rigor expositivo ni auténtica elaboración de datos superfluos. Y fíjate que al final del libro hay algunos anexos con los hitos fundamentales. Claro, yo podría haber escrito esa obra como una narración tal vez interesante para los profanos, pero habría que haberlo trabajado con otro enfoque y un objetivo diferente.

En fin, lo escribí como un ensayo en el cual explico y discuto que, aunque en principio la tecnología de Cadena de bloques fue creada para ser un libro de contabilidad público y accesible para cualquiera, su desarrollo, por parte de distintas entidades y empresas le han dado un matiz de descomunal importancia tecnológica. En el ensayo dejé claro que, al ser Bitcoin una tecnología de código abierto, muchos desarrolladores informáticos replicaron el protocolo de esta red para, con algunas modificaciones, desarrollar nuevas plataformas con aplicaciones y usos específicos y, desde entonces, han surgido varias cadenas de bloques con sus propios criptoactivos y diferentes propósitos, como por ejemplo, ser medios de pago, ejecutar contratos inteligentes, hacer funcionar dispositivos, registrar y almacenar datos, sustentar redes sociales para compartir contenido, disponer de galerías de arte y artículos coleccionables, hacer transacciones privadas o permitir el desarrollo autónomo de otras aplicaciones descentralizadas a la medida del cliente.

P. En efecto, le gusta escribir.

LO. Mediante el trabajo, los estudios y la constante interacción social, adquirimos y utilizamos una inmensa cantidad de conocimientos. Sabemos cuál es la llave que abre la puerta de nuestra casa y cómo cambia el semblante de la persona que amamos y hasta la fecha en que fue fundada nuestra ciudad. El conocimiento se nos presenta como algo casi natural, que vamos obteniendo a lo largo de nuestra vida, como algo que normalmente aceptamos sin discusión, especialmente cuando lo adquirimos en la escuela o a través de medios escritos de comunicación. Pero en algunas ocasiones, o con respecto a ciertos conocimientos, percibimos que las cosas no son tan simples, que hay afirmaciones discutibles; incluso falsas.

P. Aún no he tenido la oportunidad de leer su novela *"La virgen vendida".* **¿Pudiera adelantarme algo?**

LO. Contarte mucho de una narración que aún no has leído es como pretender explicitar a alguien, la electrónica y el software de un dispositivo en construcción, lo cual yo no sabría o querría hacer; de modo que no te resumiré las interrelaciones de sus sucintos componentes dentro de un escenario cerrado, tampoco te adelantaré las preguntas que seguramente espabilarían al lector en los peculiares giros de la trama y la esencia del ser humano que en esa novela están plagados de detalles e introspección psicológica que para algunos críticos le podría cuadrar mejor lo que llamamos novela filosófica, es decir, algo que se presenta en formato narrativo pero cuyo objeto es ahondar en una serie de cuestiones en torno a la vida, el ser humano, su posición como ente social, su perspectiva en relación con la existencia. Cualquiera que sea el caso, se trata de una narración dinámica que tiene momentos de suspenso que buscan sostener la intensidad de la trama mediante la combinación de diversas reflexiones, interrogaciones, intuiciones, iluminaciones, divagaciones e imágenes sobre aspectos de la vida, como el amor, la amistad, el tiempo, el dolor, la prostitución, la enfermedad, la memoria, el olvido y el desierto de la soledad involuntaria, un signo doliente que tira hacia lo trágico y que tiene una visión sobre la existencia humana regida por la pérdida, por la incertidumbre, por la orfandad, por aquello que hay debajo de la impostura de la civilización, lo que la hace una narración mucho más cercana a la búsqueda de una expresión desde la intimidad de las emociones y de las pasiones, permaneciendo atento a lo real y en muchas ocasiones, a lo cotidiano, al misterioso fluir de la vida y la importancia de la libertad, apostando por observar en lo más hondo del ser y aquello que con frecuencia nos hace falta encontrar en lo cotidiano: la confrontación del yo con la realidad que lo circunda, la potencia de la vida, la capacidad de resistencia y resiliencia del ser humano. En fin, una narración que tiene poca ficción; es bastante realista y conmovedora; muy penosa, dura y llena de dramas que exploran los síntomas, raíces y génesis de la angustia, desde la más íntima hasta la más universal que nos conducen, a través de un camino dirigido a la oscura intimidad de nuestro ser, entre mezclando distintas problemáticas que envuelven un universo literario donde la tensión dramática se agudiza y el interés se vuelca en torno a acontecimientos que se suceden con rapidez, sin que me recree en su aspecto dramático, aunque evidentemente existen episodios desoladores y son muy importantes los paisajes de montaña, pero también los urbanos, con sus calles, plazas, lugares y el interiorismo de las casas... es una estética clásica.

P. ¿Toca aspectos políticos?

LO. Por supuesto, no los podría dejar de lado, porque en el fondo la novela también se trata de un alegato contra el conformismo, contra el sistema, la codicia y corrupción de los gobernantes; contra el egoísmo y la tremenda e irrefutable defensa de un sistema nefasto donde el pueblo se está desmoronando y también se está muriendo, que lo están matando sin piedad y sin temor a las consecuencias pues ya casi no queda nada más que un futuro distópico lleno de altercados, saqueos, robos, secuestros, asesinatos y destrucción. Una crítica a un país envuelto en una vorágine egoísta y nihilista, donde hay desigualdad entre personas, entre hombres y mujeres, entre razas y entre clases, donde todo puede ir a peor.

P. Al parecer trata una distopia que no deja de ser un aviso que nos llega con antelación.

LO. Temáticamente, en esta novela exploro diferentes facetas que convergen en un claro grito de inconformismo hacia la sociedad que se va alzando ante nosotros y critico los principales males que arrastra y al que apunto y denuncio la crisis económica y la crisis política caracterizada por una pérdida absoluta de confianza hacia los grandes estamentos de la sociedad, donde la emergencia del populismo es una clara amenaza con la que se tienta a los desesperados ofreciendo soluciones milagrosas que nunca pasan de ser ofrecimientos y donde la cultura, como elemento indispensable para entender el mundo y entendernos y constituir un mundo mejor, más rico humanamente, más fuerte y humano, más solidario e integrador, está dirigido a fortalecer la ideología del régimen gobernante.

P. Por sus palabras intuyo que la novela no solo tiene una buena dosis de política, sino también algo de violencia.

LO. Claro, violencia, explícita e implícita y no me regodeo en ella, pero tampoco ocultos detalles. Temáticamente, la novela explora diferentes facetas que convergen en un grito de inconformismo hacia la sociedad que se va desmoronando ante nosotros y critica los principales males que arrastra y al que apunto, como te señalé, mediante la denuncia de la crisis económica y política acompañada de una pérdida absoluta de confianza hacia aquellos estamentos en los cuales la emergencia del populismo es una clara amenaza encubierta en promesas con las que se tienta a los desesperados y donde la cultura, como elemento indispensable para entender el mundo y entendernos, la importancia de la formación para constituir un mundo mejor, más rico humanamente, más fuerte y humano, más solidario e integrador, está dirigido a fortalecer la ideología del régimen gobernante que impulsa un mundo de desigualdades, en el que se hecha a los ciudadanos quienes se van añadiendo al grupo que huye hacia países con más opciones no ya de comodidades, sino únicamente de subsistir sin temer por la propia vida, sin que esté amenazada por la ambición o desespero de otros, o por la propia miseria.

P. Pero ¿qué hay sobre los personajes?

LO. La trama argumental se desarrolla en torno a la figura del personaje principal y protagonista casi absoluto de la historia, Roberto, pero no únicamente todo lo que sucede está narrada con relación a él, sino también con relación a lo que él y otros personajes, como Rosario, piensan y sienten; sobre la búsqueda de uno mismo en base al análisis constante sobre sus comportamientos y sentimientos. Así, las emociones y la impulsividad somete a los personajes a un caos interior del que no saben cómo salir y es causa de las situaciones embrolladas a las que arrastran a quienes les rodean y están con ellos en una lucha contra ellos mismos, contra sus contrariedades, sus incoherencias, sus debilidades, sus inseguridades, sus dudas, porque, efectivamente, esta es principalmente la historia sobre cómo la necesidad de expiar una gran culpa, la que siente Rosario, puede condicionar la vida de una persona, la de Roberto, que se sitúa en un plano diferente al resto de personas, incapaz de entenderse a él mismo y a los demás.

P. ¡Interesante!; buscaré esa novela y estaré pendiente de las otras en la que está trabajando.

LO. Bueno, escribir sobre las emociones no es fácil, aunque muchos autores lo han logrado con acierto. Somos prisioneros de preconceptos. ¿Por qué alguien se enamora?; ¿por qué alguien pierde?; ¿por qué uno baja la cortina y es para siempre?; ¿por qué hay pasiones imposibles?; ¿por qué amores posibles se cruzan y no se dan nunca?; ¿por qué algunas amistades no derivan en amor y otras sí?, son cuestiones que el lector podrá analizar en la medida en que avance en la lectura de esta novela que es una combinación de aventura y paisajismo que nos recrea con acierto, llaneza dinámica simple y sin honduras filosóficas ni sicológicas. Pero cuando te decidas a leerla debes tener muy en cuenta que el prólogo es bastante generoso con todo tipo de datos sobre el objeto de la narración y hace un análisis pormenorizado de cada detalle del libro, tal vez pudiera dejarse para analizarlo cuando ya hayas terminado de leer la novela.

P. ¿Está trabajando en alguna obra?

LO. Si, estoy trabajando en algunas propuestas que, espero con el tiempo, se transformen en novelas. Siempre dentro de los géneros que me gustan.

P. ¿En la actualidad se está prefiriendo la narrativa corta?

LO. La lectura se acelera al mismo ritmo que las narraciones tienden a acortarse; es el signo de la era del tuit y de la lectura rápida y de allí que los editores y lectores estén inclinando sus preferencias a textos, de ficción y no ficción, más cortos.

Creo que la narración corta está viviendo momentos felices por muchas razones, algunas de las cuales pueden ser que los lectores más jóvenes están acostumbrados a la rapidez por influencia de las redes sociales y el auge y repercusión de los *blogs* que dan a luz a un talento literario que antes era mucho más difícil que pudieran hacerse oír.

P. ¿Estaría la novela en vías de desaparición?

LO. No; de ninguna manera. Porque las obras que no son cuentos o relatos, pero tampoco ensayos y que se mueven en el ámbito de los pensamientos íntimos, también gozan de una buena acogida. Pero si, está abierta la posibilidad de que el lector se anime a leer en formatos más breves, incluso que los libros estén estructurados de tal forma que los capítulos funcionen de forma independiente, aunque estén relacionados entre sí, sin perder el hilo. Así que los textos directos y sintéticos emocionan con economía de recursos.

P. He leído algunos de sus cuentos y me gustaron; en ellos fue fácil constatar su belleza y la intencionalidad de lo expuesto. Son extraordinarios por la coherencia, precisión del lenguaje y la cadencia con la cual termina envolviéndonos, pero también por la ligereza en que parece flotar lo que narra. En apenas unas páginas, logra conducirlas hacia terrenos de lo más sorprendentes; crea historias originales y sobrecogedoras, la mayoría de ellas se articulan a partir de dos vectores, en lo cotidiano, incluso costumbrista, si se quiere, por un lado y lo fantástico, sobrenatural, por otro. Sus personajes, pese al poco desarrollo que tienen debido a la brevedad que impone ese tipo de narrativa, no obliga ni coarta la exposición de la historia, sino que, por el contrario, destaca la calibración de las palabras utilizadas, las cuales caracterizan a los personajes y resultan creíbles, como si se trataran de anécdotas de los personajes. ¿Sigue escribiendo cuentos?

LO. Claro, sigo escribiendo narrativa corta y la pondero como lo que es. Las narraciones breves, como el cuento, tienen una brevedad y concisión precisa; sin embargo, poseen una carga simbólica potente.

La primera puerta que tocamos en la literatura; el primer contacto con el hecho narrativo; el entretenimiento de zambullirse en una historia breve, de amar a unos personajes y detestar a otros; el primer recurso para que la humanidad se explicara el mundo, ya que a través del cuento fue posible intercambiar relatos de una generación a otra, que, a pesar de pequeñas variaciones, conservan la naturaleza que nos atrapan, nos educan, aumentan nuestra empatía, reducen nuestros prejuicios, nos hacen sentir menos solos y, a pesar de que muchas historias no son memorables, al menos nos sirven para entretenernos, sin sacrificar otras lecturas. Pero, por lo general, tanto el cuento, como el relato, nos permiten reflexionar, sentir, emocionarnos y dejarnos llevar, y hasta pueden persuadirnos a cambiar de opinión. Desde pequeños nos sumergimos en historias clásicas como los cuentos de los hermanos Grimm, luego Julio Verne y terminamos fascinados con el rey Arturo y Los Caballeros de la Mesa Redonda, la reina Ginebra, Lanzarote, Tristán o Perceval, Morgana y, por supuesto, Merlín. Estas lecturas nos conmovieron y comunicaron ideas y lecciones de vida y nos despertaron la imaginación y los sentimientos. Tal vez por ello, erróneamente la gente se ha empeñado en ver estas narraciones cortas como algo meramente infantil y muchas veces no se toma como parte de la literatura seria, que más allá de la nostalgia, son una lectura fácil a partir de la que reflexionar y algunos siguen teniendo la capacidad de hacernos pensar. Así que, el cuento y el relato tienen la capacidad de transmitir de manera efectiva, cosas que de alguna forma están ancladas a la realidad, llama la atención de un público muy amplio y diverso y no cualquier autor es capaz de dominarlo. Los prejuicios que se tiene sobre este tipo de narrativa, afectan a toda la literatura del género, a la fantasía, a la ciencia ficción, al terror, e incluso, como dije, a la literatura negra, considerada por muchos como un subgénero menor; que, en todo caso, no se puede valorar con el mismo criterio que las consideradas propiamente literarias.

P. ¿Se escriben cuentos en Venezuela?

LO. Venezuela siempre ha sido considerada como un país de cuentistas, pero lamentablemente, en mi opinión, en general, independientemente del género literario, en Venezuela se lee poco y muchos escritores, para tener algo de ingresos no les queda más remedio que dedicarse a la crónica, incluso a actividades que difieren de las artes. En todo caso, cada escritor tiene sus propias querencias personales y sus espacios de mayor comodidad e incluso de mayor intimidad creativa y para muchos la técnica que han desarrollado para escribir narrativa breve no les sirve para la novela, que consideran, como es cierto, dos disciplinas diferentes que van más allá de la mera extensión.

P. ¿Pero cuando el venezolano lee se inclina por el cuento?

LO. Con frecuencia veo a escritores que se quejan de que ciertos géneros se miran por encima del hombro y se consideran inferiores, cuando no debería ser así. Efectivamente, menospreciar un género u otro no tiene sentido alguno, pero esa crítica no suele ser en realidad un problema de género literario, sino de que casi todo son clones en él, porque a las personas les gusta lo conocido, lo familiar, lo etiquetado, lo evasivo y lo que no lo haga pensar y menos durante su rato de ocio.

Y en el caso particular del cuento, es una narración corta de ocurrencia más espontánea, es una especie de chispa, por lo general de situaciones cotidianas, que lleva a escribir de forma inmediata.

P. ¿En su caso?

LO. Por supuesto, luego que escribo un cuento debo corregirlo, como cualquier otra narración. Y, aunque me siento igualmente cómodo con la narrativa larga o con la breve, esta última me produce ligereza, y acabar la narración más rápidamente me genera esa satisfacción inmediata de haberla cristalizado. En fin, te repito, no es que me guste más ni una ni otra, pero en términos de ejecución la narración breve me resulta más agradecida. Mientras que la novela requiere mayor maduración.

Pero sí, me gusta el cuento; incluso mucho más que el relato, porque en un cuento, el diálogo obliga al lector a adivinar todo lo demás, porque con él se narra una historia en la que con un mínimo recurso se capturan emociones o movimientos de nuestra sensibilidad que, si los tratáramos de narrar en una novela, no tendrían el efecto tan contundente.

P. ¿Se ciñe a las normas estereotipadas para los géneros literarios?

LO. De antemano, cuando escribo, decido no ceñirme a la rigidez de los géneros literarios y trato de encontrar la manera de escabullirme, de no fijarme límites precisos entre lo que transmitiré como estrictamente cuento o como relato; pero trazo distancias narrativas, por supuesto, con la novela de formación, la novela histórica y el ensayo, la monografía e incluso, con la narrativa heterogenérica, porque en el fondo, no me importa mucho la uniformidad de los géneros literarios y trazo un espacio intelectual y vivencial mediante mi narrativa, la cual, sin proponérmelo, en ocasiones tiene límites difusos pero sin dejar de intentar transmitir una sensación que llegue al lector y motive una reacción sin dejar todo al género o a la técnica narrativa, porque mantengo, en mis escritos, un objetivo similar de experimentación.

P. ¿Cómo considera sus cuentos y relatos?

LO. En mis cuentos y relatos mezclo el costumbrismo con giros fantásticos e irracionales, mezclas de la cotidianidad más banal y el horror más atávico, y confieso que en algunos casos transmito algo de desasosiego, inquietud e inseguridad, tratando de que el lector encuentre desenlaces inesperados y a veces perturbadores. Como sabes, algunos de ellos requieren de un lector avezado y dedicado; no obstante, no siempre sucede así porque otros cuentos alcanzan a un lector menos formado. Y, a pesar de que, para un lector actual, al que la explicitud de la industria audiovisual ha acostumbrado al terror, al horror y a la repulsión, mis narraciones cortas recuerdan a una infancia en la que el arte de contar historias de miedo era un don más que preciado. En todo caso, Todos los lectores debiéramos hacer inmersión en aquellos elementos de la literatura fantástica, entendiendo lo fantástico como aquello que va más allá de lo racional o, sencillamente no tiene explicación racional y su ambigüedad hace vacilar al lector. Porque solo lo fantástico nos hará valorar nuestra realidad en su justa medida, después de hacernos reflexionar sobre si esta realidad no es más bien un sueño.

P. ¿Sus cuentos y relatos son fantásticos?

LO. En realidad, en ellos se encuentran elementos característicos de este tipo de literatura, porque prácticamente inevitable evadirse del mundo para sumergirse en los laberintos de la fantasía, en realidades paralelas que hacen viajar el cerebro y el espíritu a otras dimensiones que algunos pudieran considerarlas como contaminaciones ficcionales de la realidad.

De cualquier manera, cuento o relato, realidad o ficción, lo que deseo es expresarme mediante una narración intermedia de frontera entre géneros fáciles de leer y que no sean particularmente profundos, pero que entretengan y empleen espacios físicos limitados por la extensión y que se puedan leer en cualquier orden por no tener una relación uno con otro, pero que mantengan una adecuada intensidad y atrape al lector sin muchas palabras, porque, por cierto, la tendencia es la edición de libros más cortos, por varias razones, como por ejemplo, que el tiempo disponible de los lectores es más escaso que hace una década y además, la lectura, como he acotado, es un pasatiempo hasta cierto punto caro, comparado con la televisión, las redes sociales, u otras herramientas de comunicación que restan tiempo para la lectura que anda de capa caída en nuestro tiempo, y no por falta de escritores, sino, repito, de lectores, que ven mucha televisión y leen pocos libros, y andan por eso muy confusos, en esta época en que el entretenimiento está matando las ideas, y por lo tanto los libros, y descuellan tanto las películas, las series y las redes sociales, donde prevalecen siempre las imágenes.

P. Tal vez el desagrado por ese género narrativo corto nació de un miedo inconsciente debido tres motivos: por tener la capacidad de transmitir en forma efectiva, cosas que de alguna forma están ancladas a la realidad; porque llama la atención de un público muy amplio y diverso; y porque, como usted dice, no cualquier autor es capaz de dominarlo.

LO. Esos prejuicios que se tienen sobre el cuento y el relato, afectan a todos los subgéneros, a la fantasía, a la ciencia ficción, al terror, e incluso hasta hace poco a la literatura negra, que, desde hace un buen rato, gracias al alud de autores nórdicos en principio, anda poniéndose de moda en el gusto de los editores que antes las publicaban en la colección literaria o se centraban en libros de índole histórica. Pero el interés del lector sigue estando ahí y vive una buena etapa. Incluso, como hablamos ya, no suelo leer libros de ese subgénero, pero a veces las cosas vienen solas, porque te han regalado uno y lo tienes en tu biblioteca hasta que un día uno lo coge casi al azar y a veces acierta, otras muchas no; pero en todo caso, disfruto unos bien escritos, aunque por lo general intrascendentes, en los que se busca el entretenimiento y nada más y si encima es corto y me acompaña un rato, mejor, como los de Edgar Allan Poe que poseen una perfección casi absoluta sobre las formas artísticas, que los hacen verdaderos puntos de referencia en el campo de las narraciones cortas, o Howard Philips Lovecraft, que sin duda es una figura clave en la transición del terror gótico al horror moderno y finalmente en "lo muy extraño", pero siempre con la acidez del narrador incendiario.

Bueno, algunas veces escribo algunos cuentos y relatos que se encajan en esa narrativa "negra" y que me han exigido apegarme a una serie de normas estrictas, que hoy en día, para bien, las considero bastante permeables, sobre todo porque han permitido abordar la criminalidad con bastante verosimilitud y contundencia, liberando a la novela negra de clichés limitadores, sin que su ritmo deje de apasionarnos y nos siga enfrentando a situaciones reconocibles y de vital importancia, como las que se suceden a diario en territorios latinoamericanos, donde la violencia, lamentablemente es, un sustrato común. En fin, esto, quizá, ha permitido que me hayan publicado en revistas especializadas como "Sirena Varada" de la editorial mexicana, Dreamers, por cierto, un relato que es todo un baúl de males y crímenes, ingredientes principales de la intriga criminal, titulado *"El reportero del sicariato"*.

P. ¿Qué opina de los cultivadores del cuento y cuanto se escribe de él en Venezuela?

LO. Bueno, ya hablamos de las preferencias de los editores hacia la novela, pues esta le da mayores beneficios económicos que las que le ofrece la narrativa corta, como el cuento. Hay escritores que se han caracterizado por preferir el cuento como género narrativo, por encima de la novela, el ensayo, la monografía y otras manifestaciones del arte de escribir, como por ejemplo Jorge Luis Borges, el estadounidense Raymond Clevie Carver, el ruso Antón Pávlovich Chéjov, Stevenson con sus aventuras o Wells con su seudociencia, muy alejada de la estética a la que induce la prosa que toca el alma de la infancia, en Mark Twain y los hermanos Grimm, y muy definitivamente distante de la conmovedoramente humana de Proust, Wilde o Dostoievski. También el estadounidense Edgar Allan Poe, que ya en 1842 se había adelantado a escribir el primer cuento policial: *"Los crímenes de la calle Morgue"*, para que el cuento lograra el estatuto de obra estética, autónoma y válida como género.

De manera que muchos solo cultivaron el relato corto y nunca tuvieron la tentación de la novela, pero sí de la poesía, por su brevedad y síntesis, que la acerca en ese sentido al cuento. En el caso de Chéjov, su otra tentación fue el teatro, acción y diálogos, aunque sus obras teatrales, igual que sus cuentos, son pequeños dramas cotidianos. Y hay otros importantes cuentistas, como el argentino-francés Julio Cortázar y el brasileño Rubem Fonseca, que incursionaron en la novela con éxito, pero siempre regresaron al cuento, de donde partieron.

P: De cualquier manera, la estética de los cuentos es exuberante, de incuantificable valor artístico, a pesar de que no hay acuerdo entre escritores y críticos a la hora de definir qué es un cuento.

LO. Así es, existen tantas versiones como cuentistas y lectores que han incursionado en el género. Si piden auxilio a la Real Academia Española, la incertidumbre de los principiantes continuará en aumento, con el agravante de que ahora la mayoría de las acepciones tiene connotaciones negativas derivadas del sustantivo cuento.

Según la Real Academia, la palabra cuento sugiere varias entradas semánticas y numerosas expresiones en la que este sustantivo se expresa con significados específicos, muchos de ellos peyorativos, tales como cuento chino, el cuento de nunca acabar, echarle a algo mucho cuento. Pero lo cierto es que aparte de la característica de brevedad, lamentablemente el cuento nos enlaza con relación, narración, relato, noticia, casi siempre con un agregado que desacredita la palabra, de falsedad, embuste, invención, ficción, engaño, chisme, enredo, quimera.

En el caso venezolano, a través de la historia el cuento nacional siempre ha estado presente y pudiéramos enumerar un sin número de exponentes de esta narrativa, pero prefiero remitirte a mi obra *"Los Iniciados"*, de la cual ya te hable, pero también, y muy especialmente a las diferentes antologías publicadas al respecto como *"Las voces secretas"* El nuevo cuento venezolano, *"La vasta brevedad"* que es una antología del cuento venezolano del siglo XX, la *"Propuesta para un canon del cuento venezolano del siglo XX"*, *"De qué va el cuento"*, una antología del relato venezolano, por citar algunas de reciente data.

P. ¿Finalmente?

LO. ¡La juventud es radical, la edad nos va haciendo moderados!, y, ¡las experiencias que vivimos terminan definiendo nuestra identidad! Vivimos en tiempos ajetreados, en un momento en cual la aceleración a la que somos sometidos mediante una oferta constante e infinita de estímulos que captan nuestra atención, merman nuestra capacidad de hacer lo que queremos y hace que nuestro tiempo, siempre limitado, siempre insuficiente, tenga cada vez más valor; no obstante, he aprendido y ahora gozo el privilegio de tener más calma y tiempo para observar, pensar, leer y escribir, pero confieso que en esto de escribir solo soy un aficionado práctico con una especie de vicio solitario que, como le relaté, de la mano de mi padre lo cogí muy joven.

Ahora te quiero hacer una pregunta: ¿Cómo se escribe una biografía partiendo de una entrevista?

P. Mucha gente piensa que una entrevista para una biografía se escribe como una novela, pero tiene bastantes diferencias. Ella cuenta la vida, trayectoria o gestas reseñables de alguien o de algo.

LO. ¿Entonces podríamos decir que es un género híbrido entre la narrativa y el ensayo?

P. En realidad ella tiene muchas variantes y será el entrevistador el que imprima el tono, género y el estilo aportándole aquello que necesite dependiendo de lo que tenga que contar.

LO. O sea, ¿se basaría en la ficción y pudieras hacer lo que quieras?

P. Si sabes hacerlo, claro; sin embargo, una entrevista para una biografía está construida sobre determinados elementos que reducen considerablemente tu libertad de acción, de manera que el texto se asienta directamente en los datos, los hechos y la credibilidad que determinarán la estructura del texto, el tono y el estilo.

La objetividad debe ser la regla que determina el sesgo de la entrevista biográfica, aunque todo lo que hacemos siempre tiene un punto subjetivo y solo con determinar qué datos son prioritarios, ya se está siendo subjetivo.

LO. Gracias por la entrevista.

P. Para mí fue un placer.

P. Conclusión sobre la entrevista: leer las obras de Luis Ortiz es una experiencia arrebatadora porque es capaz de llevar el lenguaje literario a lo intelectual, a lo científico y a la naturaleza recóndita de la mente humana, sumergiéndonos con su oficio y maestría, con su prosa detenida, cargada de relevancia filosófica y a la vez descriptiva e intensa, en la complejidad de los estados de ánimo de los personajes, lugares y contextos sociales, detalles, anécdotas y momentos.

Su figura como autor y su obra publicada, adquieren una profundidad nueva tras una lectura atenta, donde vislumbramos los manantiales secretos de su inspiración: el paisaje que se mete en nuestra mirada hasta apoderarse de ella, la gente, el amor y esa extraña gema humana que es la amistad, que sabe valorar de primera mano sin temer poner al descubierto las voces de los ecos, sus emociones y sus opiniones sobre los asuntos socioeconómicos, porque su escritura tiene el caladero de lo que importa y porque la vida, a veces, no es más que esa extensión ruidosa sobre la que los libros advierten.

El análisis de su obra nos convence de que ella es un acceso a la compleja y edificante visión que él concede a la literatura. Es un autor atento a lo que sucede y no hay duda de que su capacidad de ponerse en otros roles revela en parte lo que significa su escritura: una prosa elegante y trabajada; pero a la vez clara, sencilla, certera y poderosa. Nada de alardes, nada de efectismos; recursos mínimos que consiguen grandes resultados, que se asoma a cuestiones espinosas sin perder ni un ápice de ese estilo narrativo tan suyo, teñido de un señorío con claras reminiscencias andinas. Y esa cualidad de ponerse en esos escenarios y roles, lo notamos presente en su narrativa en la cual aborda todo con una sencillez que abruma y devoción por la transparencia, estableciendo su concepción del mundo en una especie de síntesis de su autoentendimiento de la realidad económica, política y social, de manera que hablamos de literatura en mayúsculas, porque sus libros se disfrutan más allá de lo que la propia narración cuenta, de manera que es inevitable gozar de sus obras más allá de la historia narrada y poder saborear cada una de sus frases.

La intensidad y la plasticidad de su universo no cesa de generar influencias directas e indirectas, relecturas y variantes, cuyo motor es el latido de la cultura de nuestra época. He leído algunas de sus obras y entendí que uno de los atractivos indudables de su prosa es la impecable habilidad con que instala al lector, desde el primer párrafo, en el meollo de la narración y he percibido la honestidad que se respira en el detenimiento de los diálogos y en el cuidado de los detalles, que nos remiten a una narrativa cuya cadencia es propia del placer tradicional de leer, porque trabaja los temas con poco de fantasía y mucho de realidad; con una potencia evidente y de una gran calidad literaria, que deja profundas reflexiones y frases para el recuerdo.

Hay pocos autores que sepan transmitir tanto, que expresen tanta potencia en sus frases, que impregnen de tanta carga sus páginas; de manera que cuando das con ellos, vale la pena decirlo y celebrarlo, y seguir explorando la totalidad de su obra para poder disfrutar de la literatura que, como él asegura, ocupa una parte central de nuestra vida. Su visión es a veces sombría, despiadada y cruzada por ráfagas luminosas y refrescantes que se proyectan sobre sensaciones inmediatas del presente o del recuerdo, o sobre esperanzas situadas en un porvenir que, aunque hecho a partir de recuerdos, sueños perdidos, es una búsqueda constante de la identidad personal y su precisa escritura de los detalles. Su prosa siempre transmite veracidad, no únicamente la de sus narraciones se suponen ficcionadas, sino de los sentimientos que transmite. Luis Ortiz es fiel a ellos, como lo es a su amor por la montaña y a la virtud y defensa de sus ideales y de la importancia de la palabra dada y sentida, convirtiendo su obra es un fiel reflejo de su vida. Con un estilo sencillo y llanamente precioso, donde uno encuentra la belleza de un mundo que parece lejano en el tiempo, como de otra época y otra vida, pero que destila un esplendor genuino y auténtico del que nunca deberíamos apartarnos. Así, mediante sus escritos nos permite verificar escenas dispersas de historias personales, ajustes de cuentas con el pasado, descripciones de pueblos, casas habitadas, momentos, personas, escenas y anécdotas, el padre, la madre, la familia, los amigos vivos y muertos, las elecciones afortunadas y las no, tratadas con un moderado y saludable sentido de la épica que nos da la capacidad de reconstruir vidas, contradicciones e impulsos incontenibles, particulares derroteros, propuestas fuera de géneros literarios o relatos tradicionales, formas disgregadas y búsquedas fragmentarias, para tejer sus experiencias y dejar que nosotros también las disfrutemos, porque uno no puede entrar en la escritura de Luis Ortiz sin que lo que allí lee repercuta directamente en nuestra concepción de la vida. Es indudable que en su literatura, como en la de muchos otros escritores, cuente algo de su vida, de sus vivencias, inquietudes y sueños, pero me doy cuenta de que en su obra hay algo más complejo y ambicioso que narrar o registrar una historia personal, porque sus lectores percibimos a través de sus palabras, que la vida es un proceso incierto en el que reinan lo azaroso y lo inestable y por ello es necesario detenerse en sus escritos y analizarlos con calma, para poder responder a sus pulsaciones y sus ritmos. Porque él, para narrar la vida sin fosilizarla, cuenta con ella, vive en la escritura las interrupciones y los recomienzas sin disimular el sinsentido.

Por ello entiendo que una obra como ésta, que llamamos *Entrevista imaginaria*, está sin duda enmarcada en el género autobiográfico, que suele tender a la fijación de caracteres para lograr darle a la escritura su vitalidad.

De manera que Luis Ortiz, mediante su escritura, nos hace tener conciencia de que la vida es superior a la civilización y la historia, al arte, a la literatura y la ciencia, al tiempo y a la muerte, a cualquier orden que exceda el asombro indeterminado ante todo cuanto nos es dado contemplar, subrayando paralelamente la relevancia de las circunstancias, la importancia del entorno vital que circunda e influye, de manera inexorable, a cada ser, en su pensar y actuar cotidianos, develando, sin tensar el vocabulario y sin elaborados artificios, el punto justo para dotar su escritura de una alta calidad, gracias a un aire informal y naturalidad expresiva que lo acompaña. Y, cuando entras en su mundo, no puedes volver atrás; él se queda ahí, en tu interior, esperando a sacar su espíritu crítico y contundente para hacerte reflexionar sobre los aspectos más ocultos de la vida interior, que a veces conviene sacarlo fuera antes de que permanezca dentro y, finalmente, estalle. La lectura de sus obras, y esta entrevista, me ha servido para comprender los mecanismos que lo llevan a escribir como escribe. Sus obras son un tour ideológico y crítico sobre la sociedad actual. Habla sobre la veracidad de la información, sobre la importancia de las fuentes al informarnos sobre lo que ocurre y lo que se dice en ellas. Y, en consecuencia, sobre la importancia que tiene luchar contra las falsedades acerca de lo que se dice sobre el mundo, sobre uno mismo. Porque él considera, y estamos de acuerdo, que la perversión del sistema recae y depende de cada uno de nosotros. Luis Ortiz coge una idea y la revienta, coge un concepto y lo sacude, tratando siempre al lector y a sus interlocutores en general, como a alguien inteligente a quién no hace falta que le describan la situación para retar y desafiar las ideas y pensamientos. Su discurso es muy escéptico sobre la humanidad y sobre los políticos, sobre una sociedad en la que, por fortuna o por desgracia, debemos confiar porque, al fin y al cabo, todo recae en ella y en cada uno de nosotros.

Existen muy pocos autores que, a través de la narrativa, puedan tejer una obra nutrida de reflexiones actuales sobre el mundo que nos ocupa y hacerlo de manera orgánica, en una transición amoldada entre pensamiento y narración. Porque el mundo actual necesita voces que sepan transmitir ideas y reflexiones y hacerlo a través de sus personajes que viven la situación como lo hace el propio lector. Los personajes de las obras de Luis Ortiz somos todos nosotros y el mundo en el que viven es nuestro propio mundo, ahora y aquí y critica aquellos que pretenden eclipsarlos y sumirlos bajo la ambición de poder.

Cuando terminé la entrevista, me imaginé a ese intelectual multifacético, un pragmático en política y genuinamente humanista; un autor de estilo didáctico, limpio, ameno y sensato; con un sentido muy afinado del tiempo narrativo y con amplia voluntad de atraer al lector. El ritmo de su escritura mantiene el interés constante a lo largo de todo el libro, la lectura vuela por su estilo próximo; un estilo que si bien lo encontramos cercano no desaprovecha la ocasión para ser, a la vez, reivindicativo y crítico. Luis Ortiz destaca no únicamente por su estilo desenfadado y atrevido, sino también porque la lectura de sus obras es sumamente ágil, sobre todo en su aspecto más ensayístico; de un didactismo evidente, en el que añade además pinceladas de su propia vida que enganchan al lector y lo ayudan a empatizar con lo narrado, algo que sin duda es cada vez más escaso y necesario en estos tiempos.

Luis Ortiz es un autor que se abre al lector hasta el punto en que muestra sus inseguridades como persona, pero especialmente como escritor. Un hombre que nos sitúa en su mundo y nos fuerza a que tomemos partido, casi a que lo sometamos a juicio, aún y sabiendo que es probable que no compartamos algunas de sus decisiones ni comportamientos. Un hombre honesto en su intención, valiente en su enfoque y transparente al exponer su vida en diminutas gotas de realidad que, en pequeñas y constantes dosis, va llenando nuestro subconsciente hasta que consigue formar parte de nuestro propio mundo interior.

Es un autor de quien se disfrutan las historias complejas, repletas de personajes de diferente relevancia, muchísimos secundarios, por cierto, que se retratan tanto a ellos mismos como a la sociedad de la que forman parte y que nos dejan un gusto agridulce y que quizá recordemos y recomendemos durante años y años.

En su caso encontramos unidas la excelencia personal y la literaria, y esto no es nada frecuente. Sus historias se leen con pasión, como si las estuviéramos viviendo en carne propia ya que, aparte de su interés, están narradas con gracia, con una prosa sencilla que cambia de enfoque y de sintaxis a cada momento, evitando la monotonía. Por tanto, en sus obras no hay dificultad de lenguaje y si nos presenta una alteración de la cronología, la subsana con información suficiente y sus explicaciones nunca abruman. Lo interesante es que sabemos cómo piensa en cada momento, aunque no dé su opinión, solo con mostrarnos la realidad en todas sus facetas o los pensamientos de unos y de otros ante las diversas situaciones éticas que plantea, y aun así no nos condiciona, él solo muestra, luego cada uno es muy libre. Por eso, su forma tan personal de presentar los hechos puede confundir a algún lector. En otras palabras, quien no esté de acuerdo con él se va a sentir reforzado pues, igual que en la vida real, encontrará argumentos a favor. Todo tiene doble cara, este narrador es un mero intermediario que, por mucho que muestre sus cartas, siempre nos deja elegir.

De manera que se trata de un hombre de espíritu inquieto, escritor humanista en vías de desaparición, alguien que piensa y escribe sin rodeos, que impacta, irradia fortaleza y encarna la paradoja de un sedentario sin patria intelectual, de un aventurero inmóvil que se encuentra a gusto en varias civilizaciones y en varias literaturas. Podría decir que emerge como un faro en el mar de la polarización que inunda la sociedad actual. Su crítica hacia las desigualdades y su oposición al poder autoritario se alzan como un recordatorio de la necesidad de discrepar, de generar ideas divergentes que nos estimulen a replantearnos nuestras posiciones y nos permiten avanzar sin miedo a cuestionar lo establecido.

Un hombre al que finalmente observé caminar bajo la lluvia, subiendo una montaña para ver el horizonte y apreciar la belleza de la naturaleza y tal vez, en el fondo, para permitirnos ver la sombra de nosotros mismos.

Este libro fue impreso en

amazon

kindle | direct
publishing

Made in the USA
Columbia, SC
01 November 2024

45448171R00293